Your Sweet Scent

Kotoko Ichi

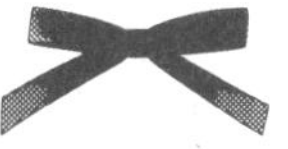

4

Inhalt

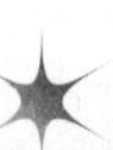

Charaktere

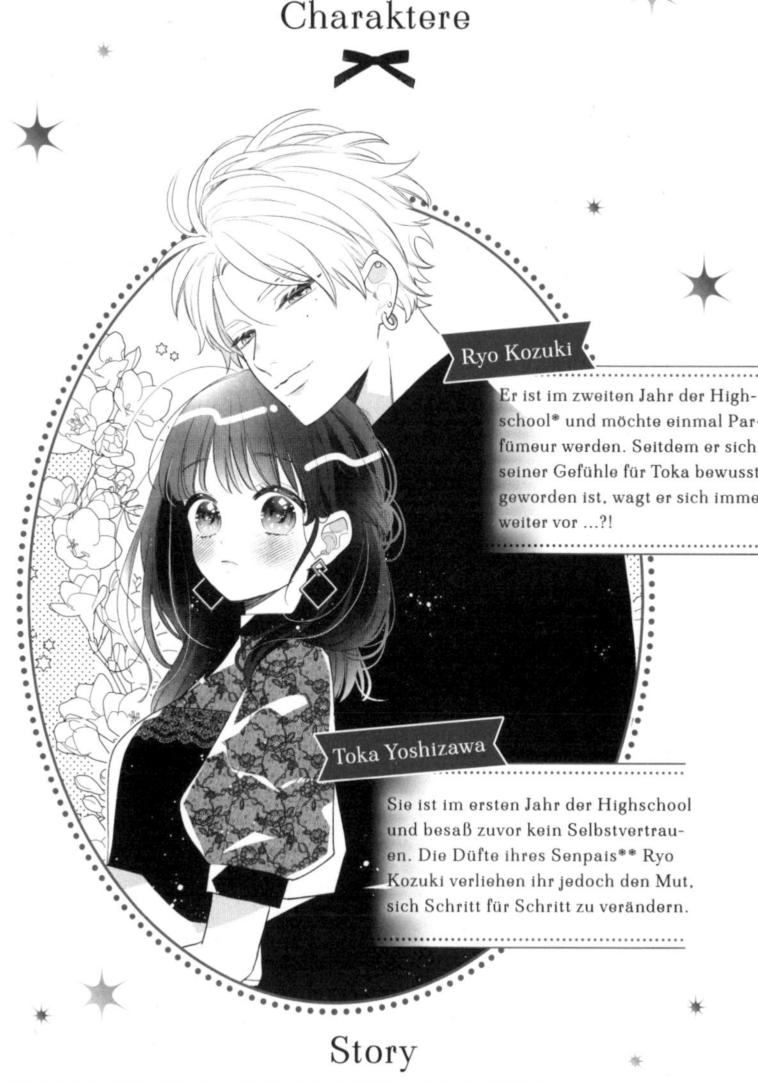

Story

Toka schwärmt für ihren Senpai Ryo Kozuki, der ein Jahr über ihr auf dieselbe Highschool geht. Aufgrund ihres Dufts kommt sie ihrem Senpai plötzlich näher! Als er Toka eine Liebeserklärung macht, werden sie endlich ein Paar. Ob am Meer, beim Sommerfest oder in seinem Zimmer ... mit seiner Leidenschaft verführt er Toka immer mehr. ♥ Nach einem Date im Freizeitpark überreicht der Senpai ihr eine Einladung zur letzten Runde des Parfümwettbewerbs. Er möchte, dass Toka ihn begleitet, und so steht tatsächlich eine Reise nach Paris bevor ...!

*entspricht der 11. Klasse

**Anrede für ältere Schüler*innen, Studien- und Arbeitskolleg*innen

Your Sweet Scent

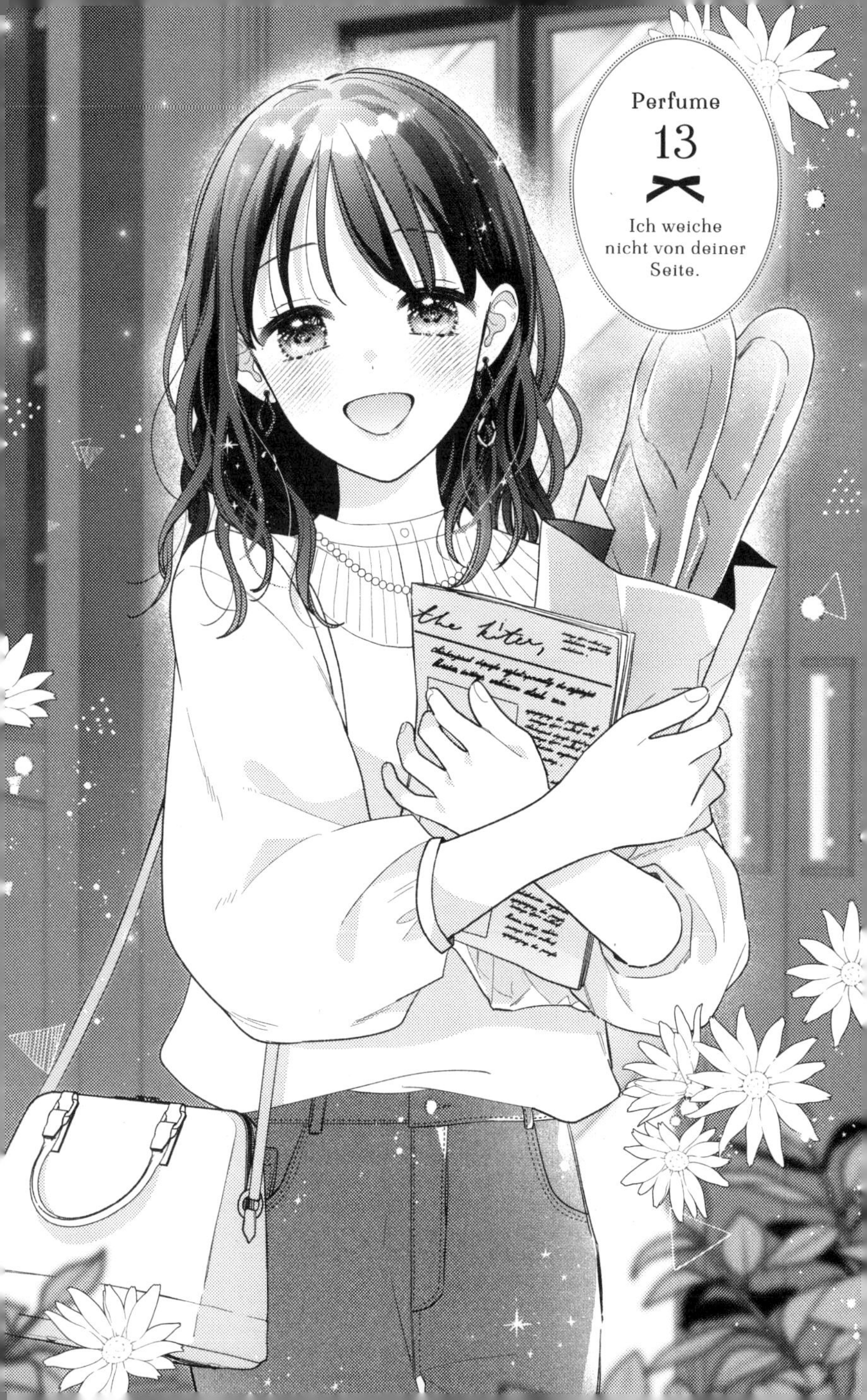
Perfume
13
Ich weiche
nicht von deiner
Seite.

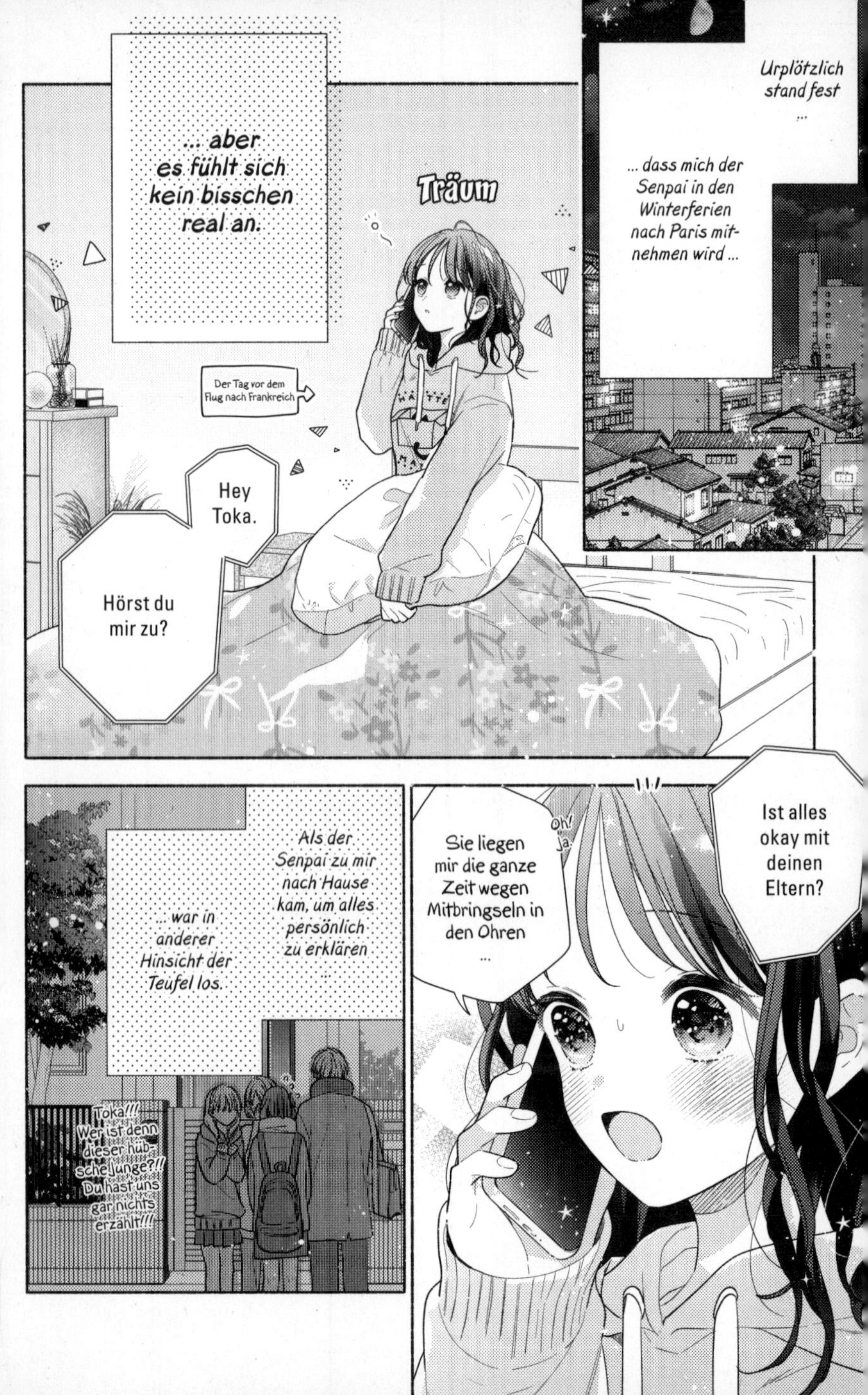
Urplötzlich stand fest ...
... dass mich der Senpai in den Winterferien nach Paris mitnehmen wird ...
... aber es fühlt sich kein bisschen real an.
Träum
Der Tag vor dem Flug nach Frankreich
Hey Toka.
Hörst du mir zu?
Ist alles okay mit deinen Eltern?
Oh! Ja.
Sie liegen mir die ganze Zeit wegen Mitbringseln in den Ohren ...
Als der Senpai zu mir nach Hause kam, um alles persönlich zu erklären ...
... war in anderer Hinsicht der Teufel los.
Toka!!! Wer ist denn dieser hübsche Junge?!! Du hast uns gar nichts erzählt!!!

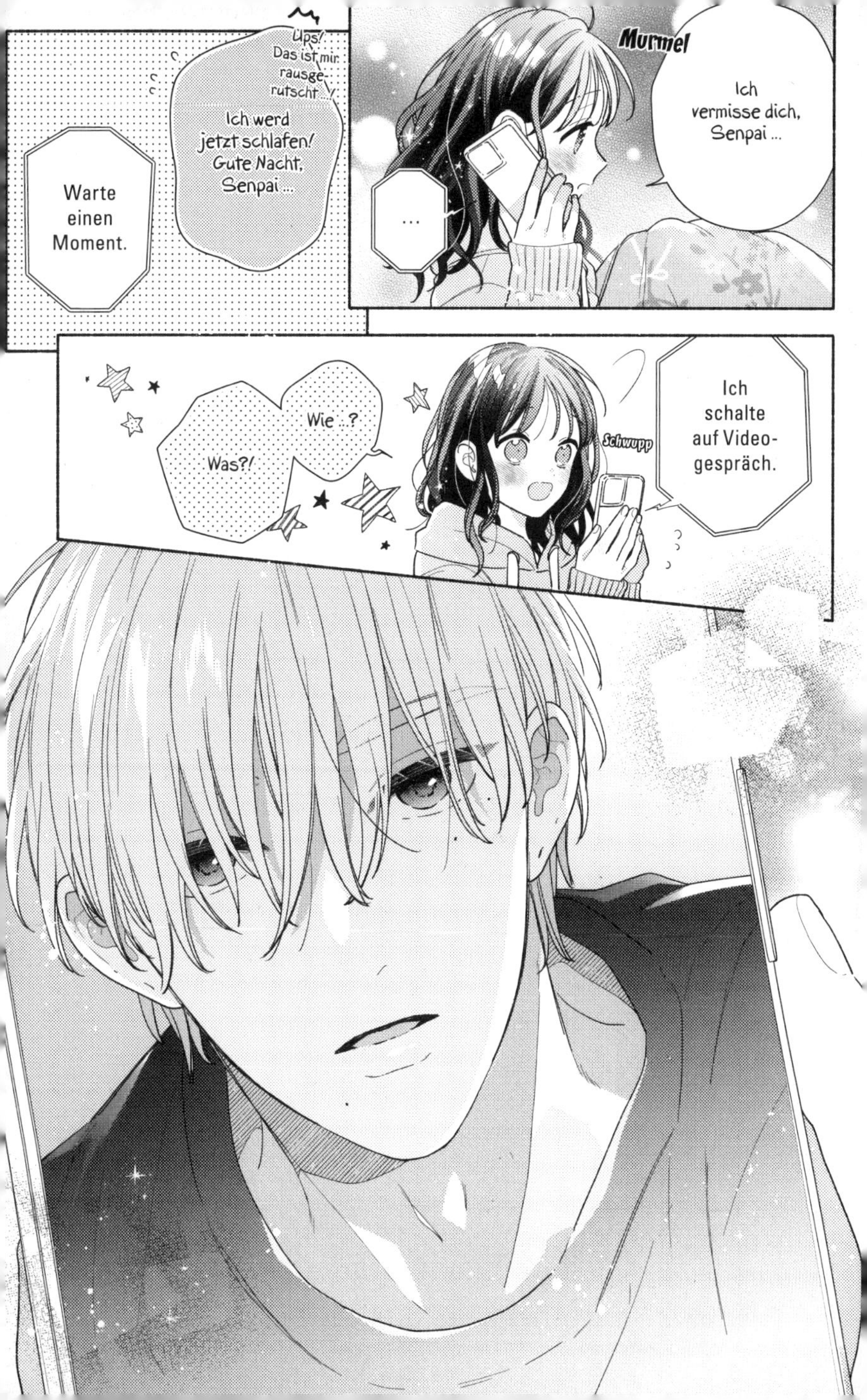

Murmel
Ich vermisse dich, Senpai …
…
Ups! Das ist mir rausgerutscht …!
Ich werd jetzt schlafen! Gute Nacht, Senpai …
Warte einen Moment.
Ich schalte auf Videogespräch.
Schwupp
Wie …?
Was?!

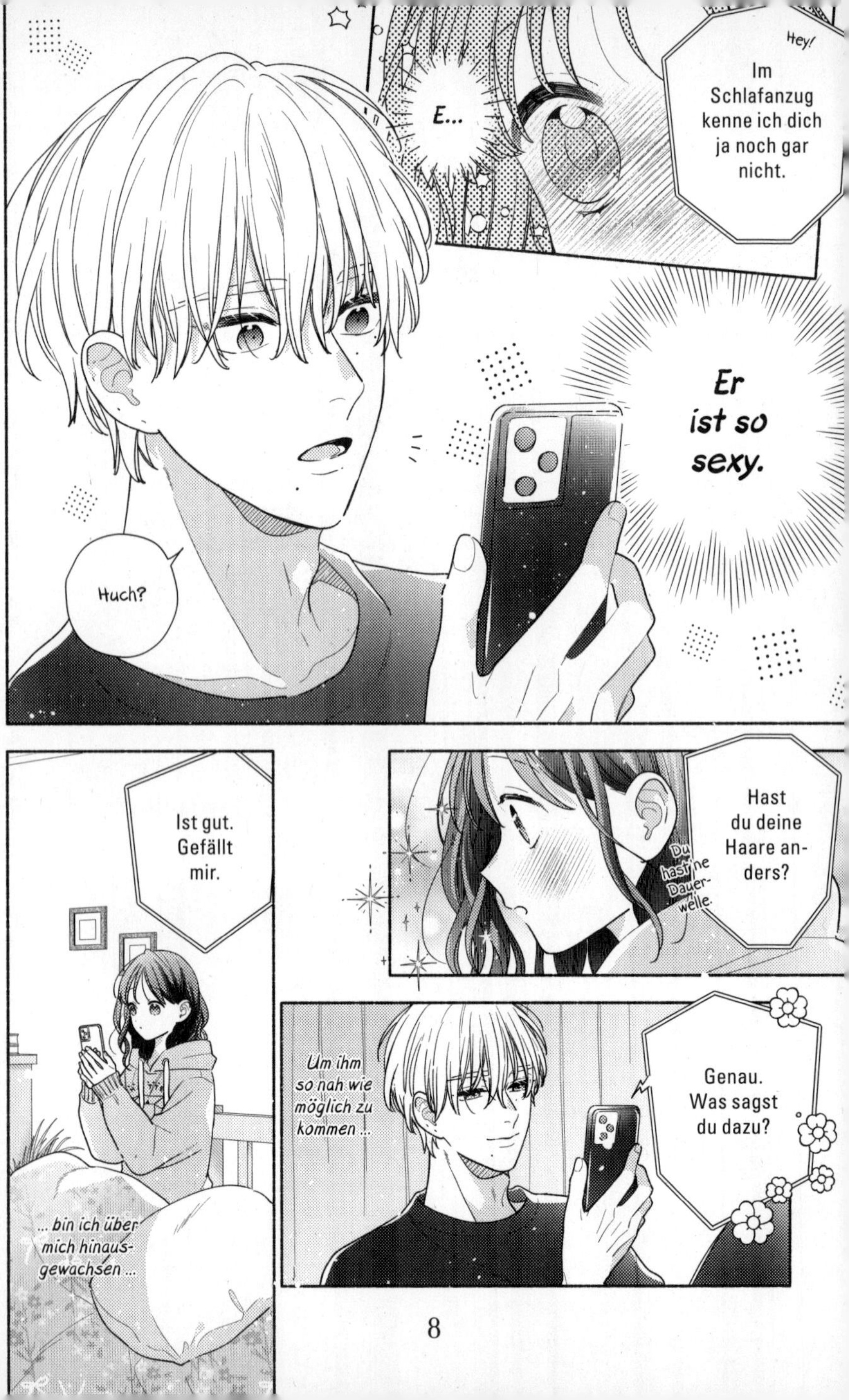

Hey!

Im Schlafanzug kenne ich dich ja noch gar nicht.

E...

Er ist so sexy.

Huch?

Hast du deine Haare anders?

Du hast'ne Dauerwelle.

Genau. Was sagst du dazu?

Um ihm so nah wie möglich zu kommen ...

Ist gut. Gefällt mir.

... bin ich über mich hinausgewachsen ...

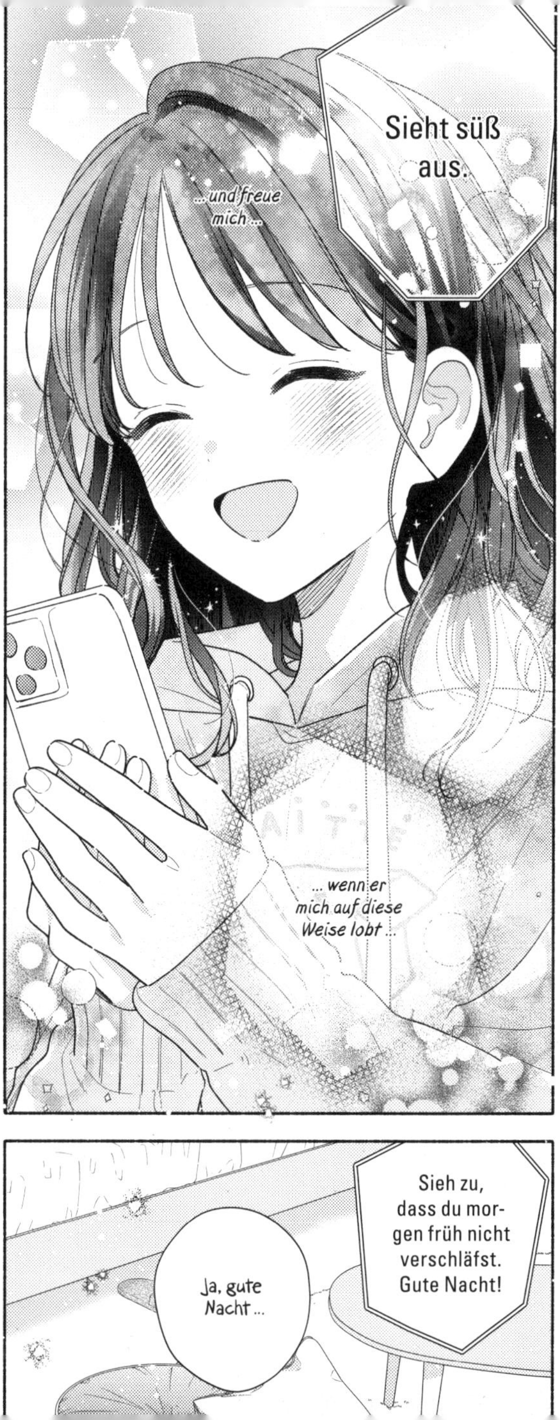

Sieht süß aus.

... und freue mich ...

... wenn er mich auf diese Weise lobt ...

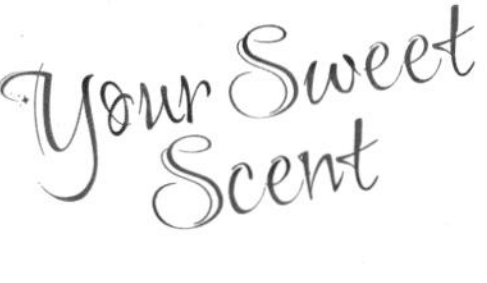

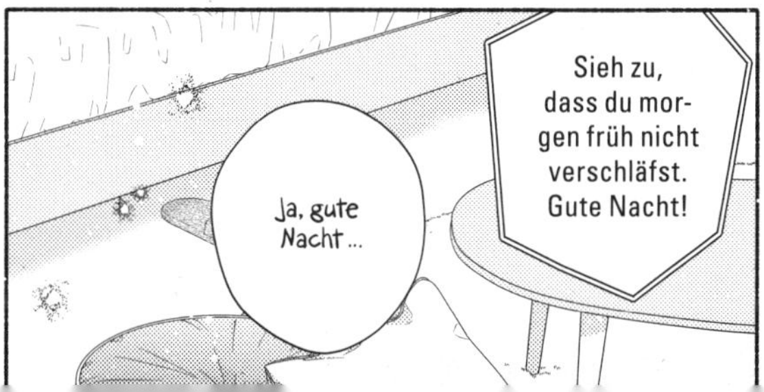

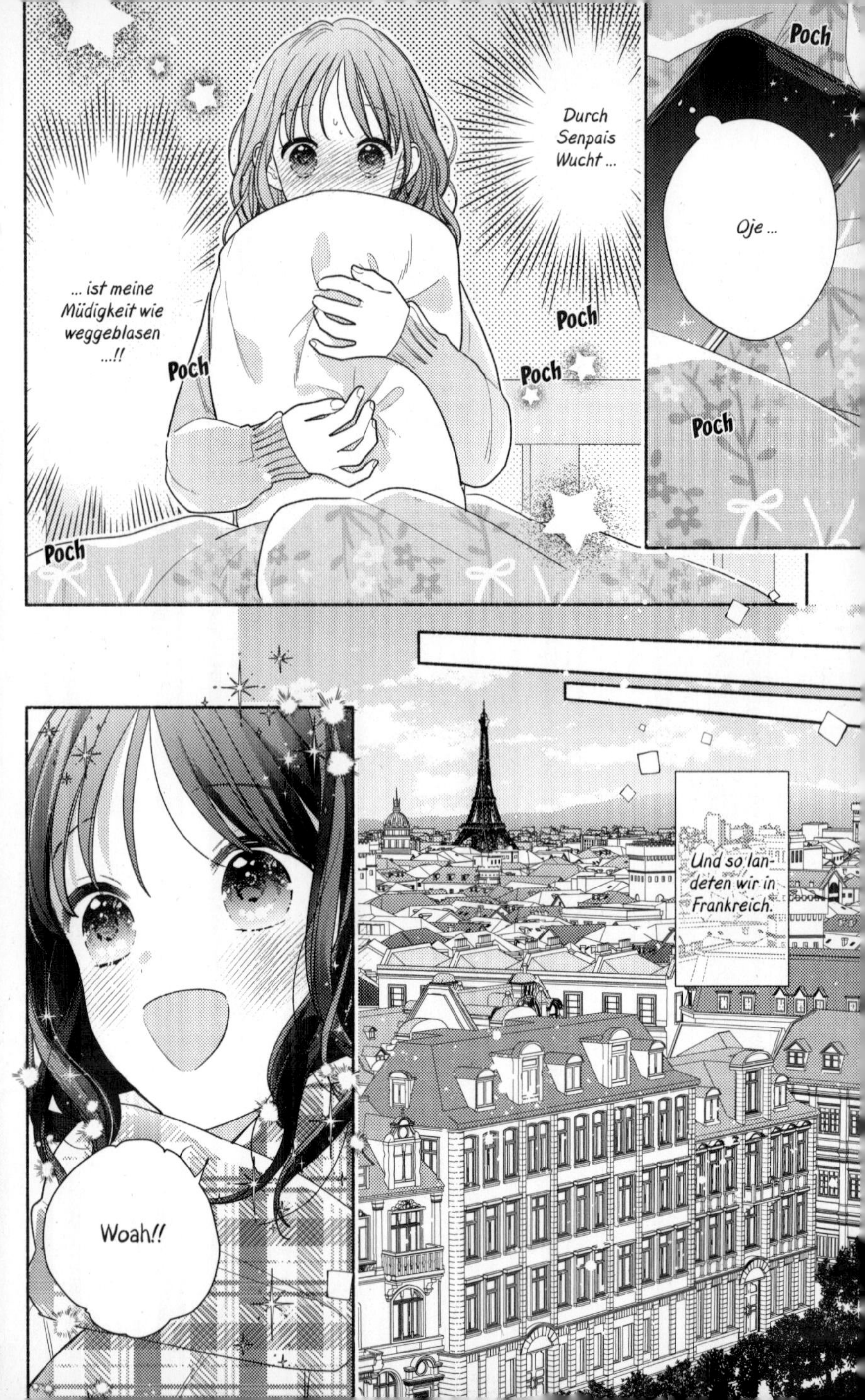
Poch
Oje ...
Poch
Durch Senpais Wucht ...
Poch
Poch
... ist meine Müdigkeit wie weggeblasen ...!!
Poch
Poch
Und so landeten wir in Frankreich.
Woah!!

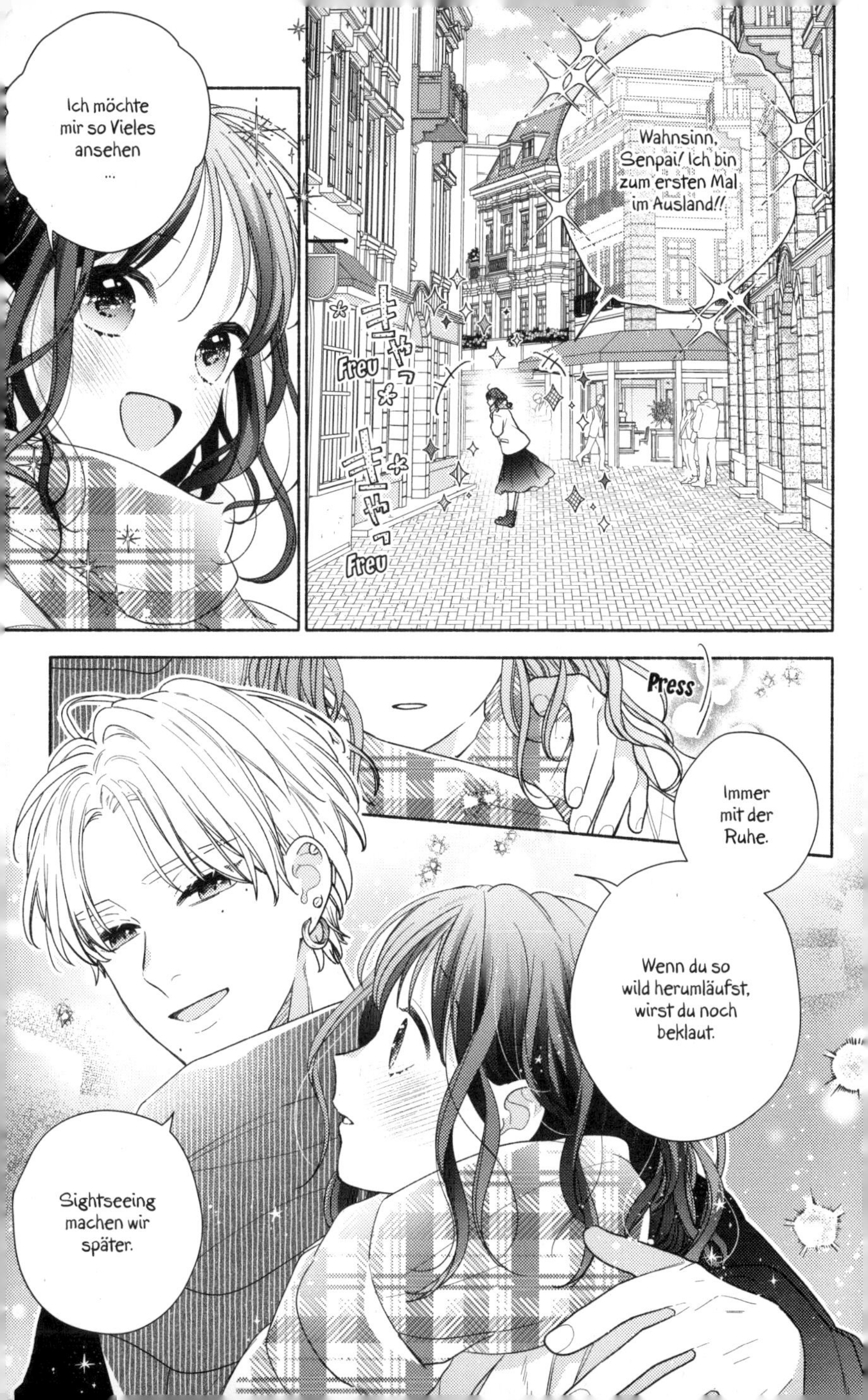

Wahnsinn, Senpai! Ich bin zum ersten Mal im Ausland!!

キャッ Freu

キャッ Freu

Ich möchte mir so Vieles ansehen ...

Press

Immer mit der Ruhe.

Wenn du so wild herumläufst, wirst du noch beklaut.

Sightseeing machen wir später.

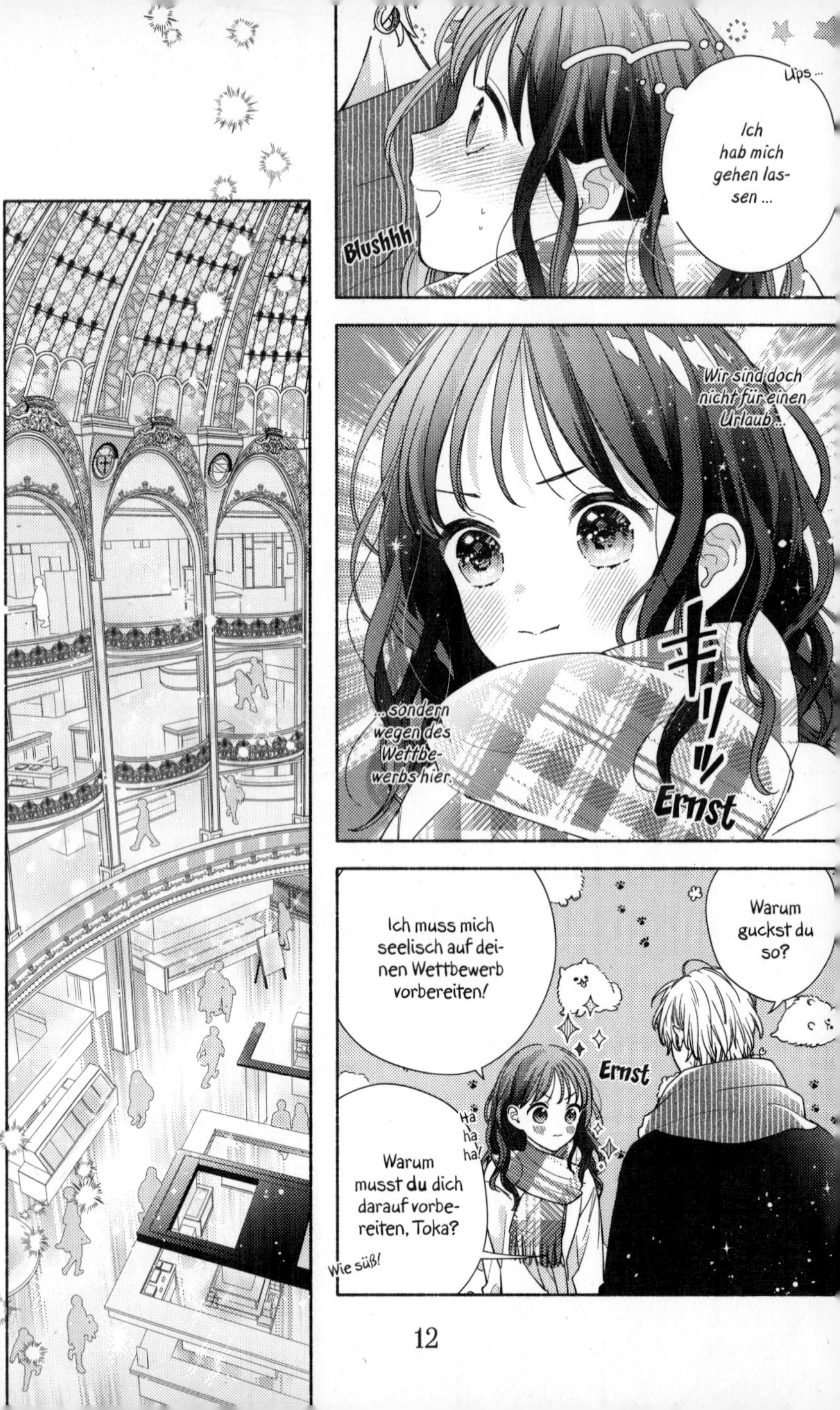

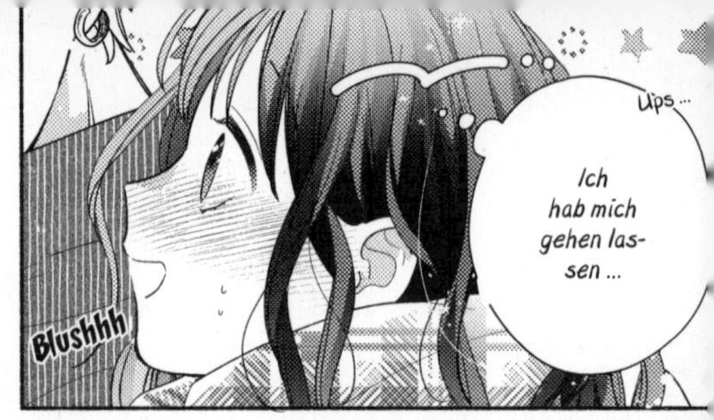
Ups ...
Ich hab mich gehen lassen ...
Blushhh

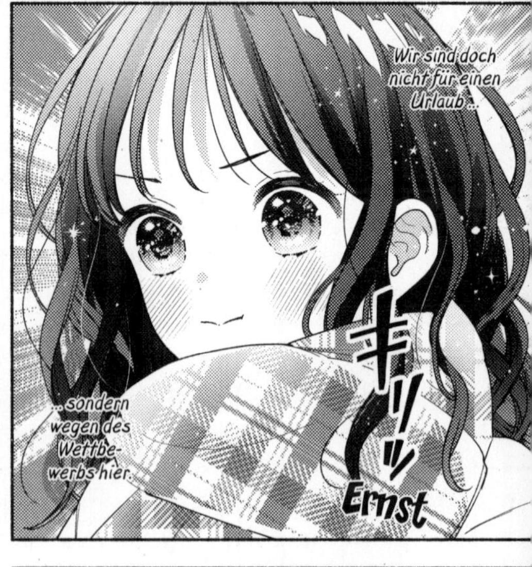
Wir sind doch nicht für einen Urlaub ...
... sondern wegen des Wettbewerbs hier.
Ernst

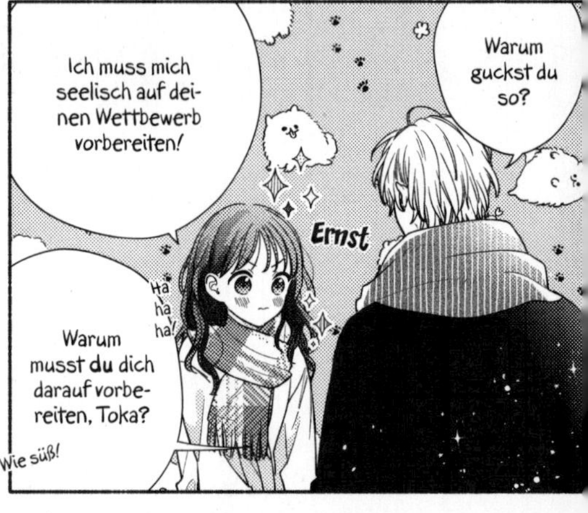
Warum guckst du so?
Ich muss mich seelisch auf deinen Wettbewerb vorbereiten!
Ernst
Ha ha ha!
Warum musst **du** dich darauf vorbereiten, Toka?
Wie süß!

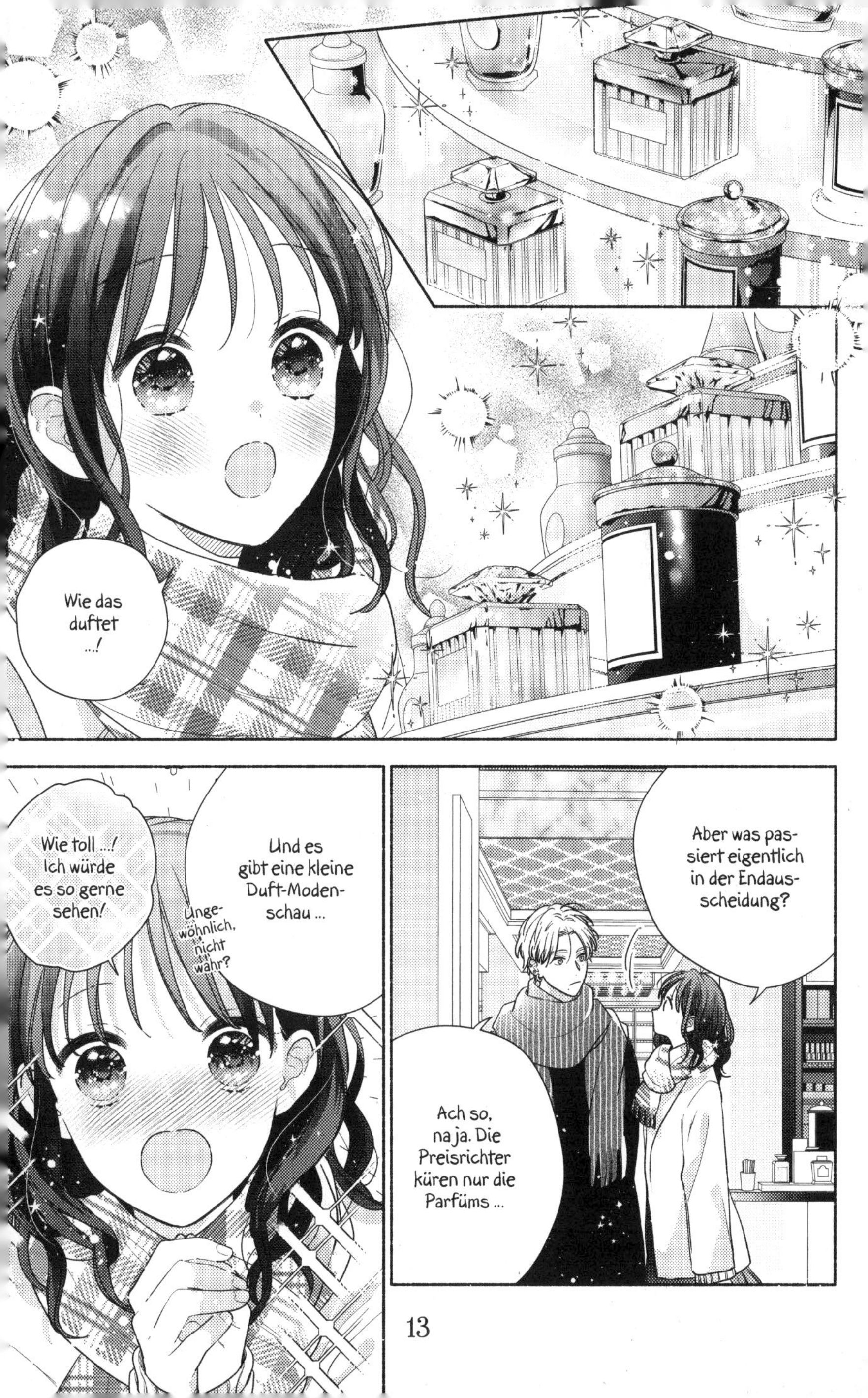

Wie das duftet ...!

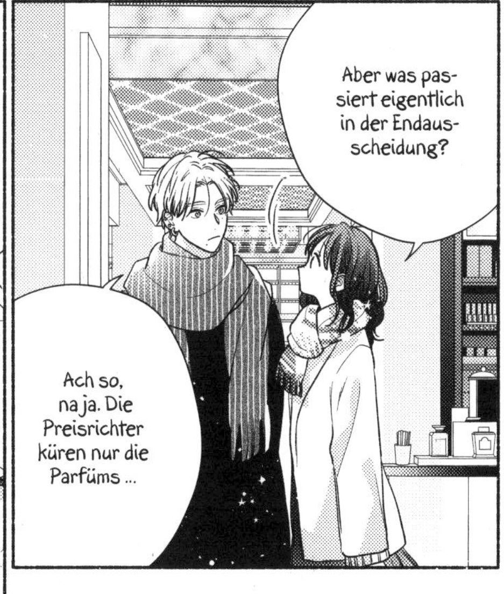

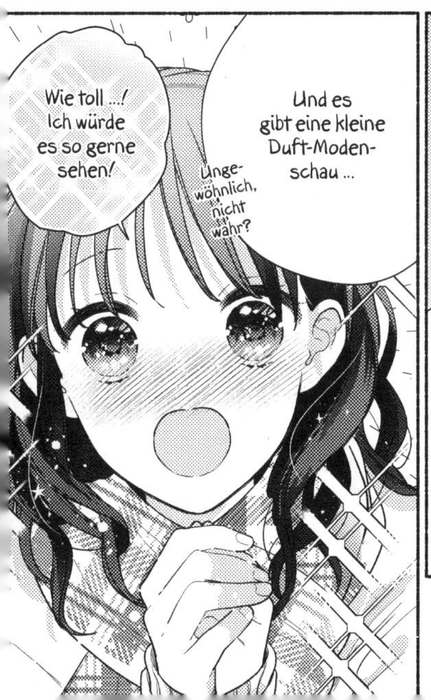

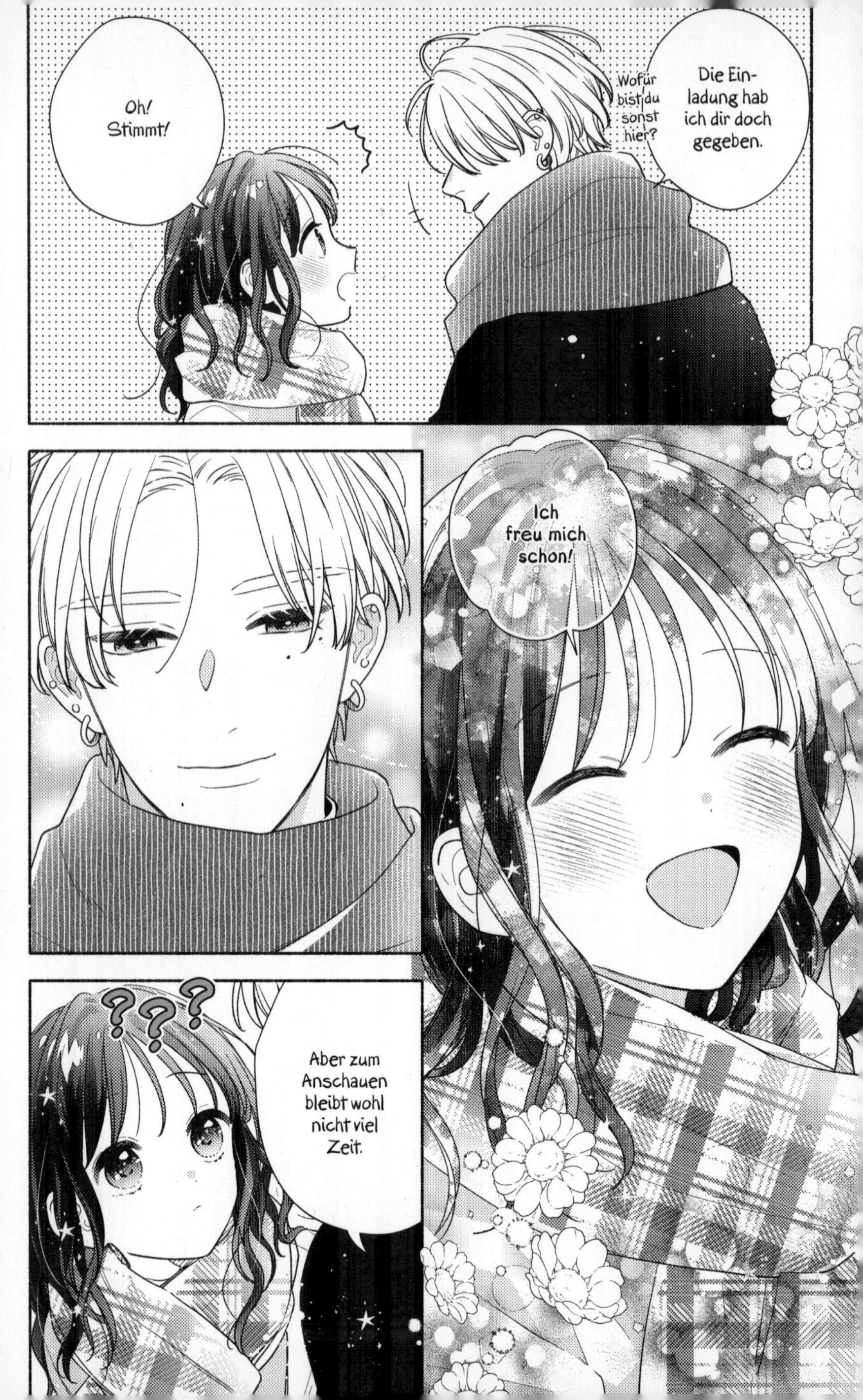

Die Einladung hab ich dir doch gegeben.
Wofür bist du sonst hier?
Oh! Stimmt!
Ich freu mich schon!
Aber zum Anschauen bleibt wohl nicht viel Zeit.
???

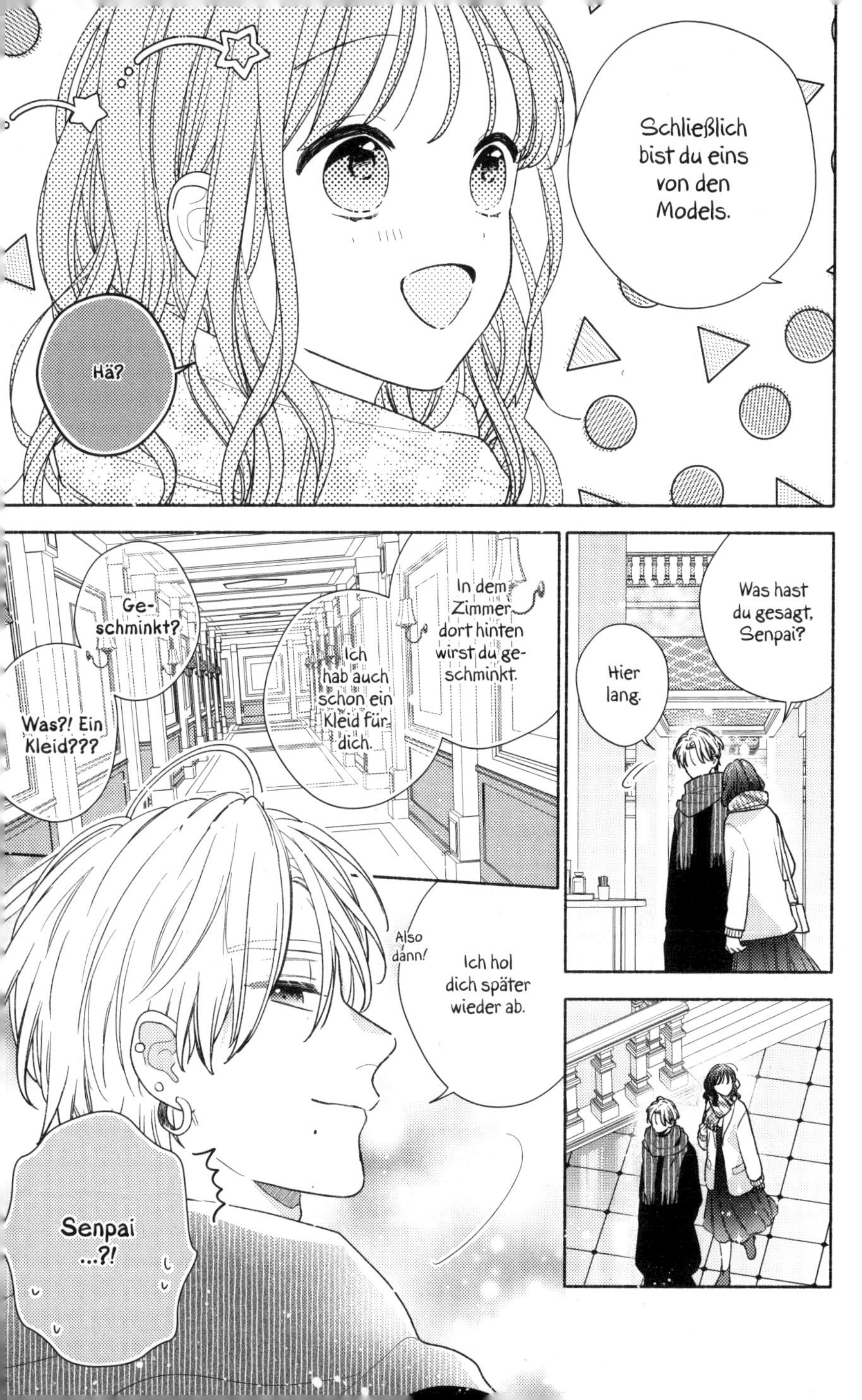
Schließlich bist du eins von den Models.
Hä?
Was hast du gesagt, Senpai?
Hier lang.
In dem Zimmer dort hinten wirst du geschminkt.
Ich hab auch schon ein Kleid für dich.
Ge-schminkt?
Was?! Ein Kleid???
Ich hol dich später wieder ab.
Also dann!
Senpai ...?!

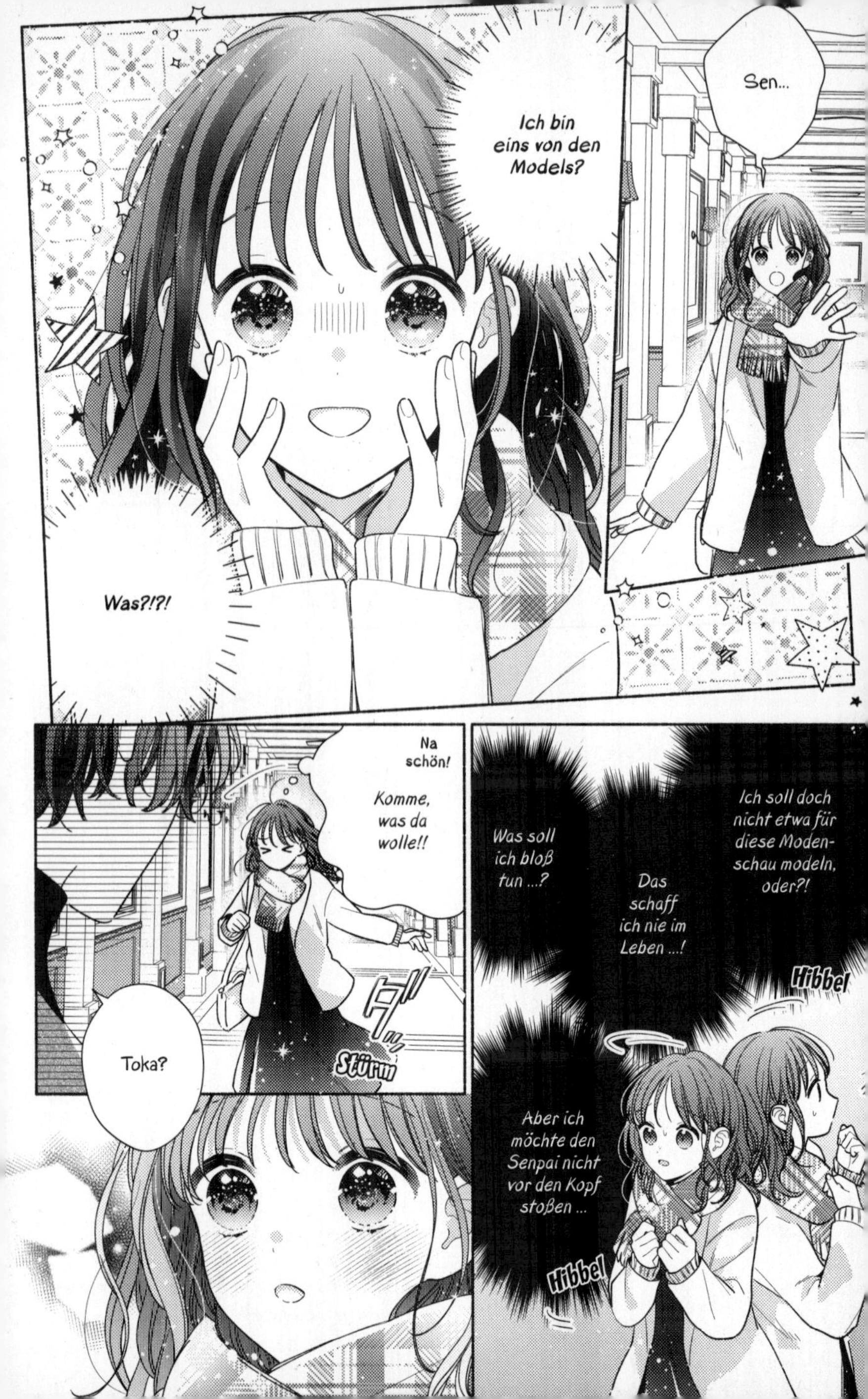
Sen...
Ich bin eins von den Models?
Was?!?!
Ich soll doch nicht etwa für diese Moden-schau modeln, oder?!
Das schaff ich nie im Leben ...!
Was soll ich bloß tun ...?
Hibbel
Aber ich möchte den Senpai nicht vor den Kopf stoßen ...
Hibbel
Na schön!
Komme, was da wolle!!
Stürm
Toka?

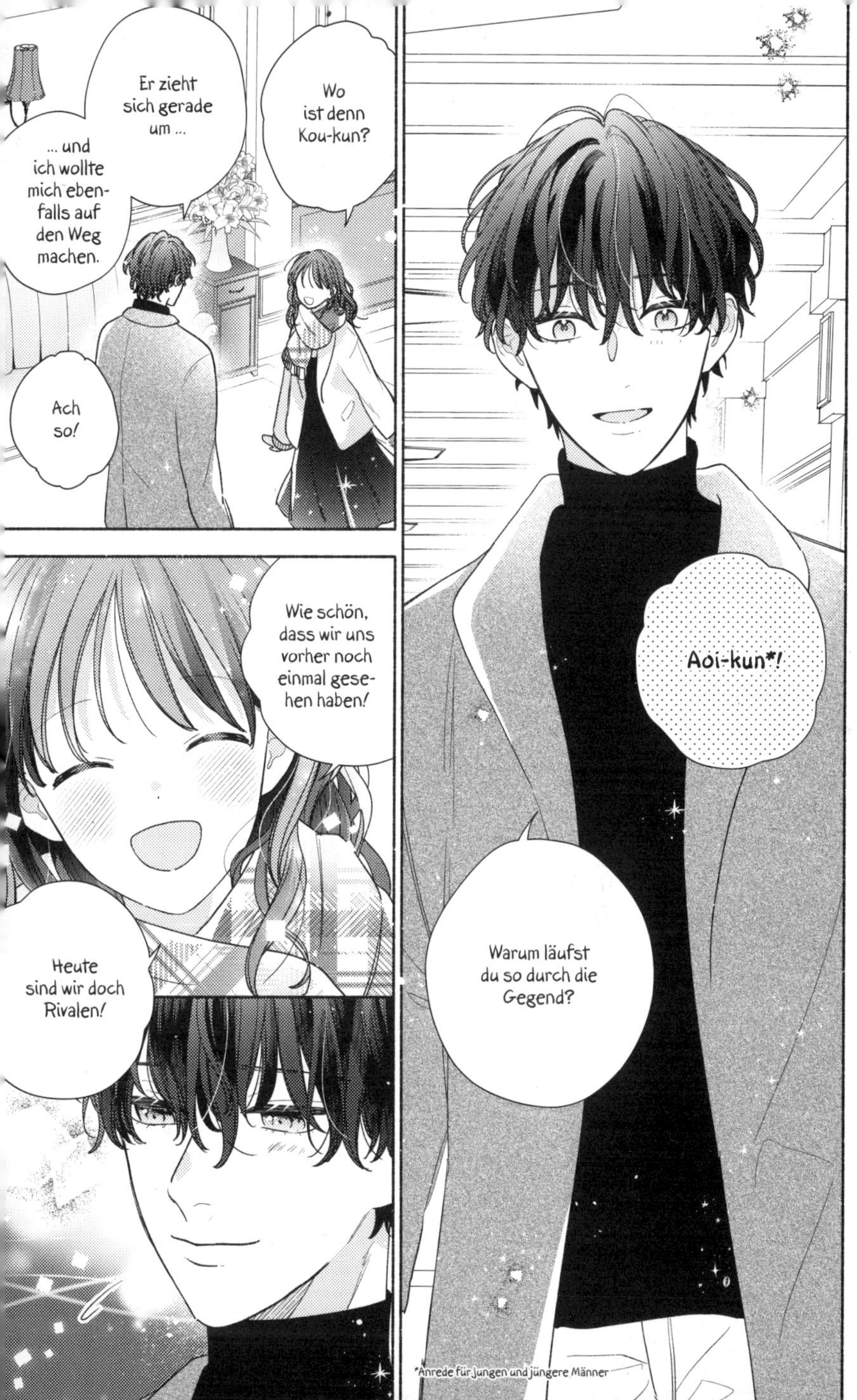

*Anrede für Jungen und jüngere Männer

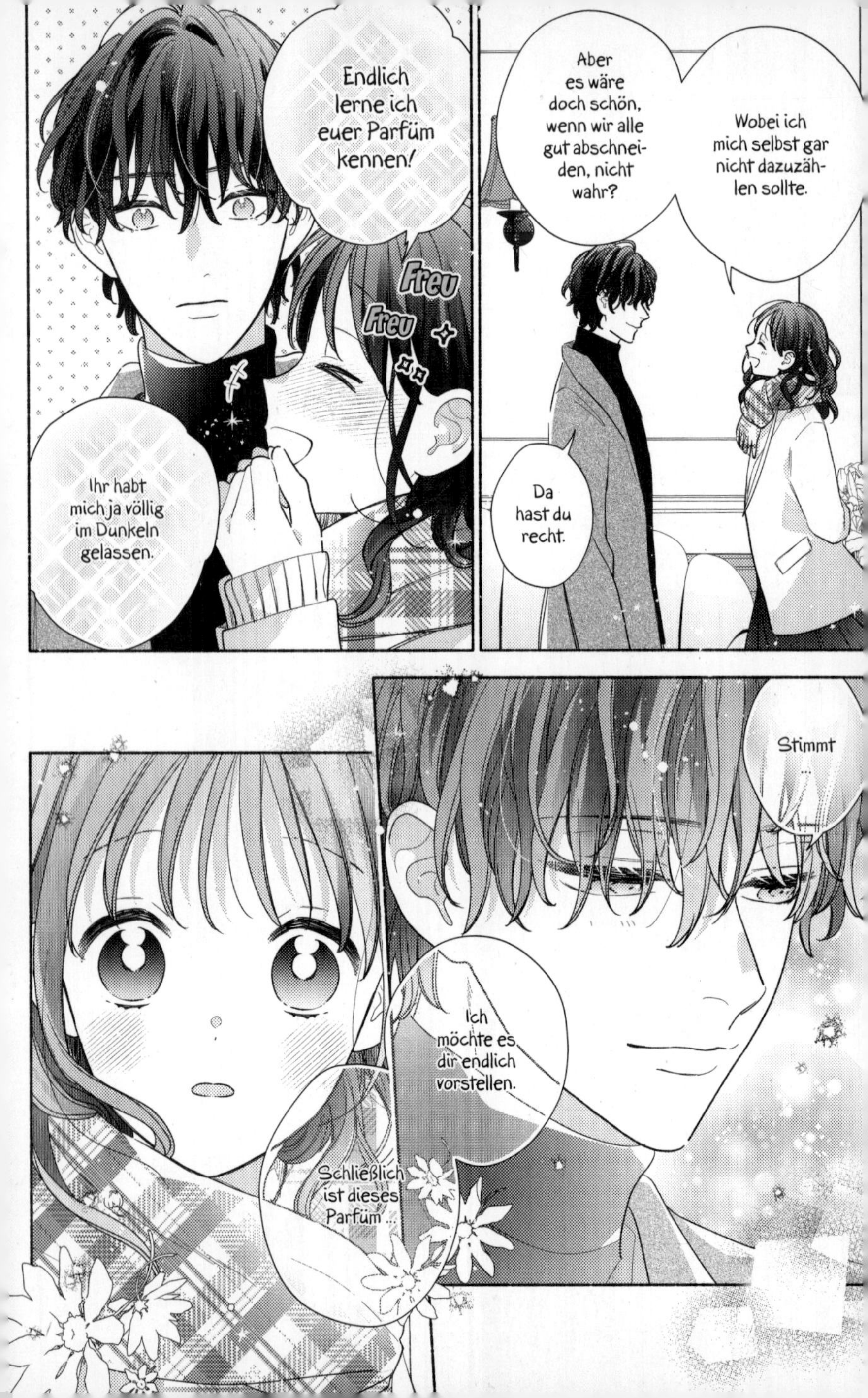

Wobei ich mich selbst gar nicht dazuzählen sollte.

Aber es wäre doch schön, wenn wir alle gut abschneiden, nicht wahr?

Da hast du recht.

Endlich lerne ich euer Parfüm kennen!

Freu Freu

Ihr habt mich ja völlig im Dunkeln gelassen.

Stimmt ...

Ich möchte es dir endlich vorstellen.

Schließlich ist dieses Parfüm ...

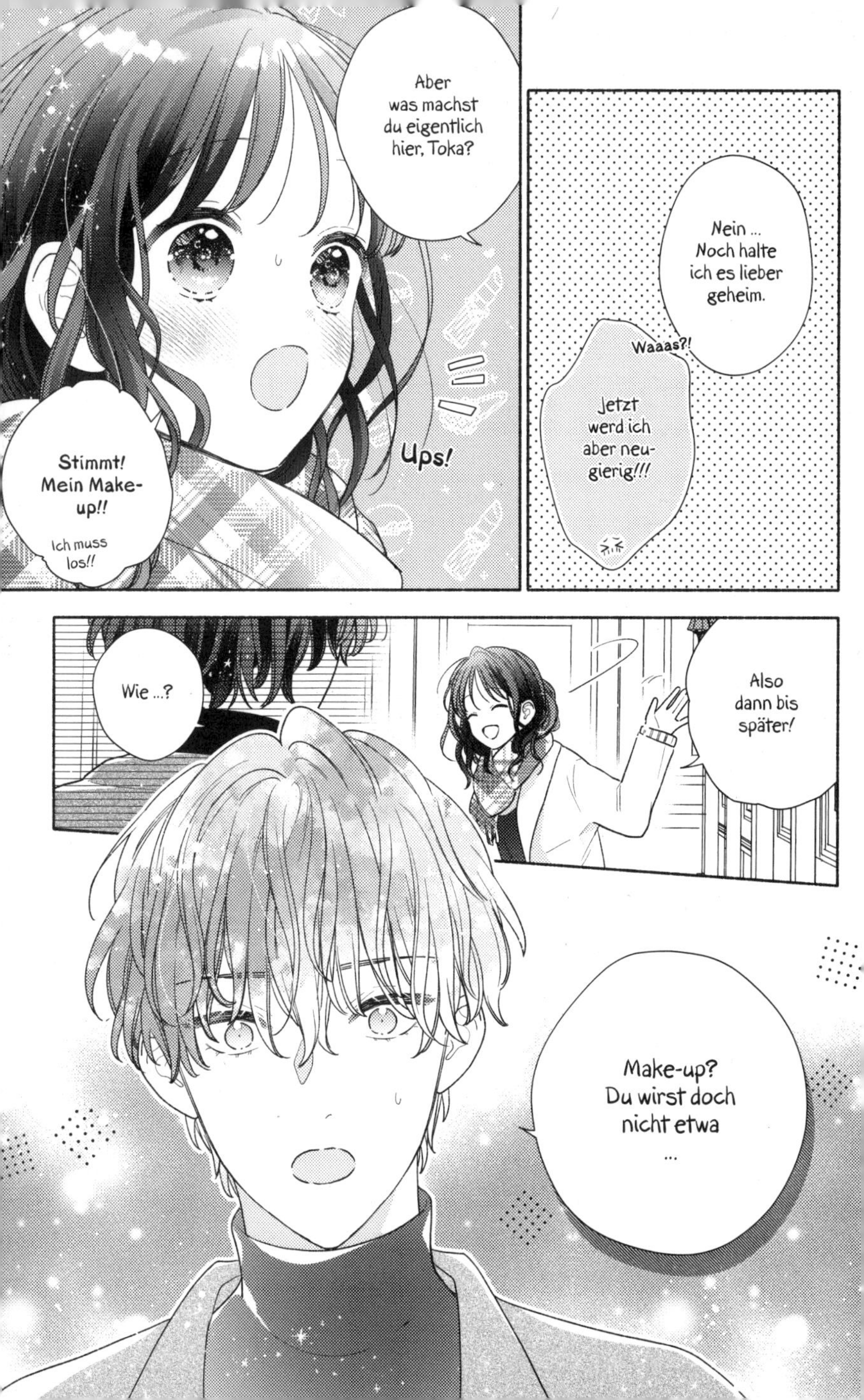

Aber was machst du eigentlich hier, Toka?
Nein ... Noch halte ich es lieber geheim.
Waaas?!
Jetzt werd ich aber neugierig!!!
Ups!
Stimmt! Mein Make-up!!
Ich muss los!!
Also dann bis später!
Wie ...?
Make-up? Du wirst doch nicht etwa ...

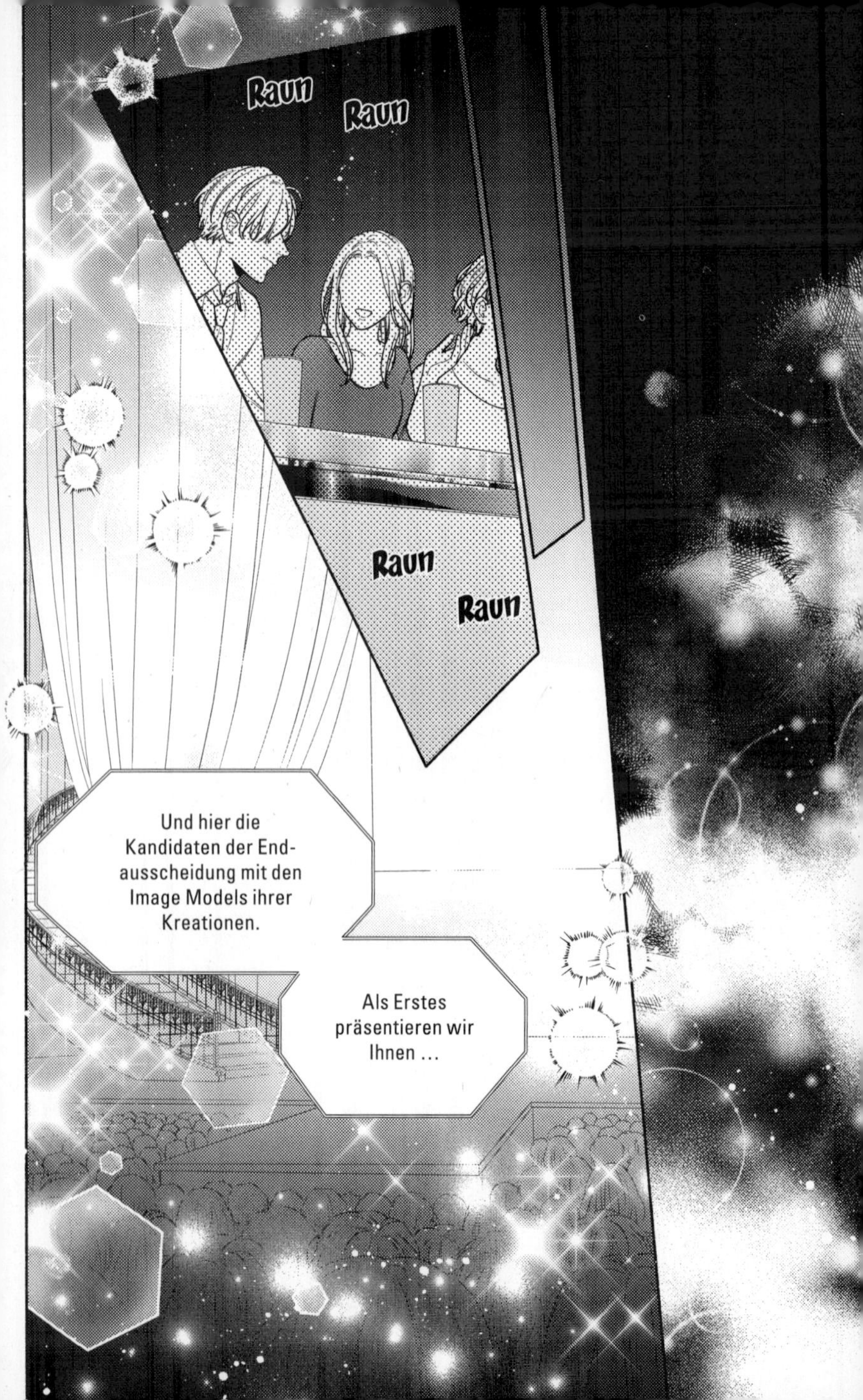
Raun
Raun
Raun
Raun
Und hier die Kandidaten der End-ausscheidung mit den Image Models ihrer Kreationen.
Als Erstes präsentieren wir Ihnen …

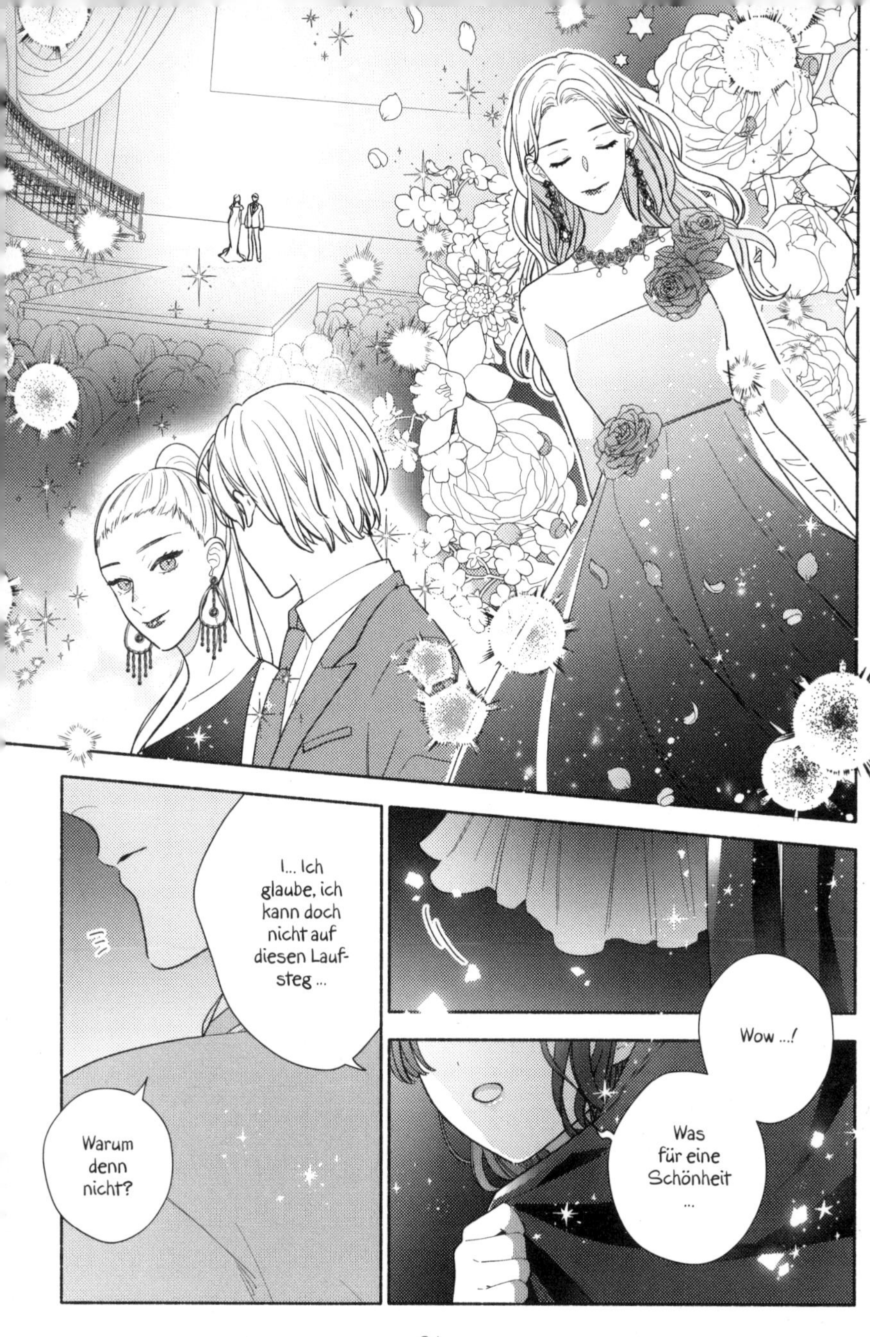
I… Ich glaube, ich kann doch nicht auf diesen Laufsteg …
Warum denn nicht?
Wow …!
Was für eine Schönheit …

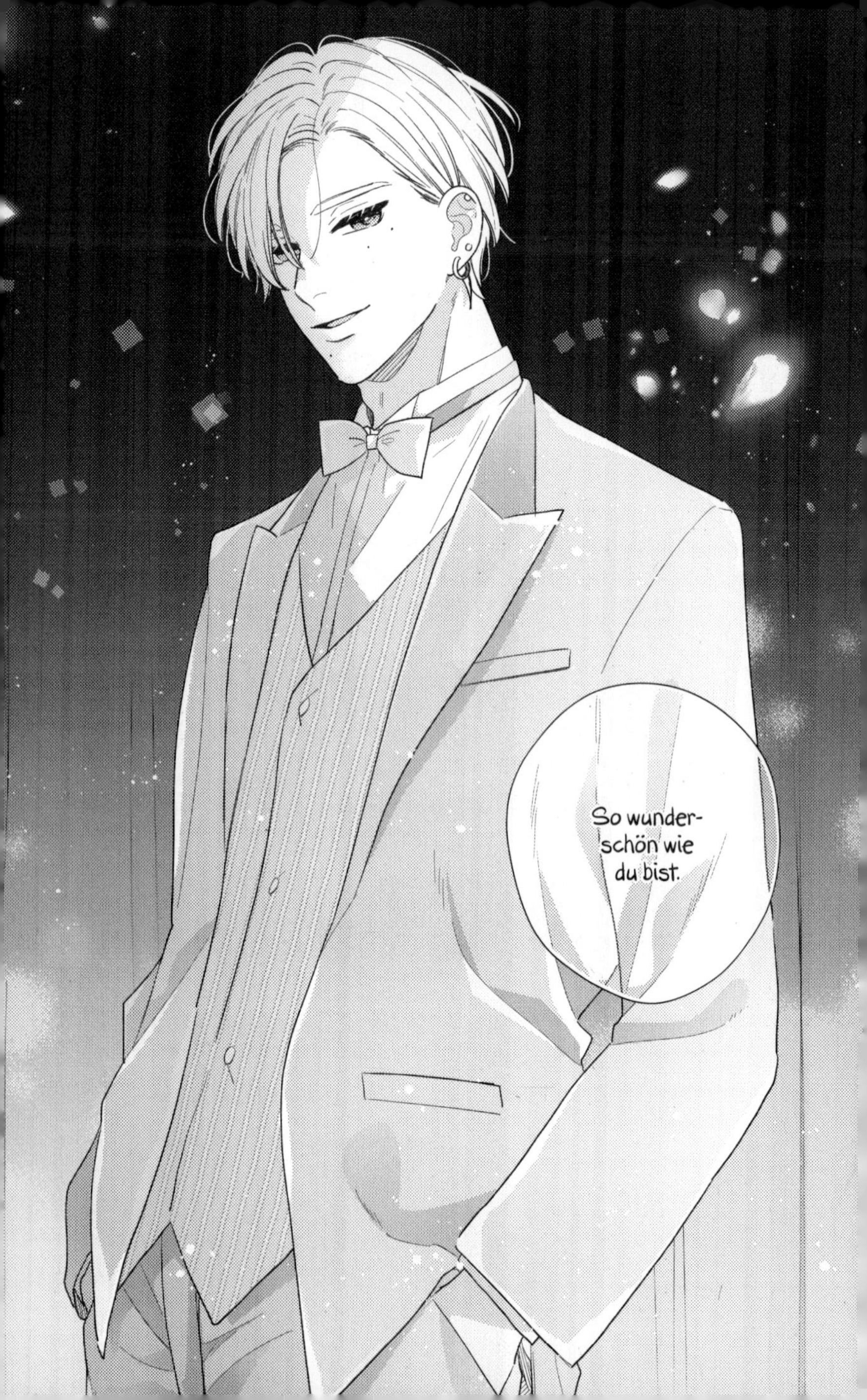
So wunder-
schön wie
du bist.

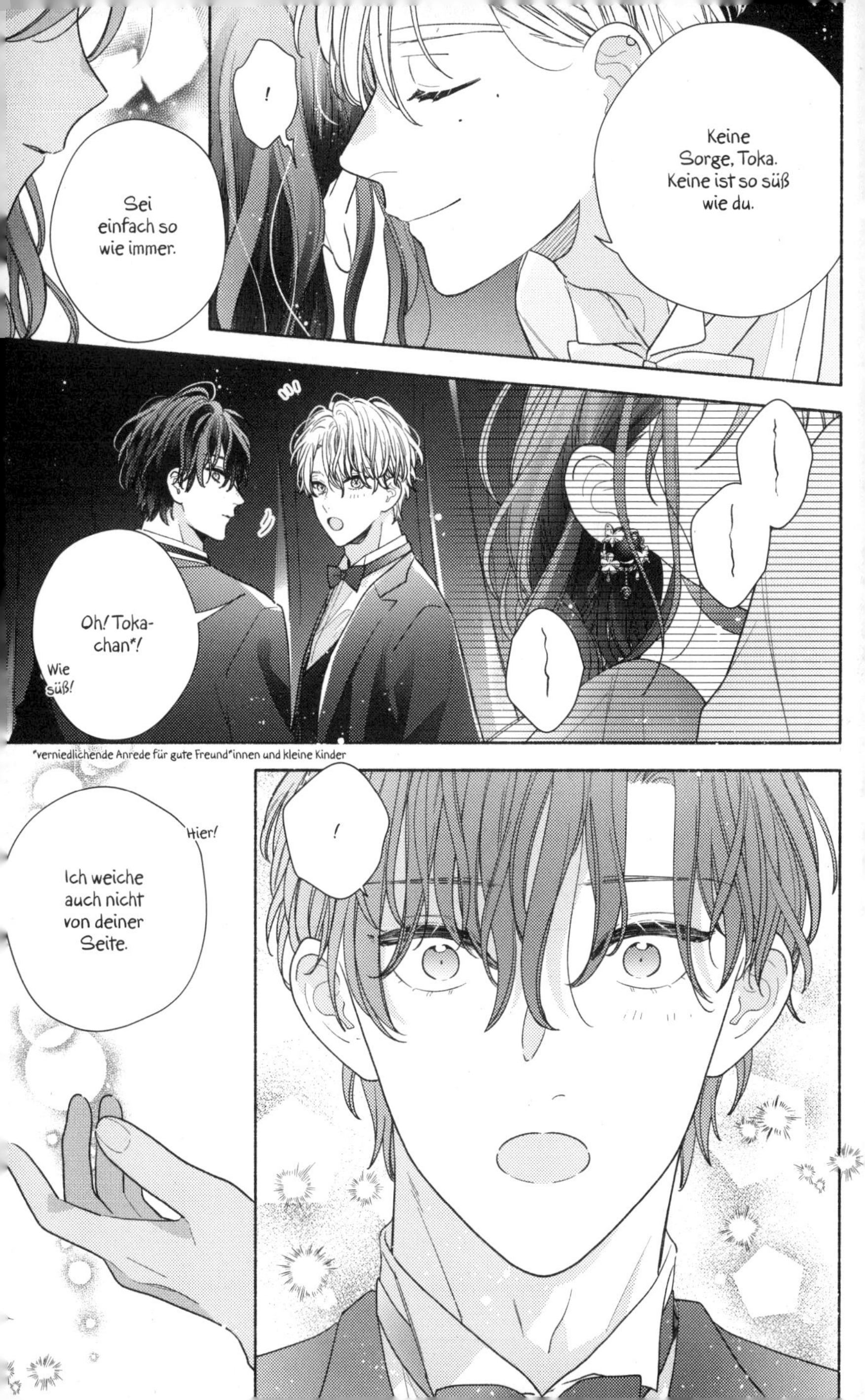

*verniedlichende Anrede für gute Freund*innen und kleine Kinder

Komm, Toka!

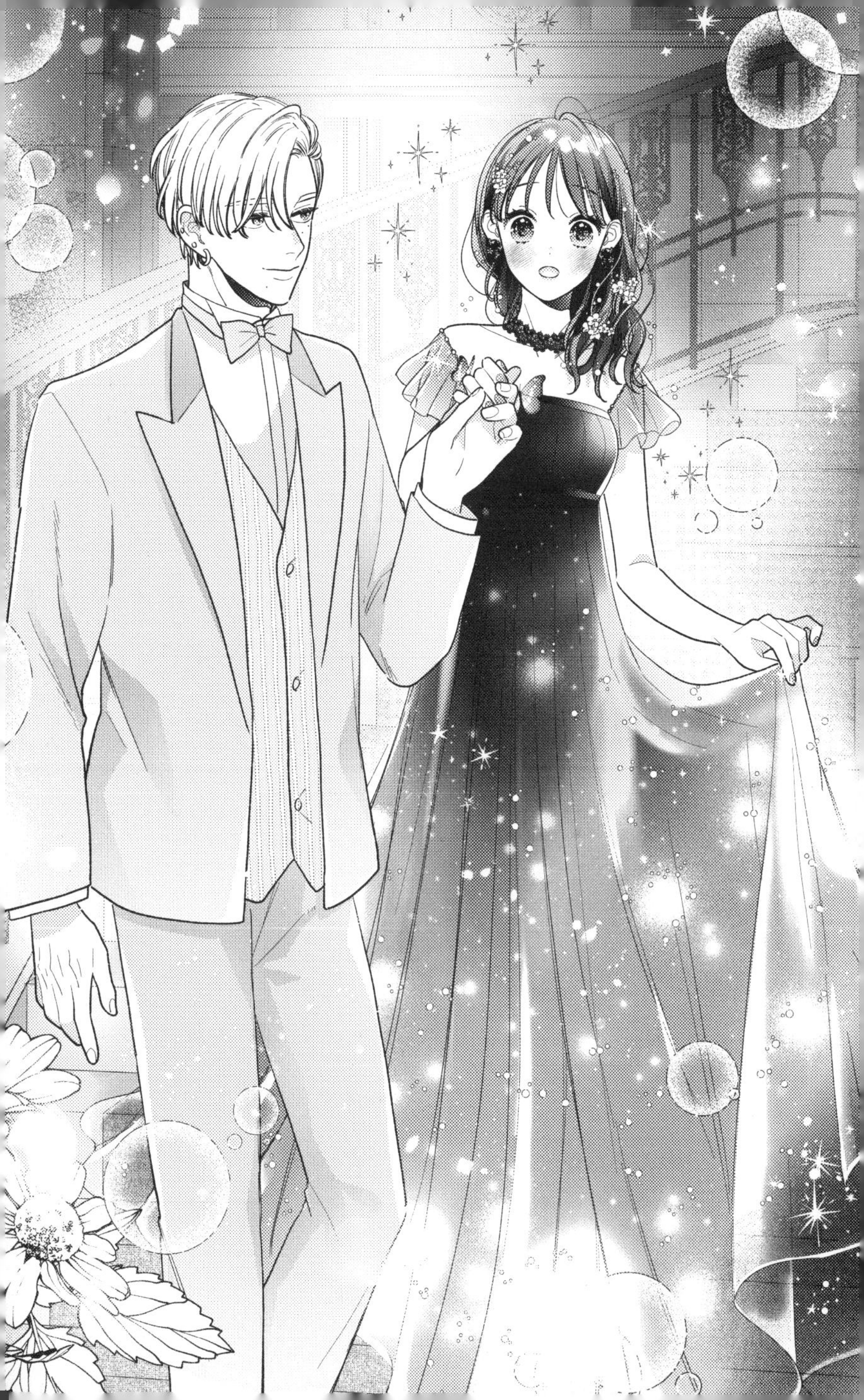

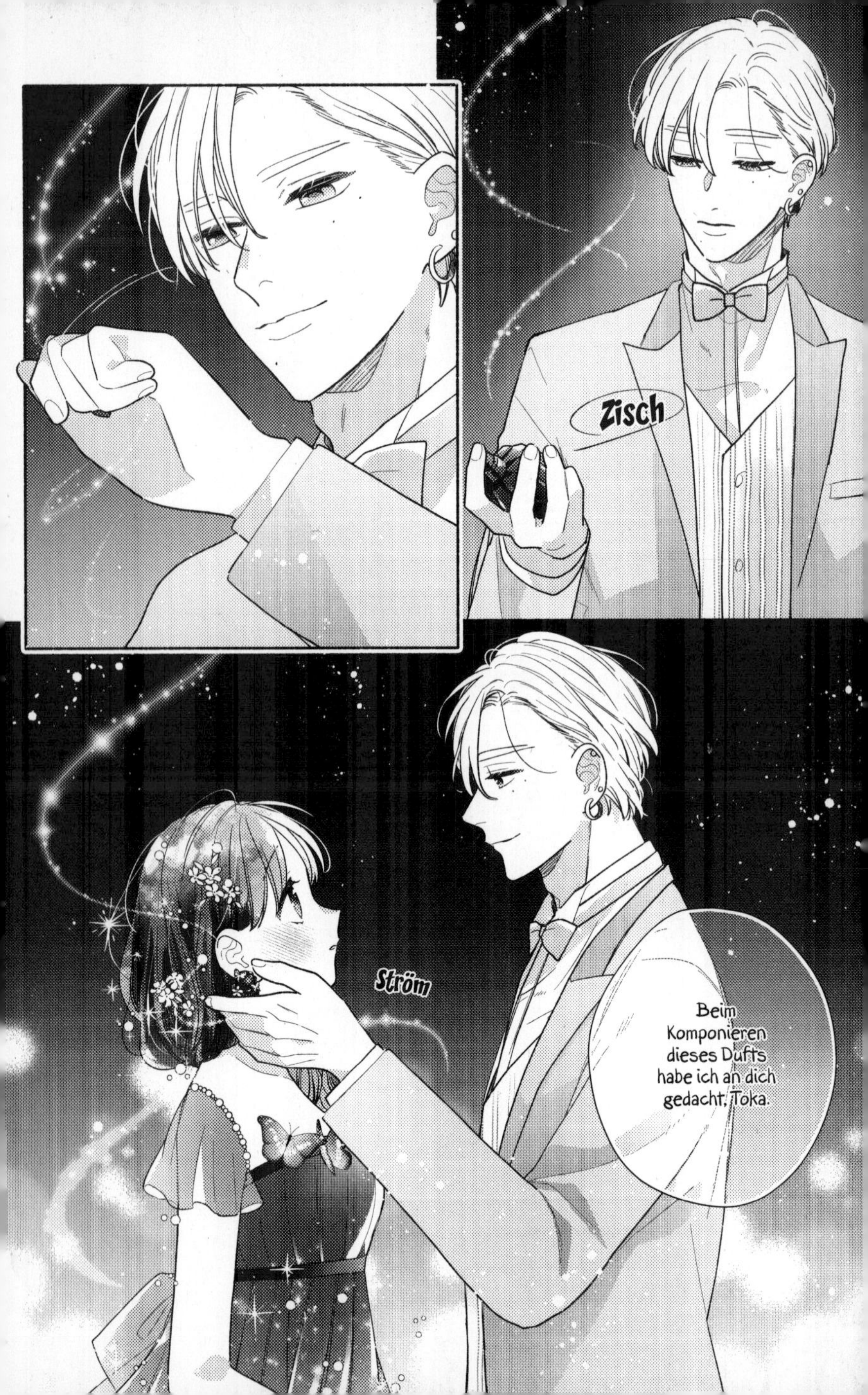
Zisch
Ström
Beim Komponieren dieses Dufts habe ich an dich gedacht, Toka.

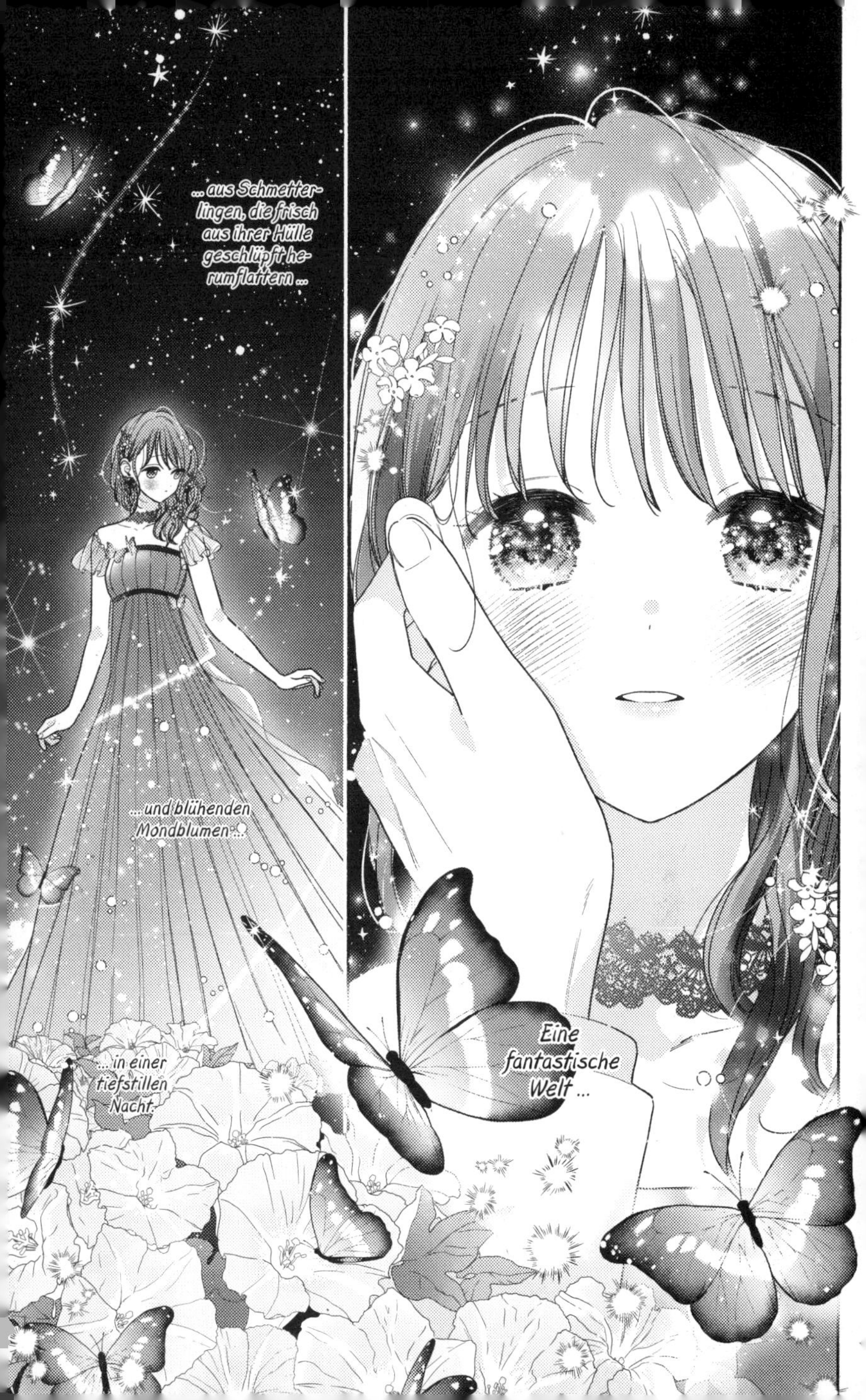
Eine fantastische Welt ...
... aus Schmetterlingen, die frisch aus ihrer Hülle geschlüpft herumflattern ...
... und blühenden Mondblumen ...
... in einer tiefstillen Nacht.

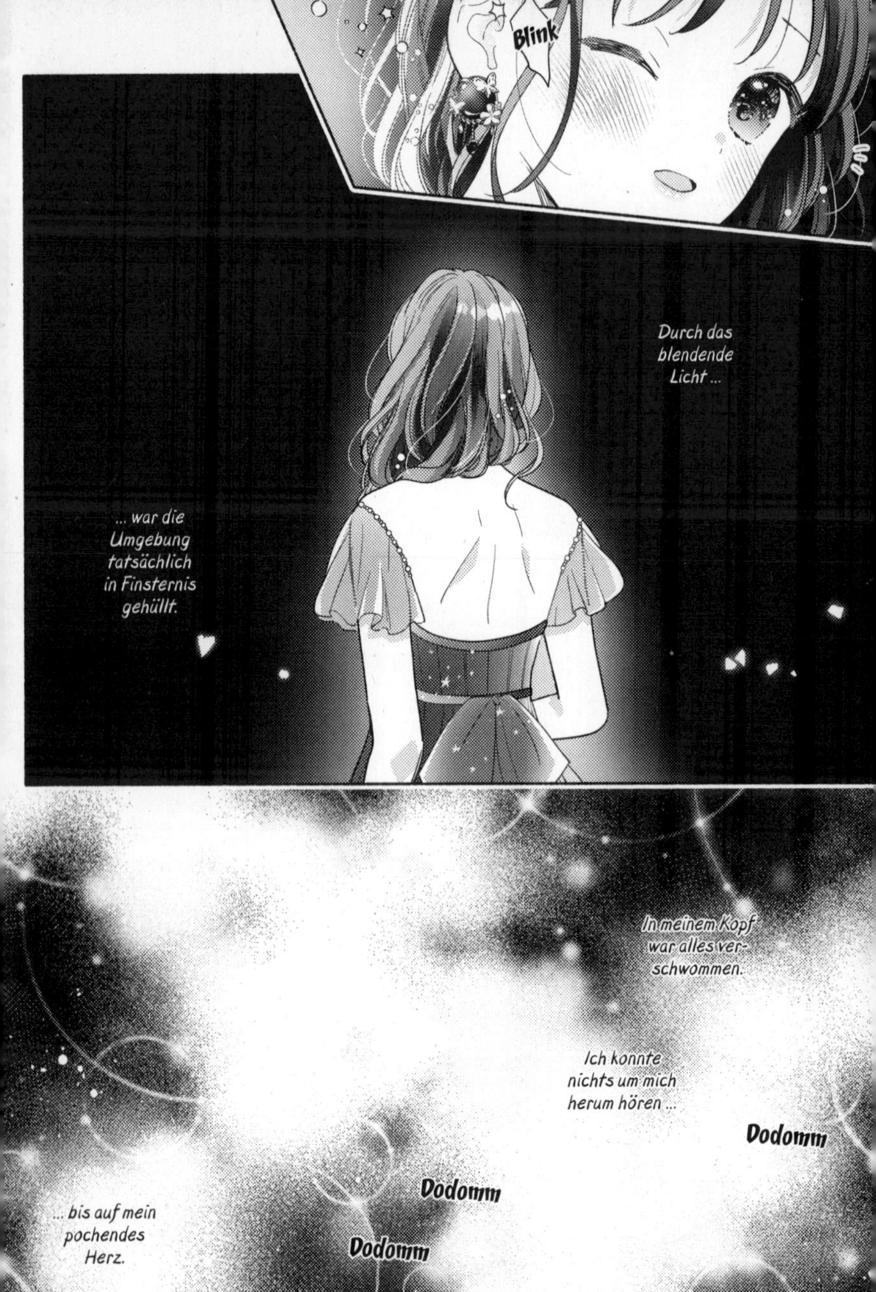
Blink
Durch das blendende Licht ...
... war die Umgebung tatsächlich in Finsternis gehüllt.
In meinem Kopf war alles verschwommen.
Ich konnte nichts um mich herum hören ...
Dodomm
Dodomm
Dodomm
... bis auf mein pochendes Herz.

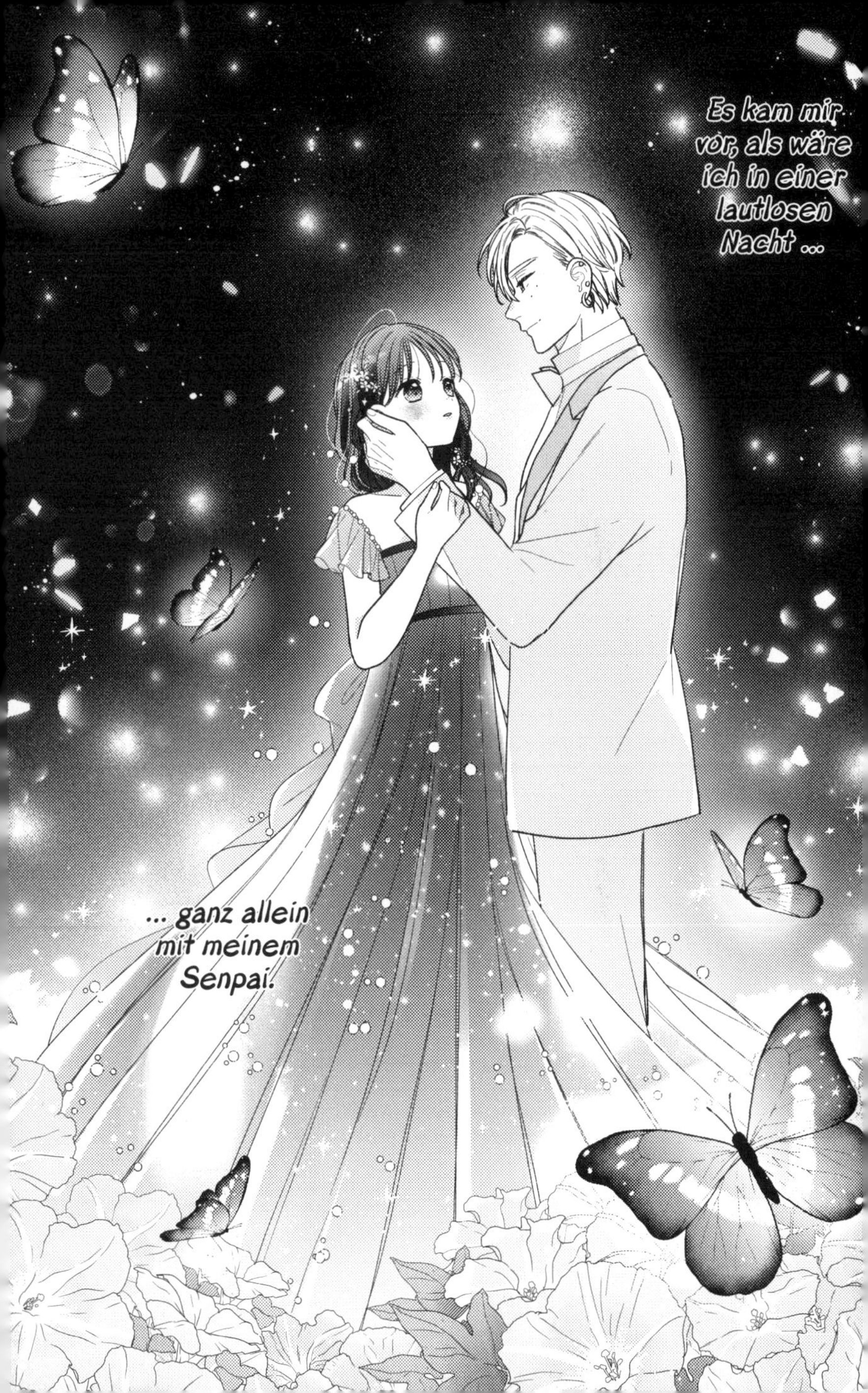
Es kam mir vor, als wäre ich in einer lautlosen Nacht ...
... ganz allein mit meinem Senpai.

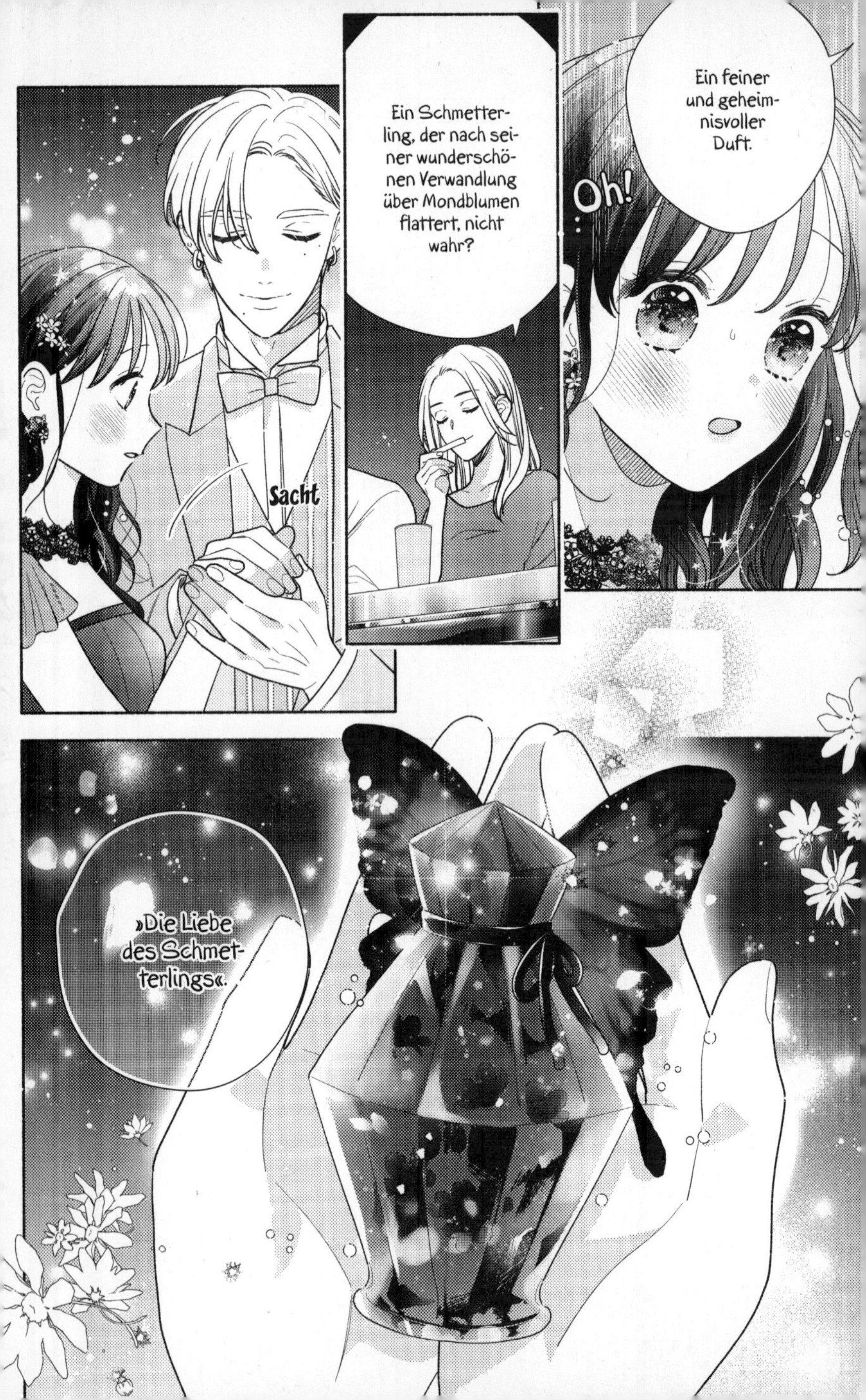
Ein feiner und geheimnisvoller Duft.
Oh!
Ein Schmetterling, der nach seiner wunderschönen Verwandlung über Mondblumen flattert, nicht wahr?
Sacht
»Die Liebe des Schmetterlings«.

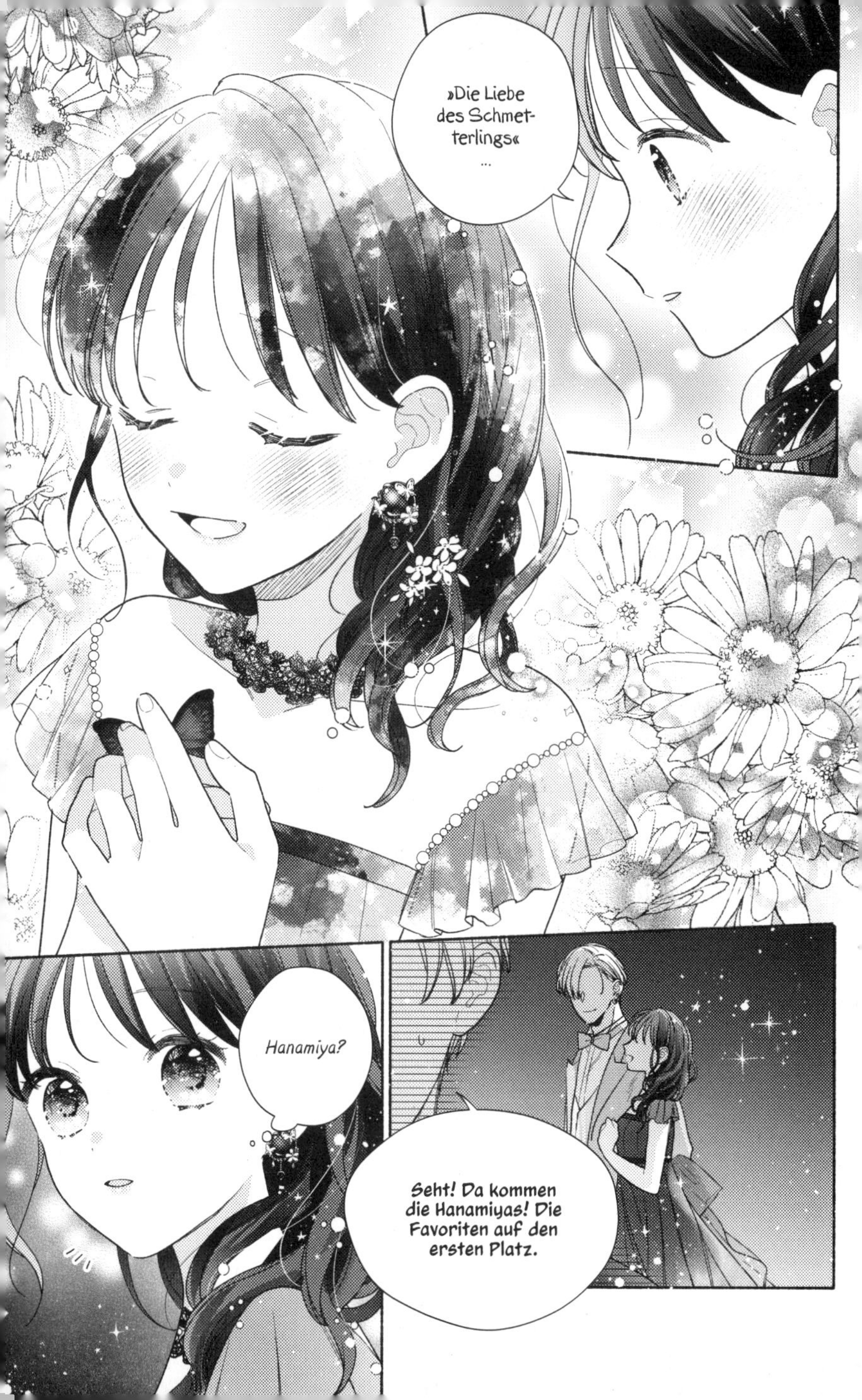
»Die Liebe des Schmetterlings« ...
Seht! Da kommen die Hanamiyas! Die Favoriten auf den ersten Platz.
Hanamiya?

Kou-kun
...
...und
Aoi-kun
...!

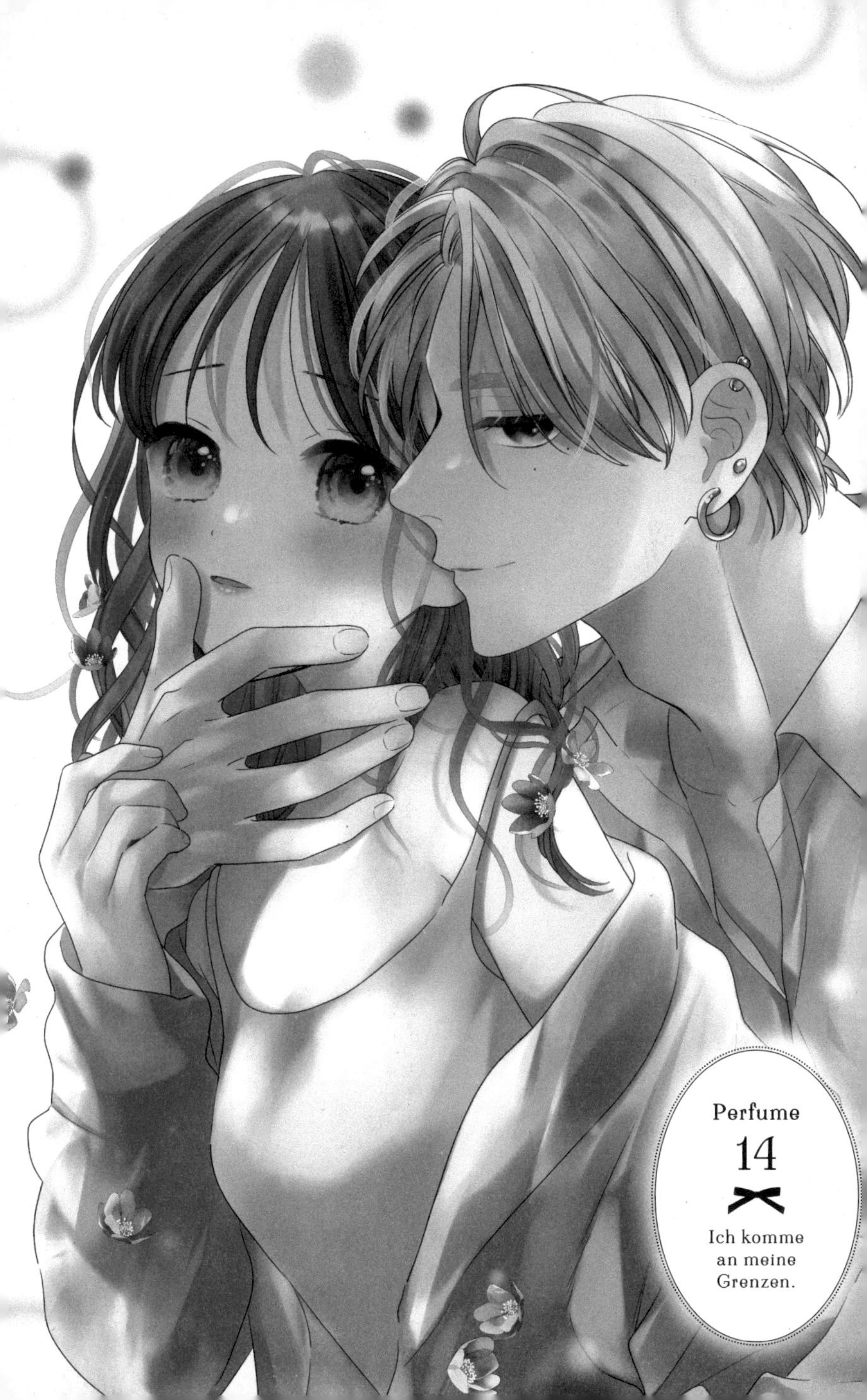
Perfume
14
Ich komme
an meine
Grenzen.

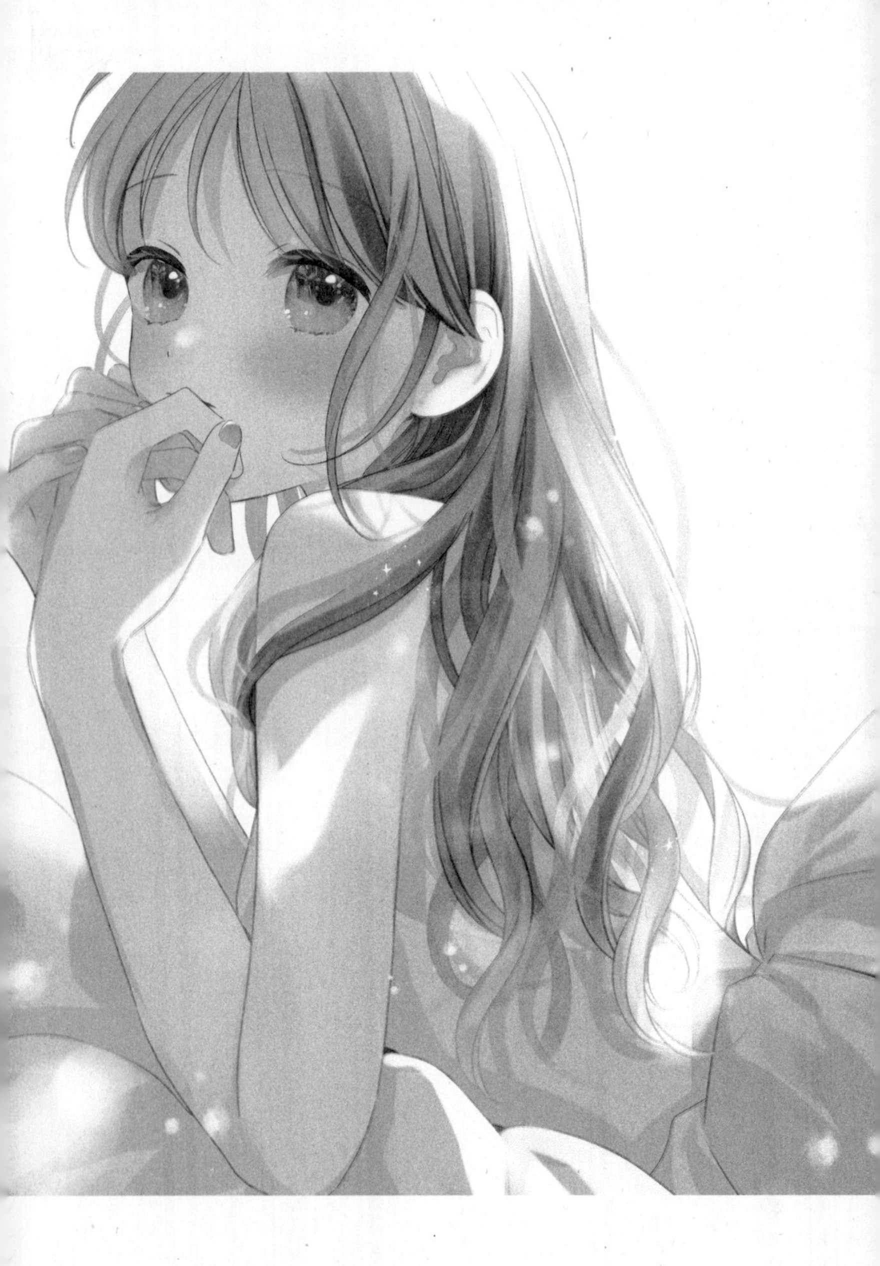

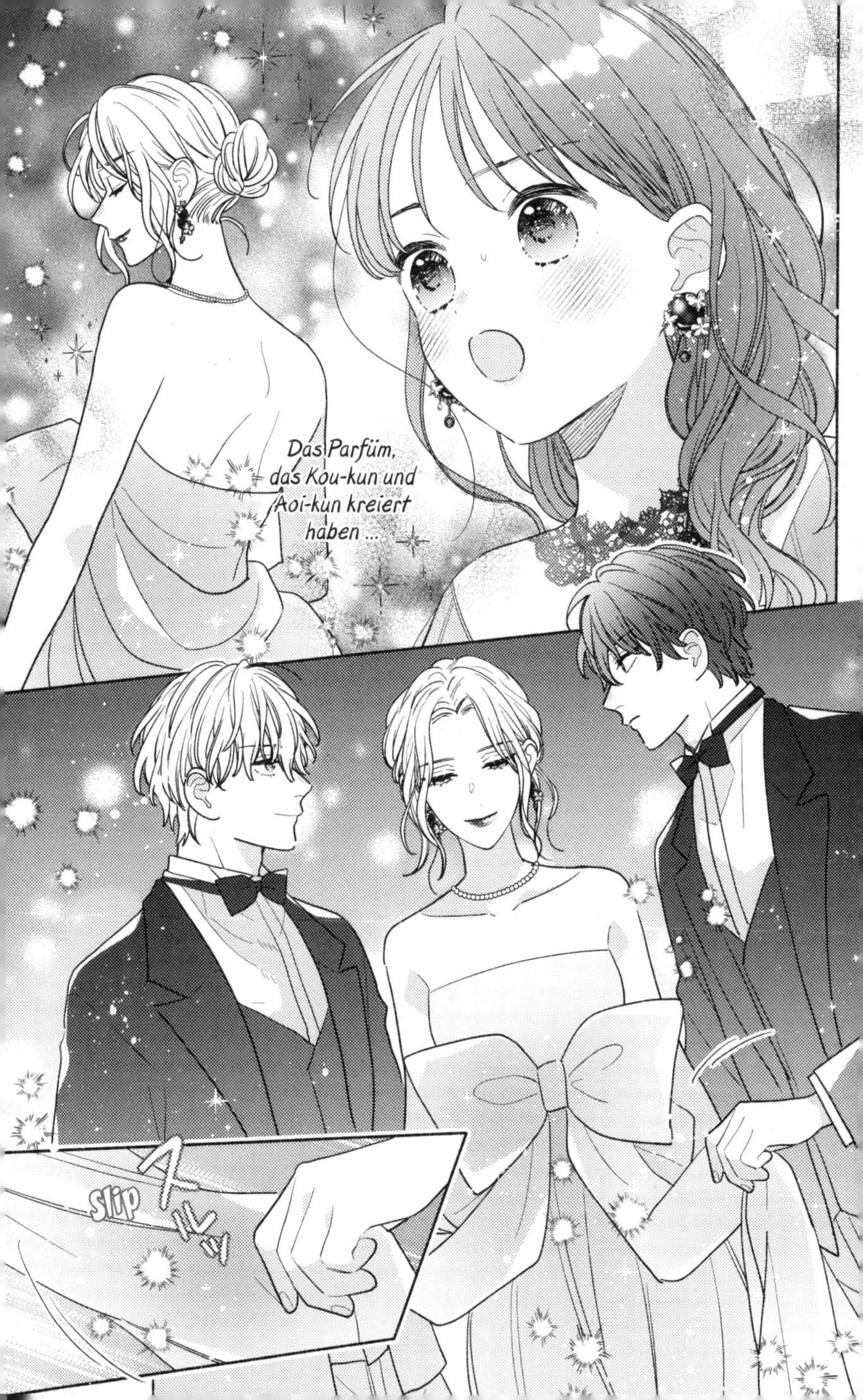
Das Parfüm, das Kou-kun und Aoi-kun kreiert haben …
Slip

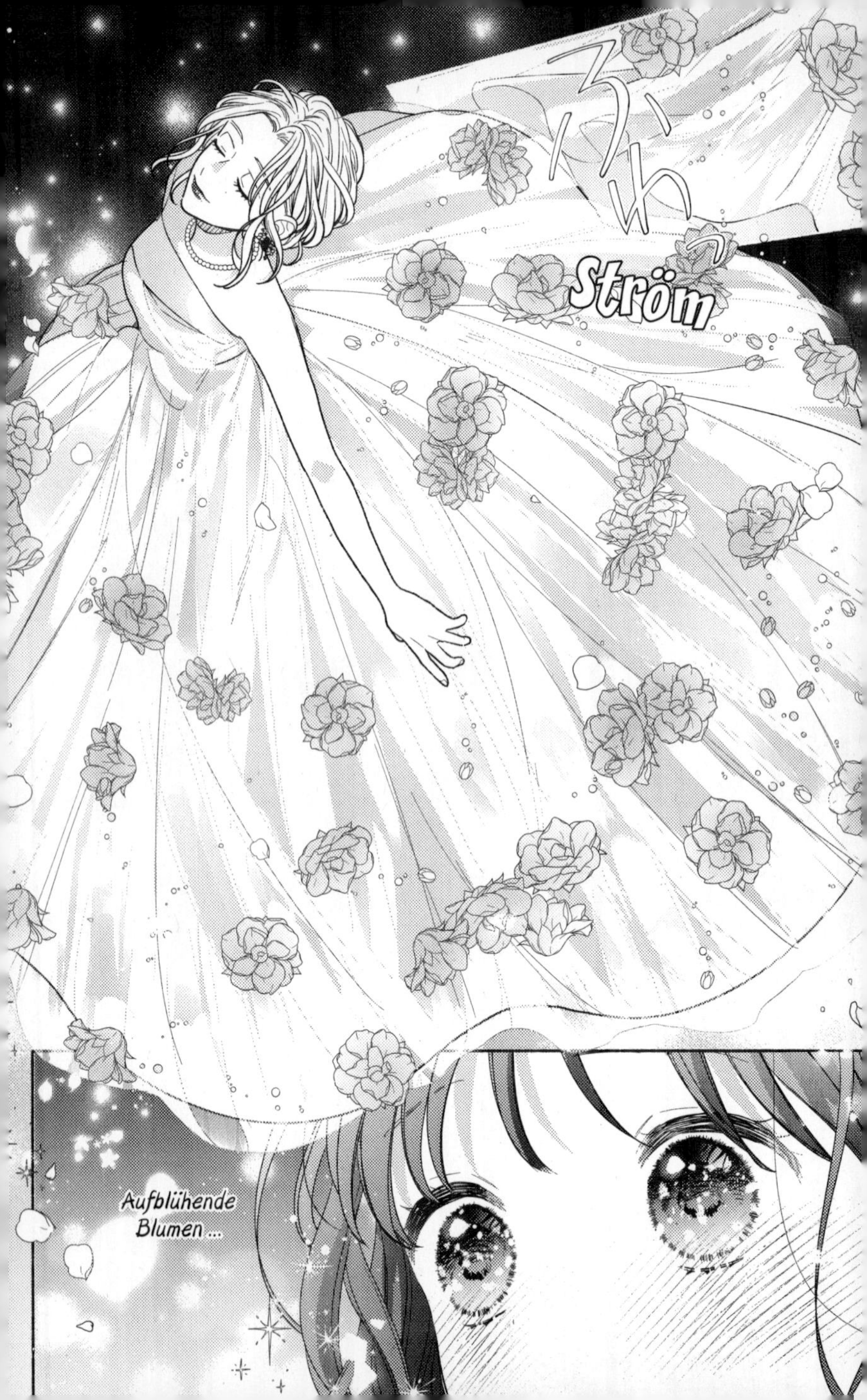
ふわっ
Ström
Aufblühende Blumen ...

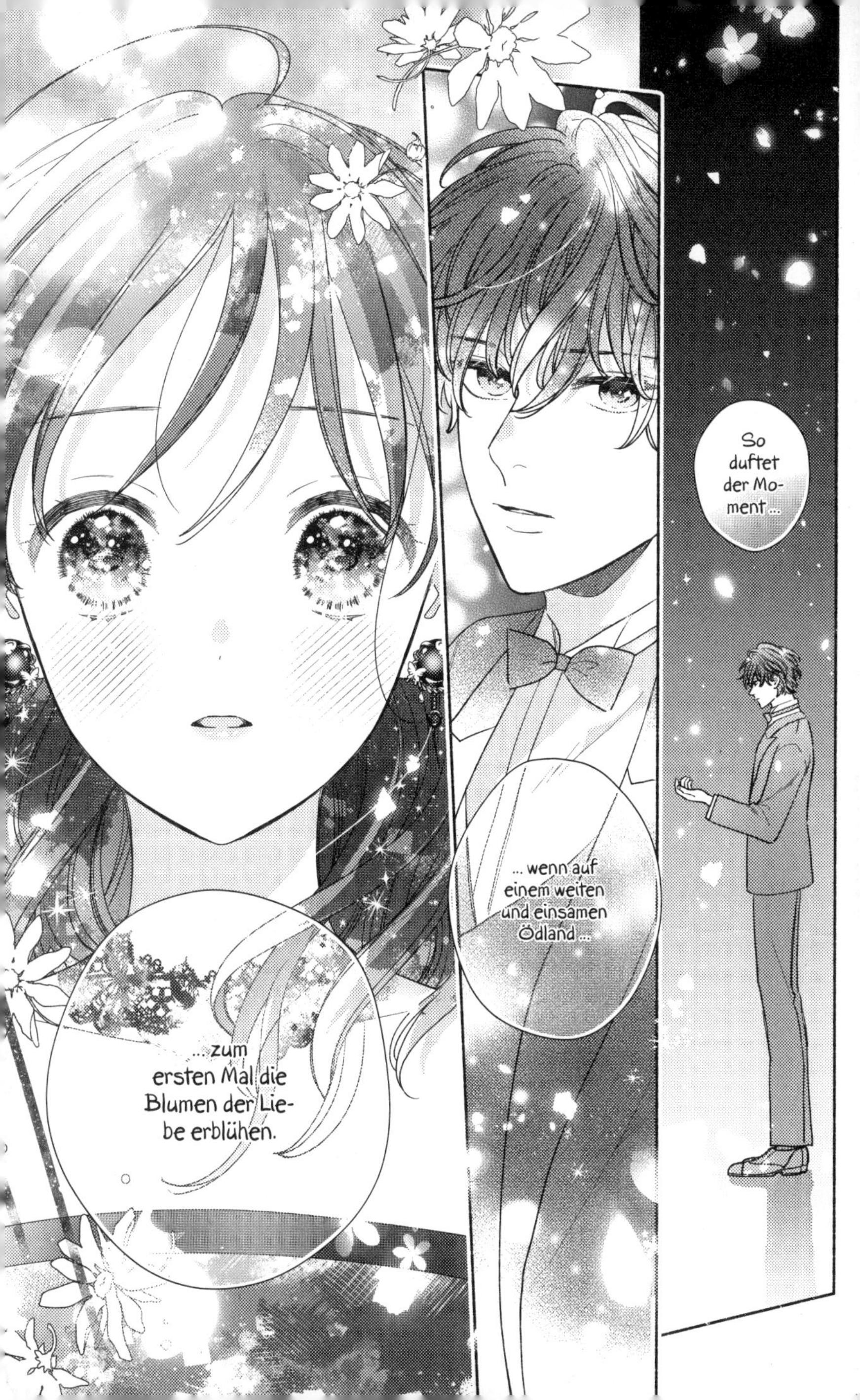
So duftet der Mo-ment …
… wenn auf einem weiten und einsamen Ödland …
… zum ersten Mal die Blumen der Lie-be erblühen.

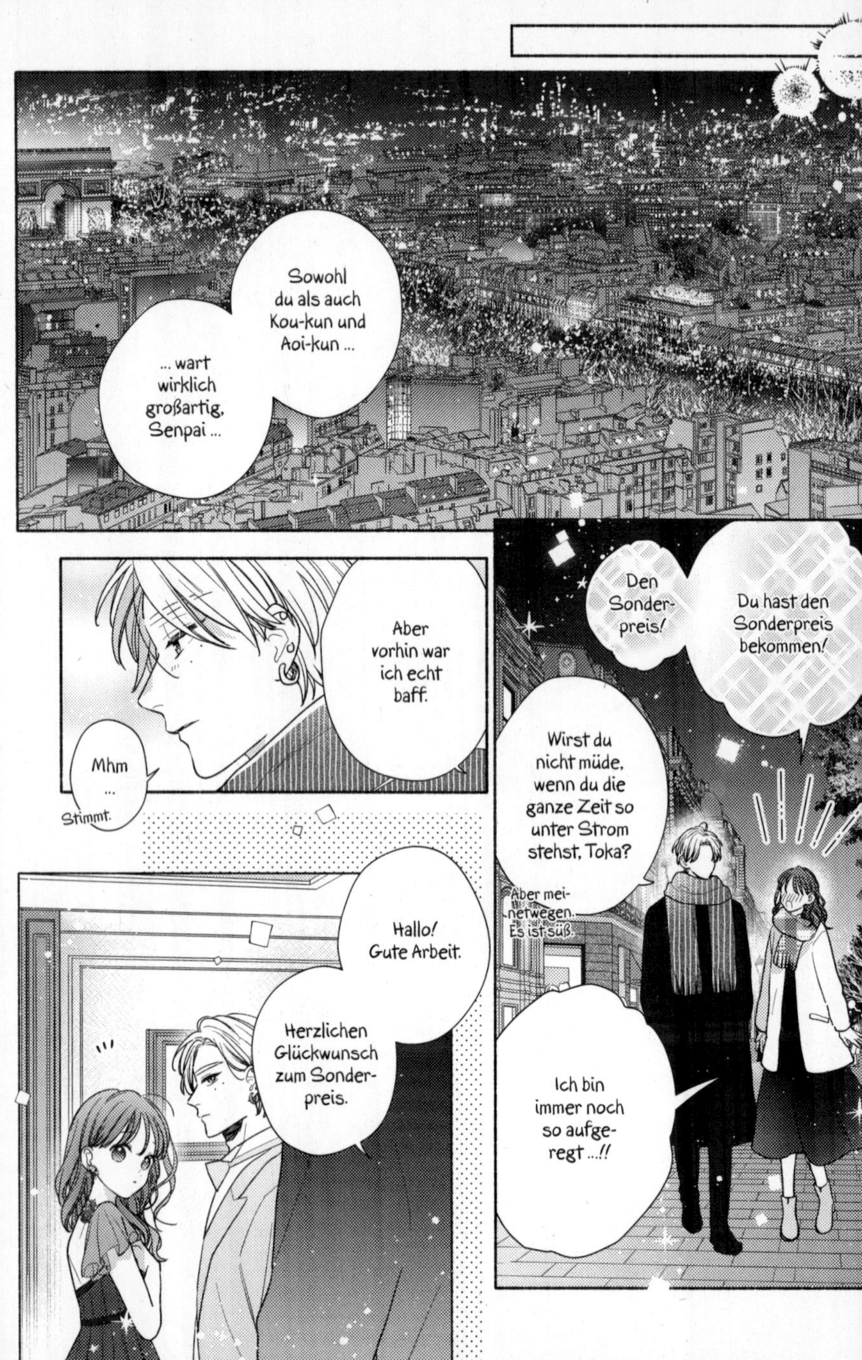
Sowohl du als auch Kou-kun und Aoi-kun ...
... wart wirklich großartig, Senpai ...
Den Sonder-preis!
Du hast den Sonderpreis bekommen!
Aber vorhin war ich echt baff.
Mhm ...
Stimmt.
Wirst du nicht müde, wenn du die ganze Zeit so unter Strom stehst, Toka?
Aber meinetwegen. Es ist süß.
Ich bin immer noch so aufge-regt ...!!
Hallo! Gute Arbeit.
Herzlichen Glückwunsch zum Sonder-preis.

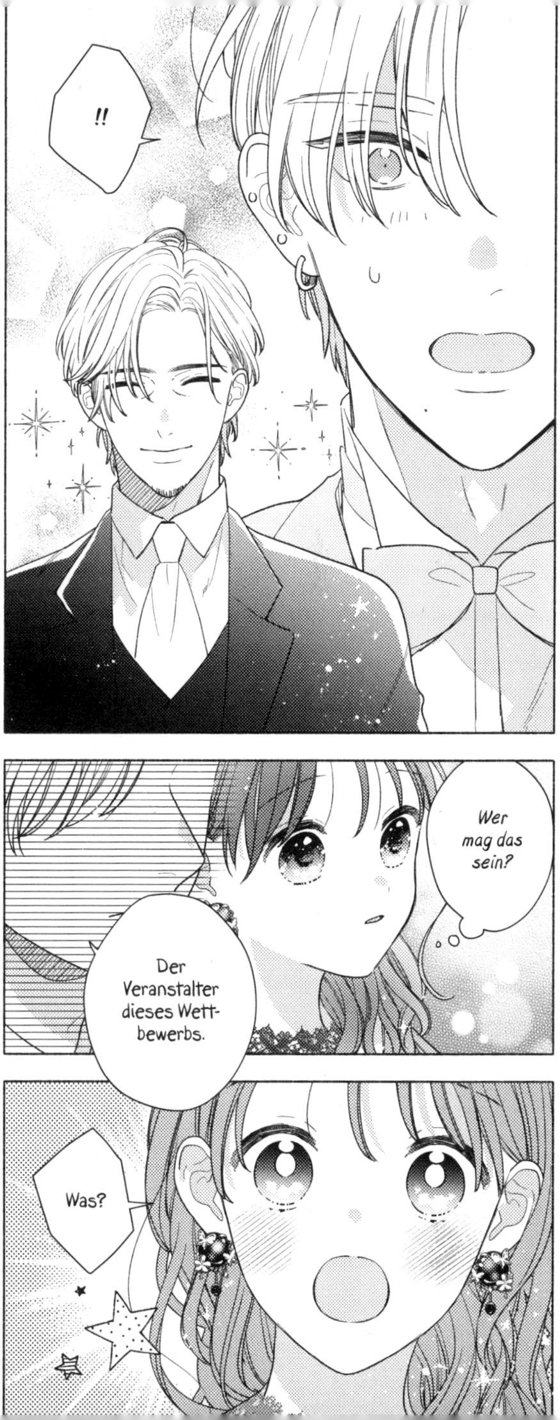

!!

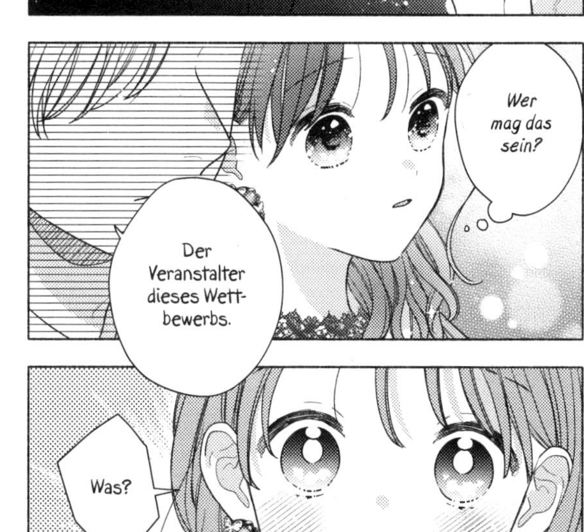
Wer mag das sein?
Der Veranstalter dieses Wettbewerbs.
Was?

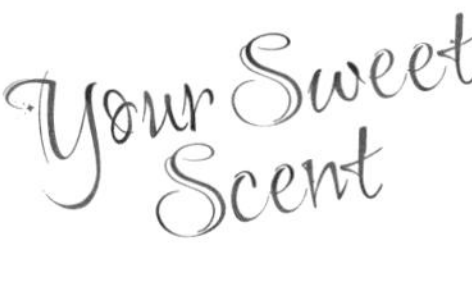
Your Sweet Scent

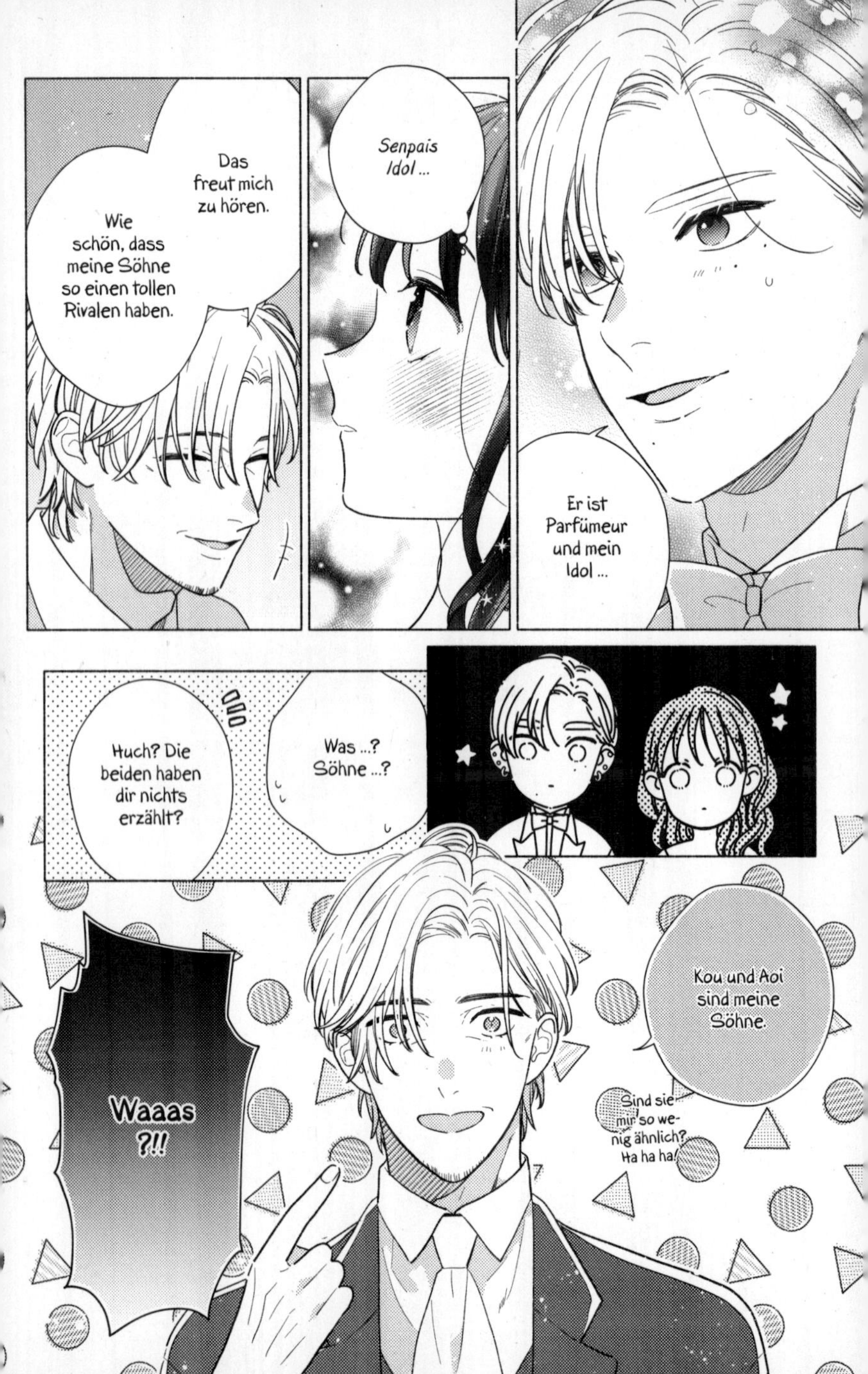
Er ist Parfümeur und mein Idol ...
Senpais Idol ...
Das freut mich zu hören.
Wie schön, dass meine Söhne so einen tollen Rivalen haben.
Was ...? Söhne ...?
Huch? Die beiden haben dir nichts erzählt?
Kou und Aoi sind meine Söhne.
Sind sie mir so wenig ähnlich? Ha ha ha!
Waaas ?!!

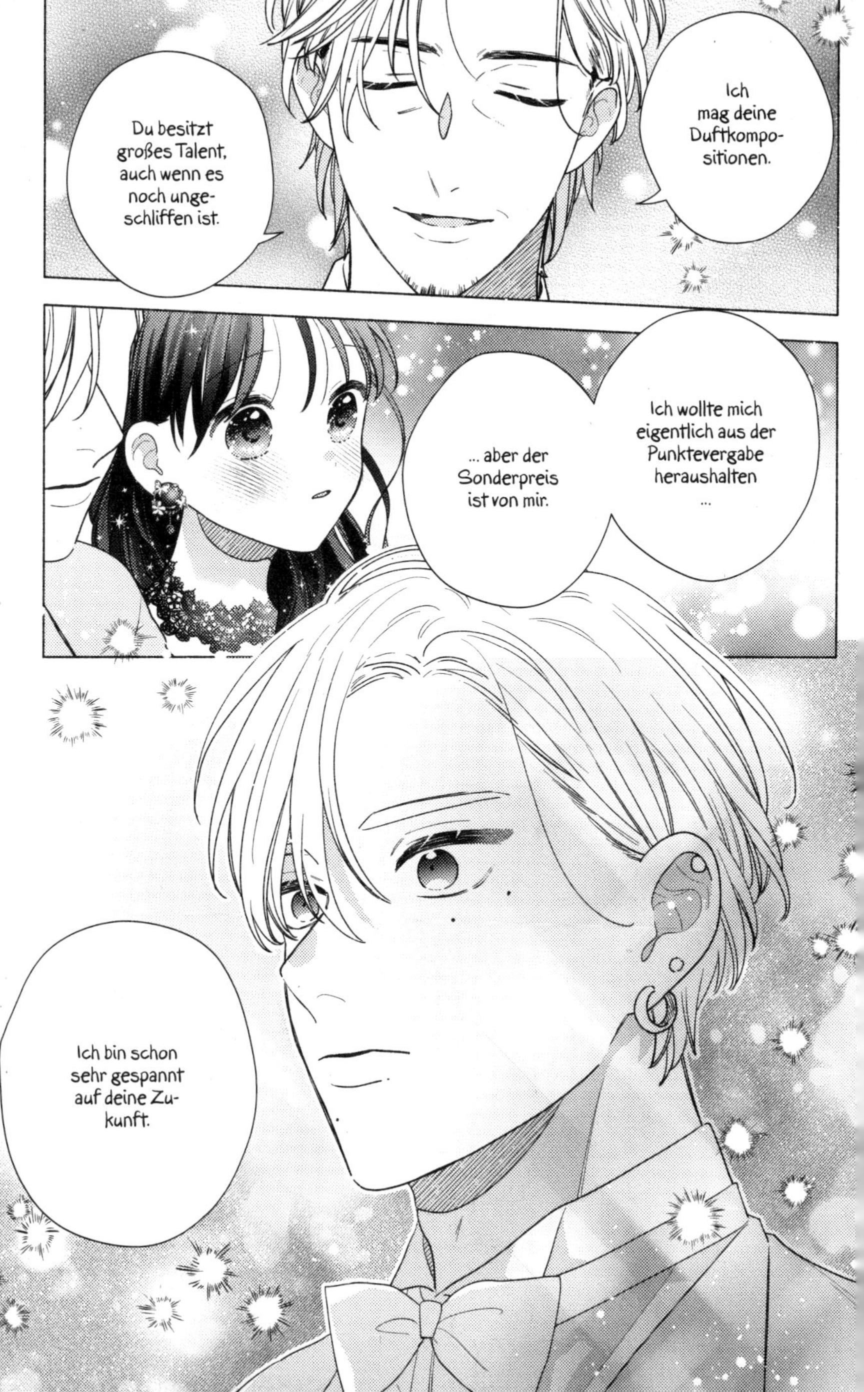
Ich mag deine Duftkompo-sitionen.
Du besitzt großes Talent, auch wenn es noch unge-schliffen ist.
Ich wollte mich eigentlich aus der Punktevergabe heraushalten ...
... aber der Sonderpreis ist von mir.
Ich bin schon sehr gespannt auf deine Zu-kunft.

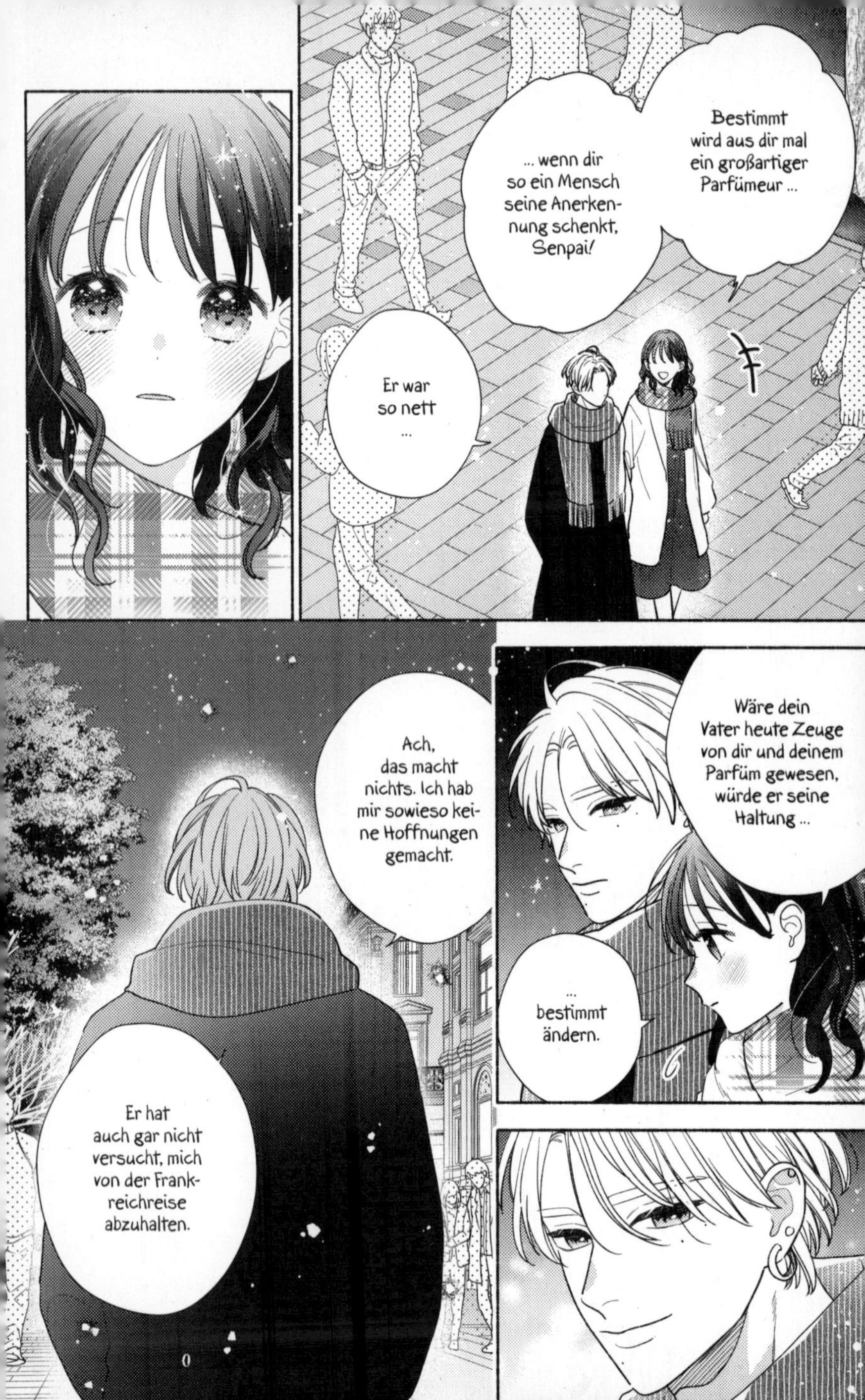
Bestimmt wird aus dir mal ein großartiger Parfümeur ...
... wenn dir so ein Mensch seine Anerkennung schenkt, Senpai!
Er war so nett ...
Wäre dein Vater heute Zeuge von dir und deinem Parfüm gewesen, würde er seine Haltung ...
... bestimmt ändern.
Ach, das macht nichts. Ich hab mir sowieso keine Hoffnungen gemacht.
Er hat auch gar nicht versucht, mich von der Frankreichreise abzuhalten.

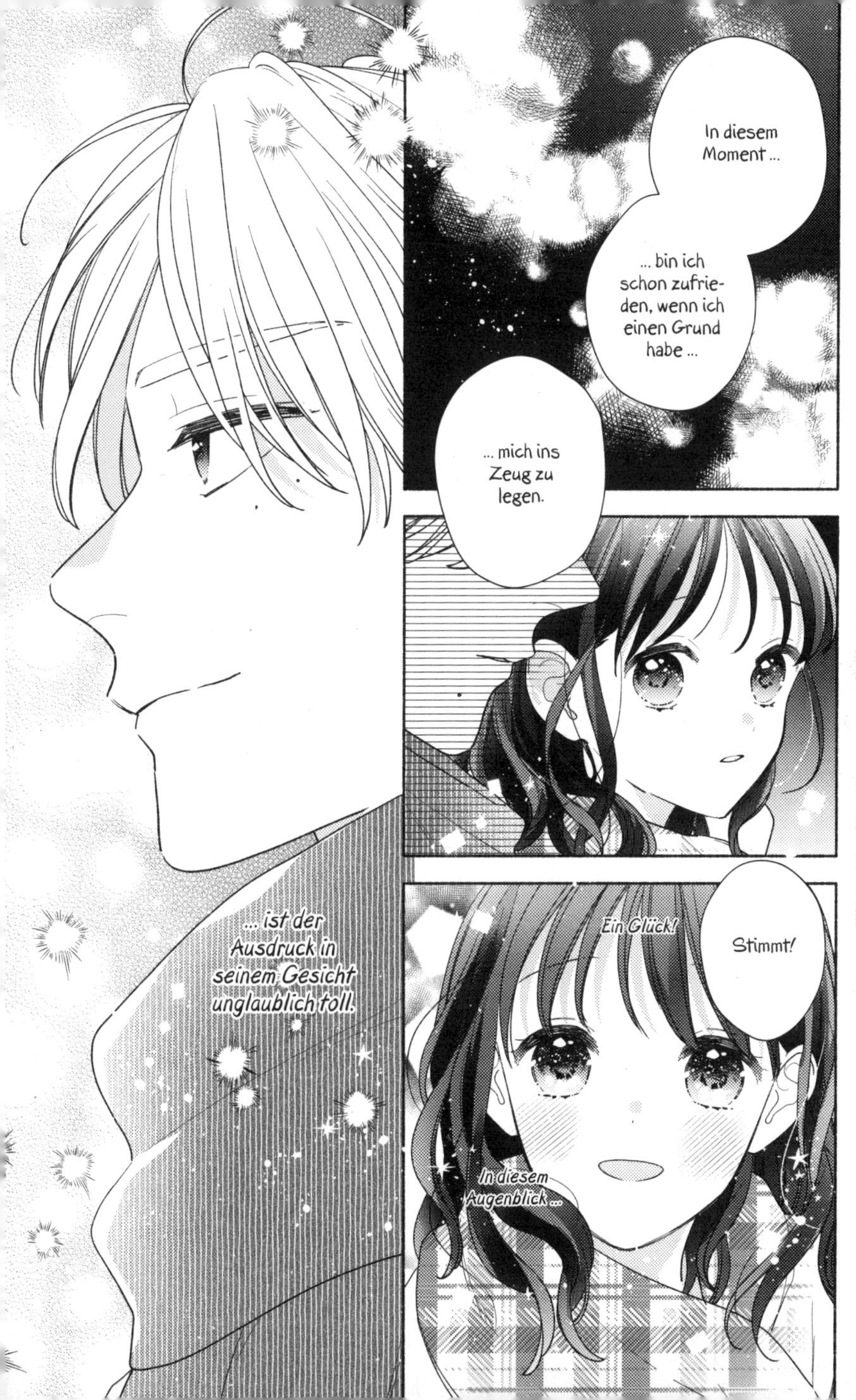
In diesem Moment ...
... bin ich schon zufrieden, wenn ich einen Grund habe ...
... mich ins Zeug zu legen.
Stimmt!
Ein Glück!
In diesem Augenblick ...
... ist der Ausdruck in seinem Gesicht unglaublich toll.

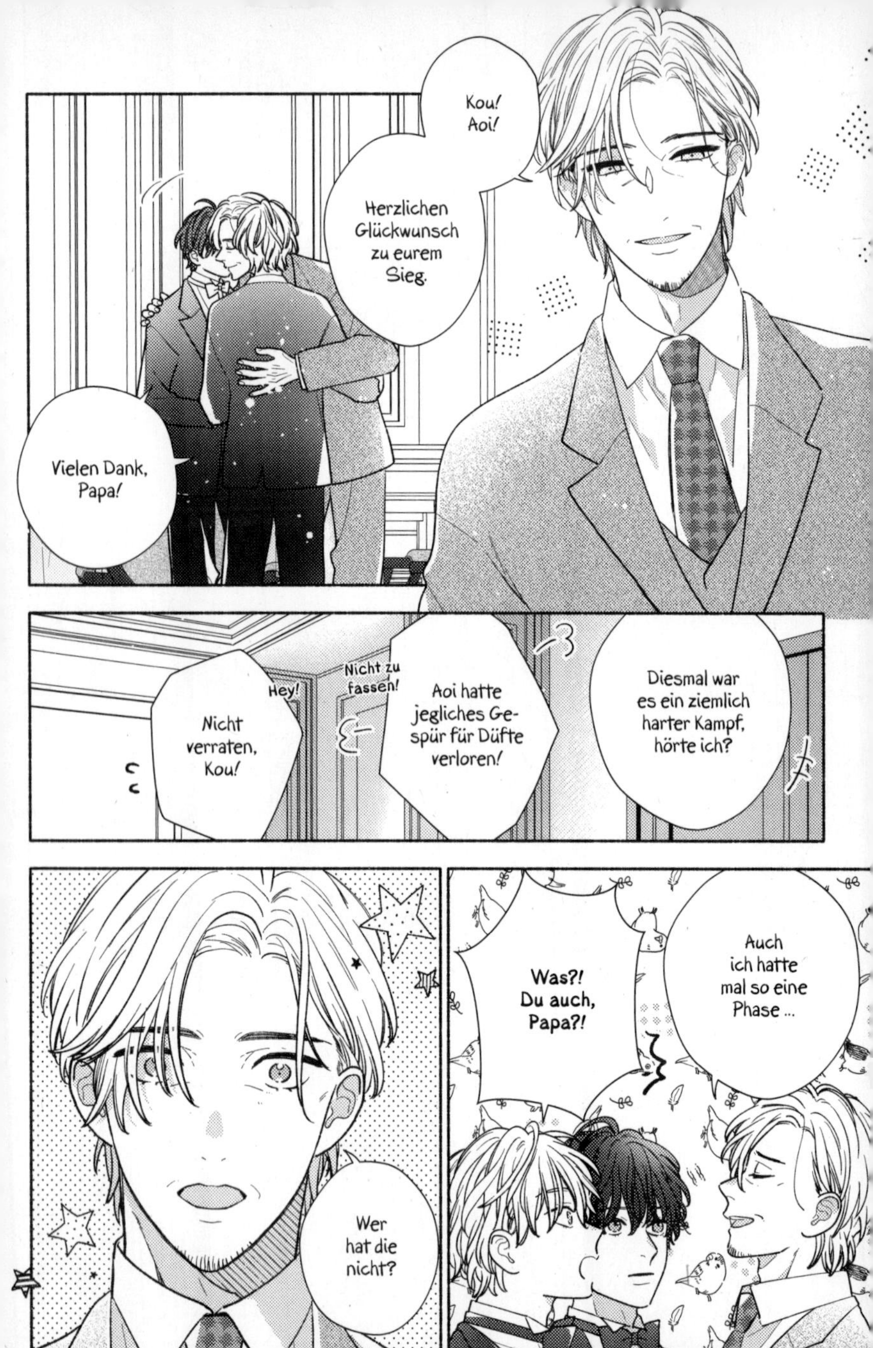

Kou! Aoi!
Herzlichen Glückwunsch zu eurem Sieg.
Vielen Dank, Papa!
Diesmal war es ein ziemlich harter Kampf, hörte ich?
Aoi hatte jegliches Gespür für Düfte verloren!
Nicht zu fassen!
Nicht verraten, Kou!
Hey!
Auch ich hatte mal so eine Phase ...
Was?! Du auch, Papa?!
Wer hat die nicht?

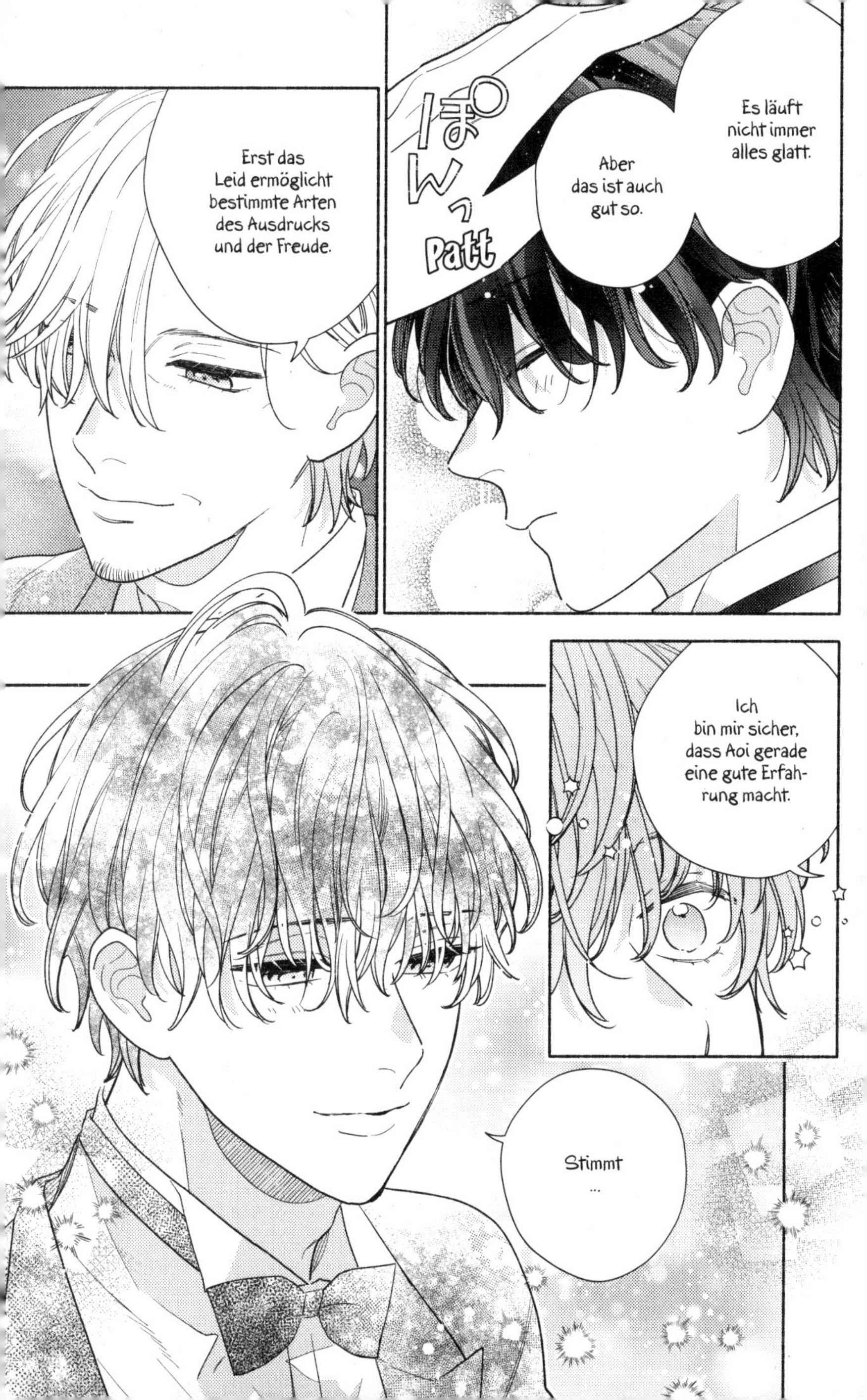
Es läuft nicht immer alles glatt.
Aber das ist auch gut so.
ぽんっ
Patt
Erst das Leid ermöglicht bestimmte Arten des Ausdrucks und der Freude.
Ich bin mir sicher, dass Aoi gerade eine gute Erfahrung macht.
Stimmt …

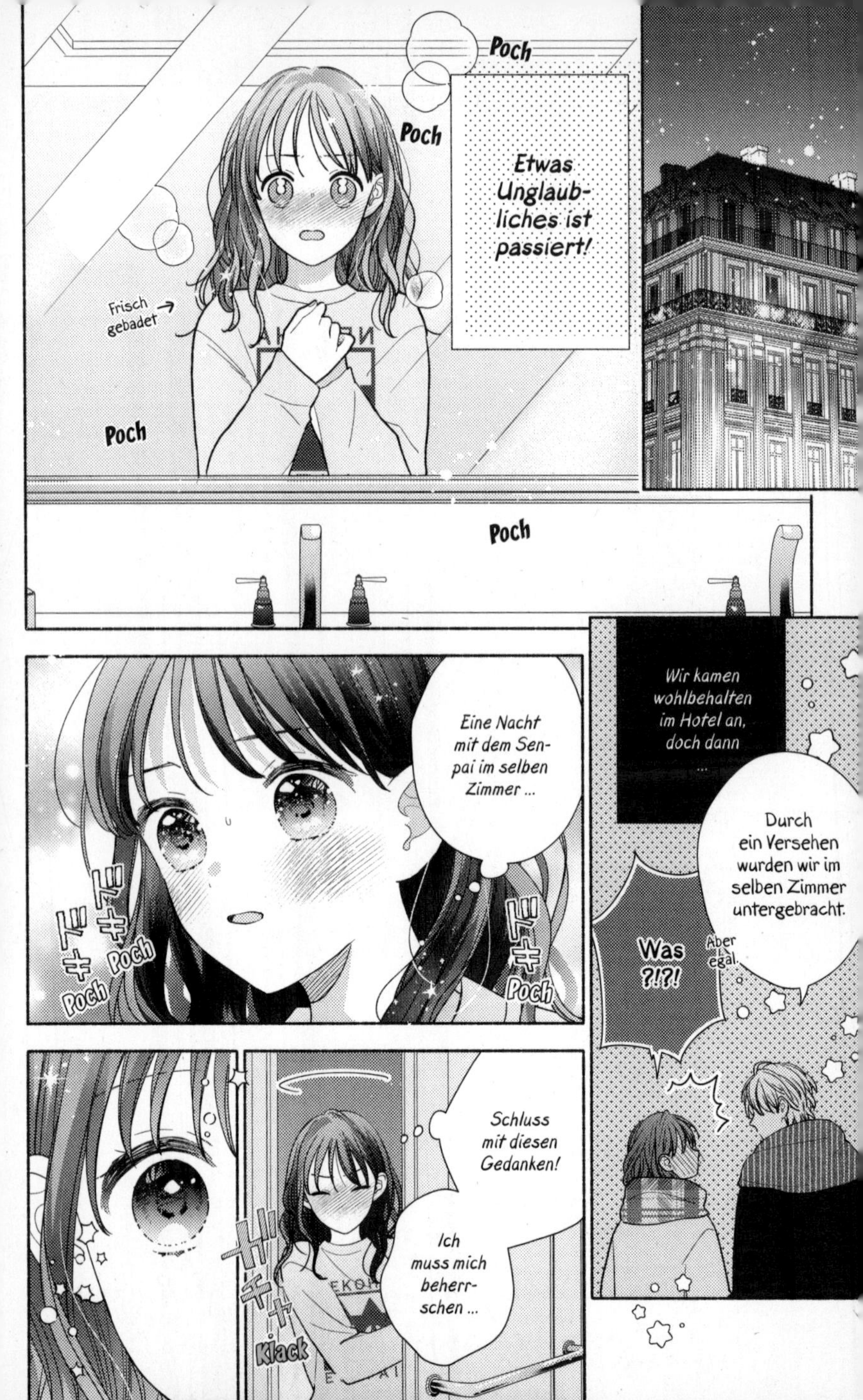
Poch
Etwas Unglaub-liches ist passiert!
Poch
Frisch gebadet
Poch
Poch
Wir kamen wohlbehalten im Hotel an, doch dann …
Durch ein Versehen wurden wir im selben Zimmer untergebracht.
Aber egal.
Was ?!?!
Eine Nacht mit dem Sen-pai im selben Zimmer …
Poch
Poch Poch
Schluss mit diesen Gedanken!
Ich muss mich beherr-schen …
Klack

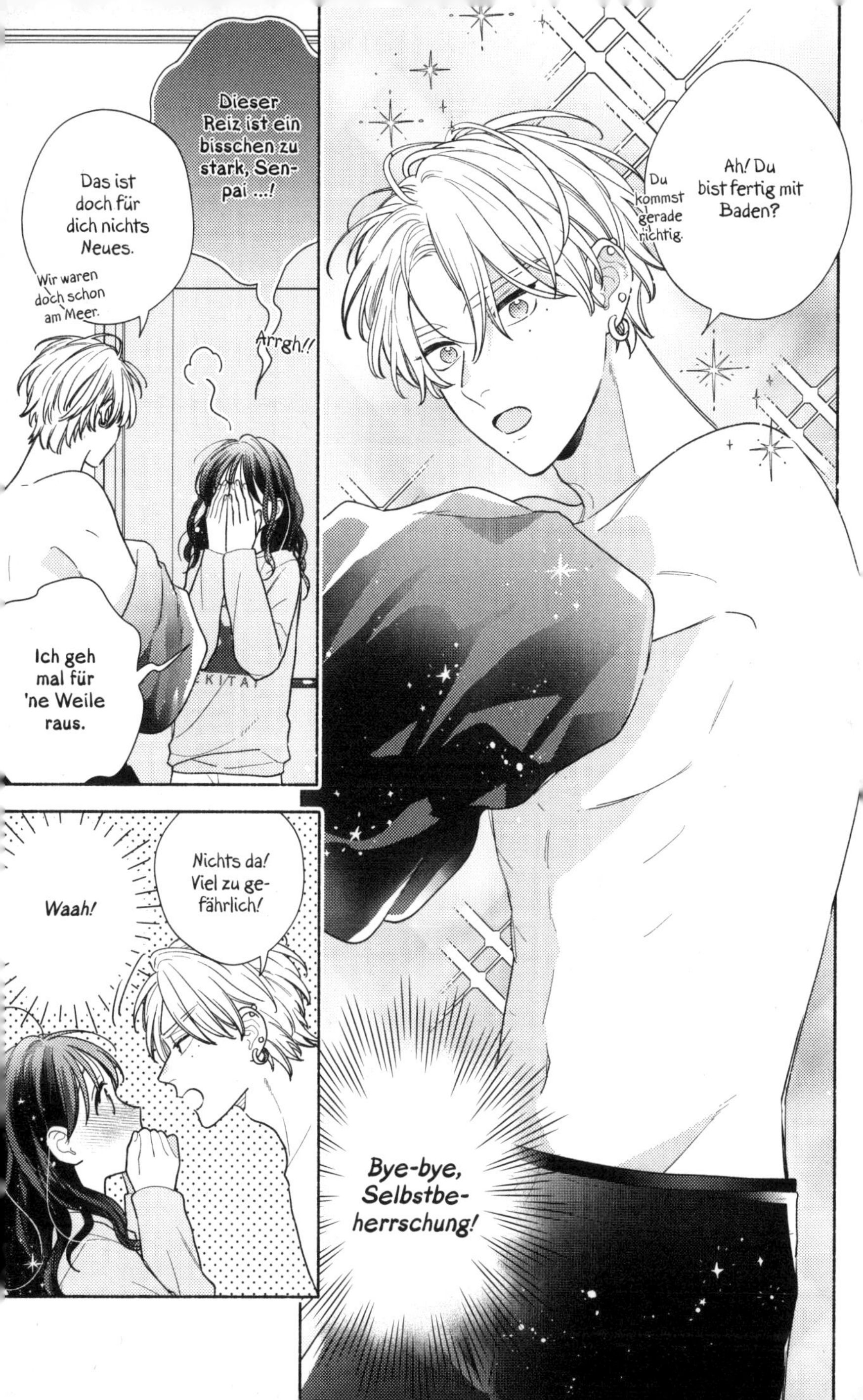
Ah! Du bist fertig mit Baden?
Du kommst gerade richtig.
Dieser Reiz ist ein bisschen zu stark, Sen-pai ...!
Arrgh!!
Das ist doch für dich nichts Neues.
Wir waren doch schon am Meer.
Ich geh mal für 'ne Weile raus.
Nichts da! Viel zu ge-fährlich!
Waah!
Bye-bye, Selbstbe-herrschung!

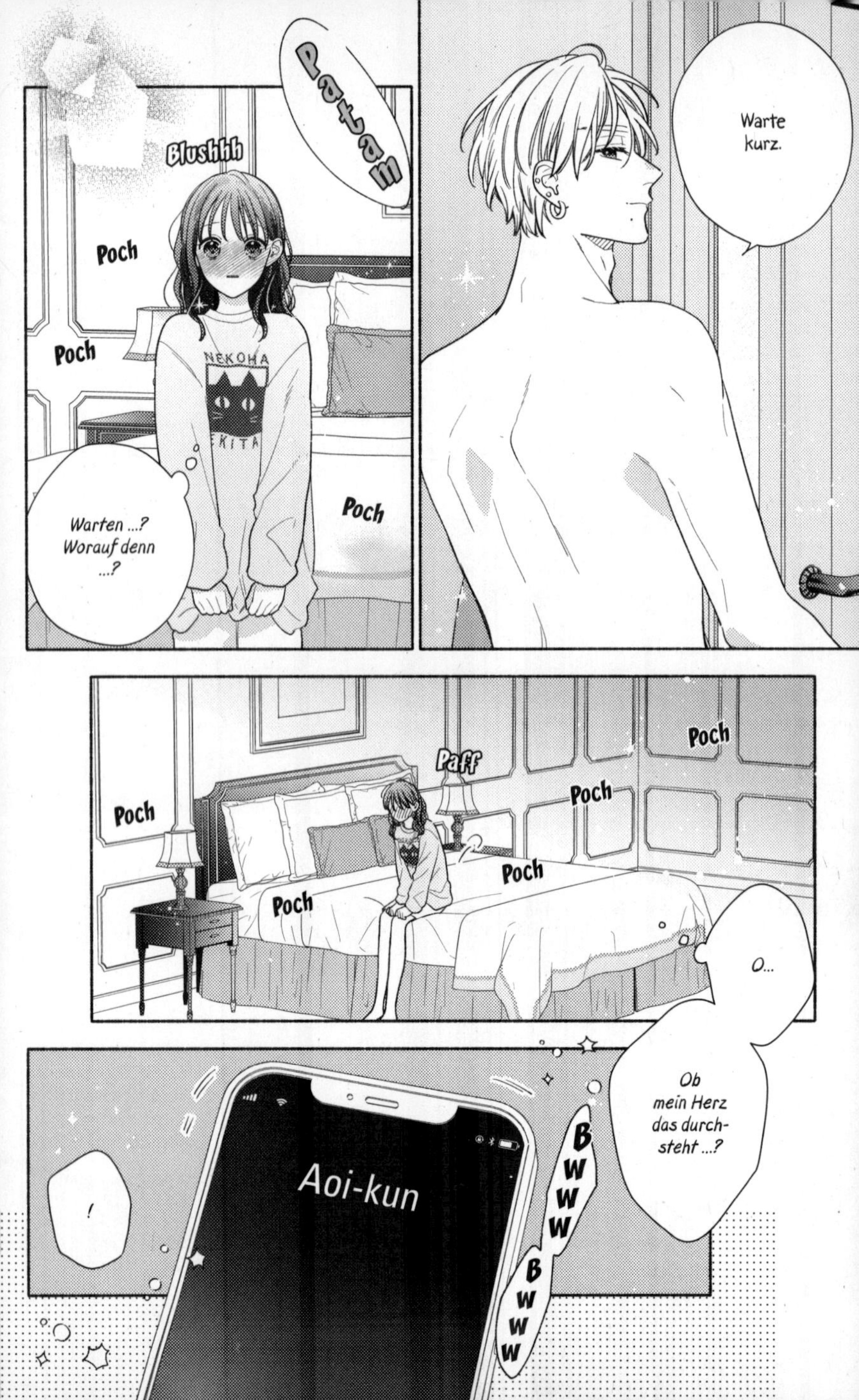
Warte kurz.
Patam
Blushhh
Poch
Poch
Poch
Warten ...? Worauf denn ...?
Paff
Poch
Poch
Poch
Poch
Poch
O...
Ob mein Herz das durchsteht ...?
Aoi-kun
!
Bwww
Bwww

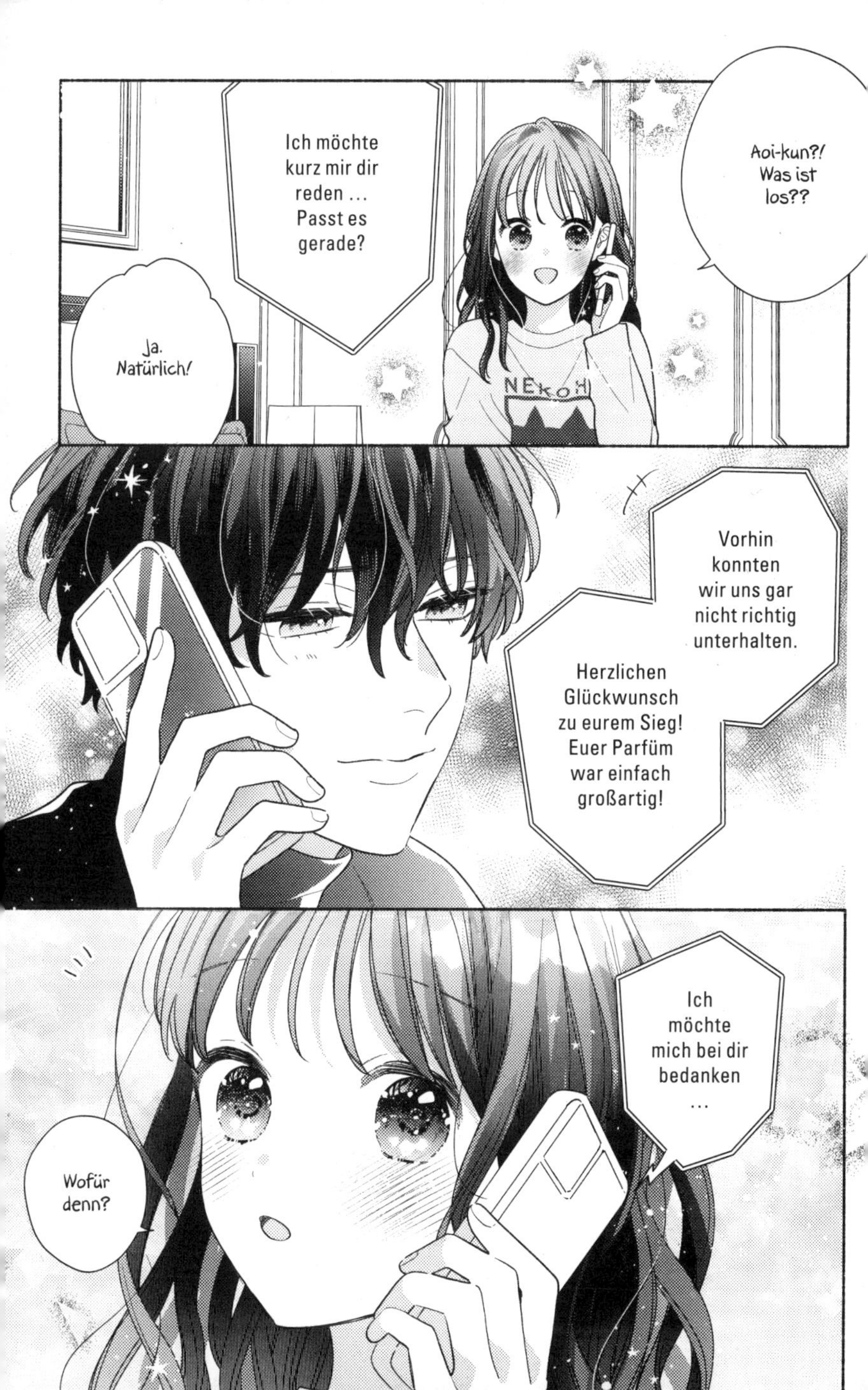
Aoi-kun?! Was ist los??
Ich möchte kurz mir dir reden … Passt es gerade?
Ja. Natürlich!
Vorhin konnten wir uns gar nicht richtig unterhalten.
Herzlichen Glückwunsch zu eurem Sieg! Euer Parfüm war einfach großartig!
Ich möchte mich bei dir bedanken …
Wofür denn?

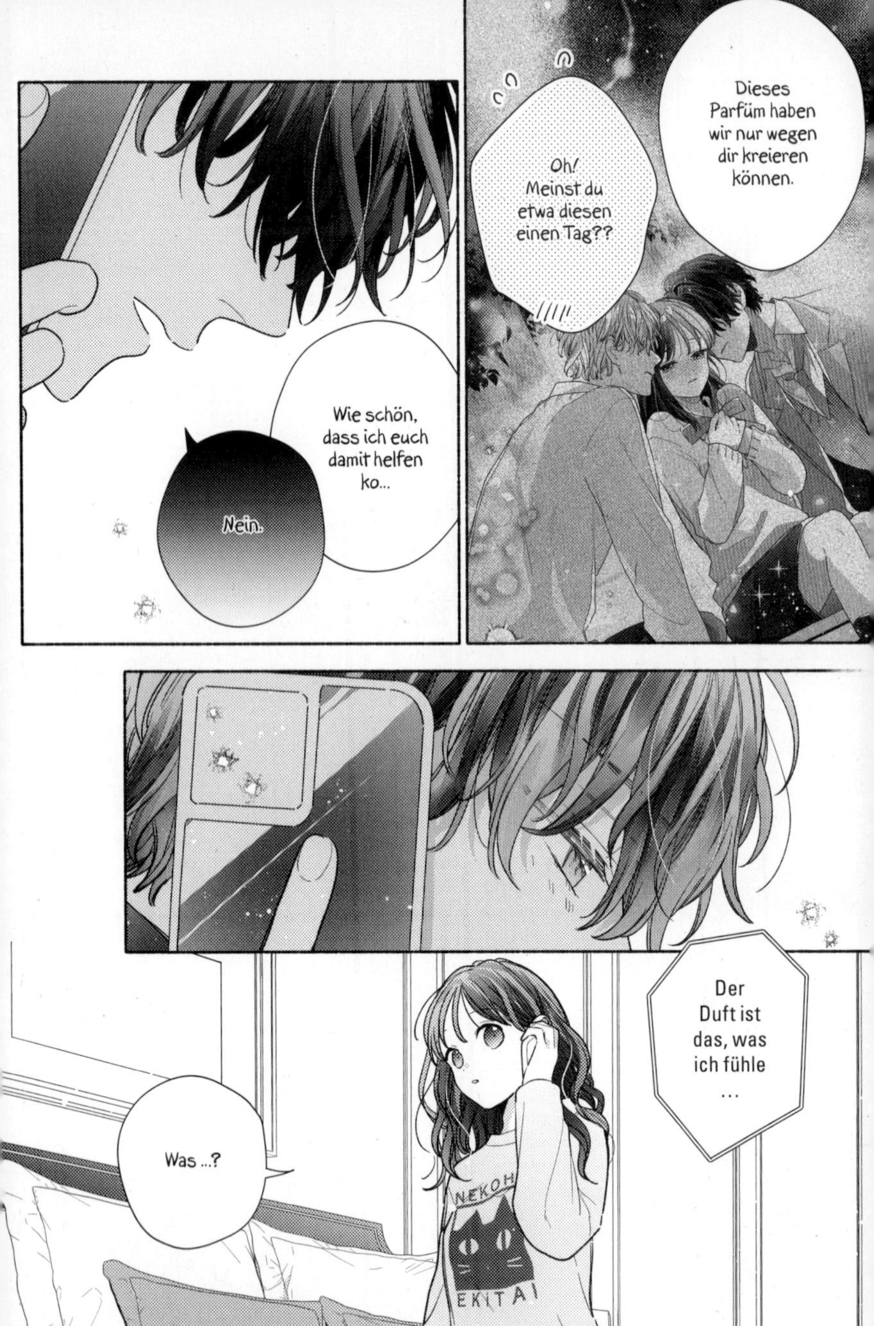
Dieses Parfüm haben wir nur wegen dir kreieren können.
Oh! Meinst du etwa diesen einen Tag??
Wie schön, dass ich euch damit helfen ko...
Nein.
Der Duft ist das, was ich fühle …
Was ...?
NEKOH
EKITAI

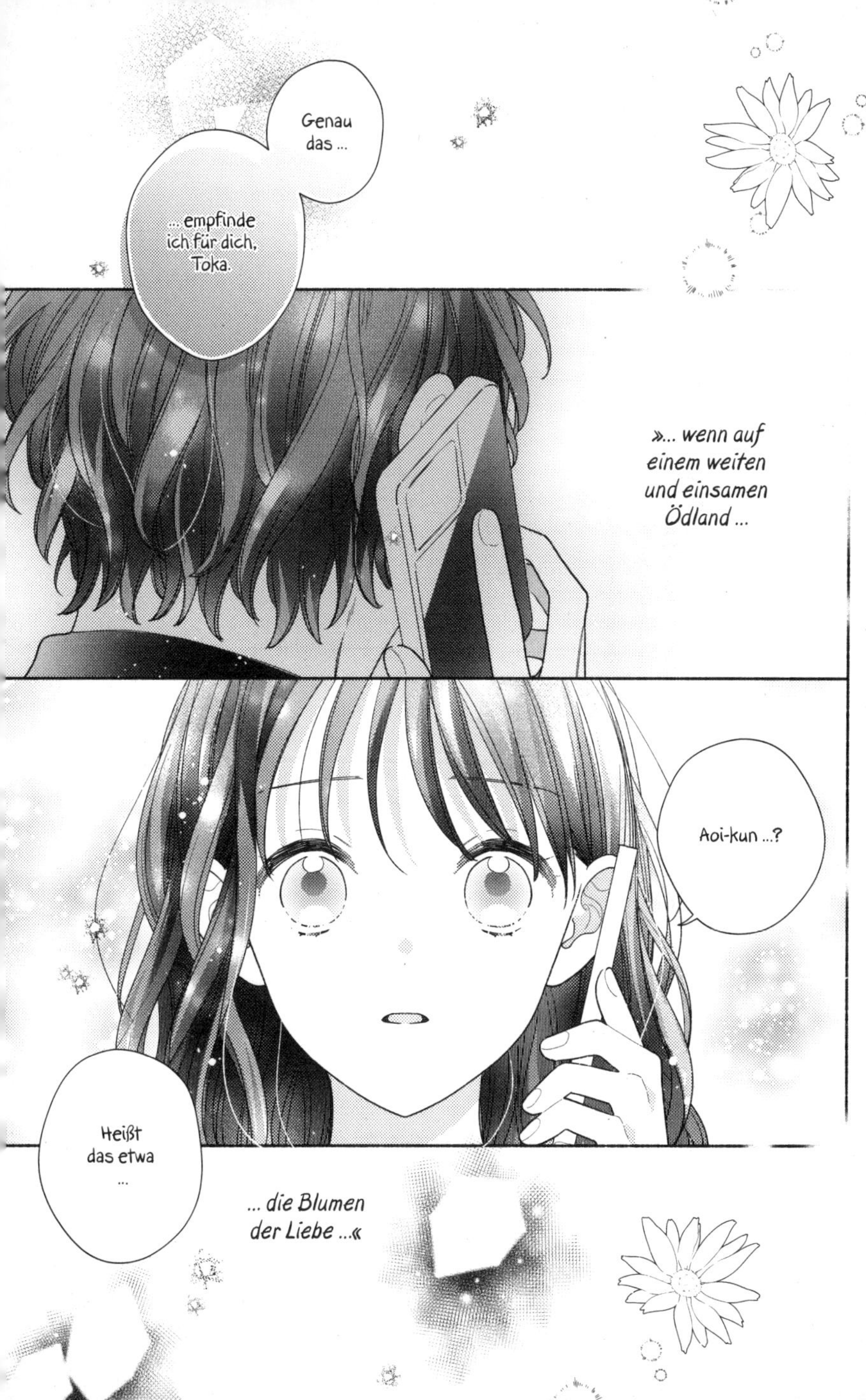
Genau das ...
... empfinde ich für dich, Toka.
»... wenn auf einem weiten und einsamen Ödland ...
Aoi-kun ...?
Heißt das etwa ...
... die Blumen der Liebe ...«

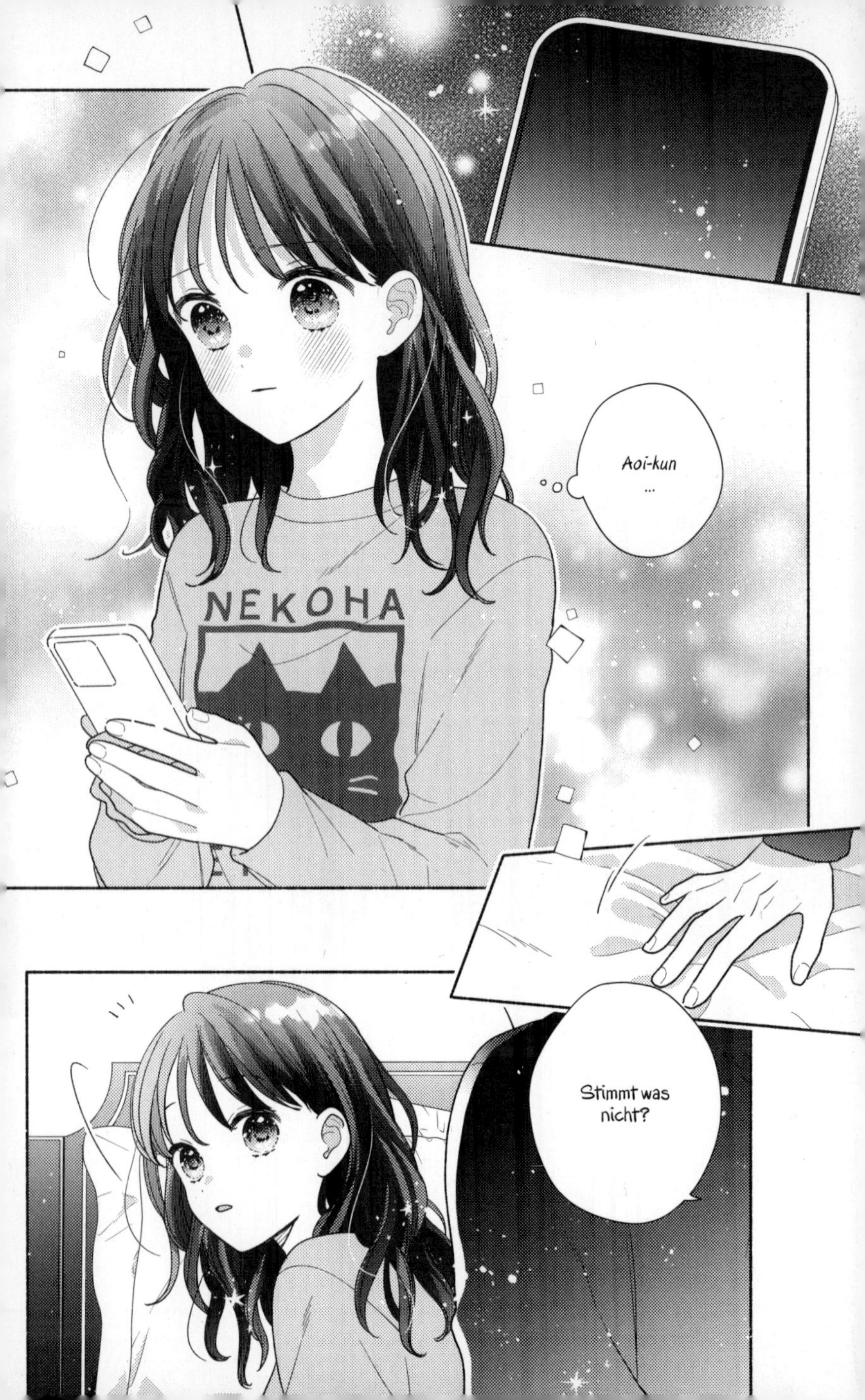
Aoi-kun
...
NEKOHA
Stimmt was nicht?

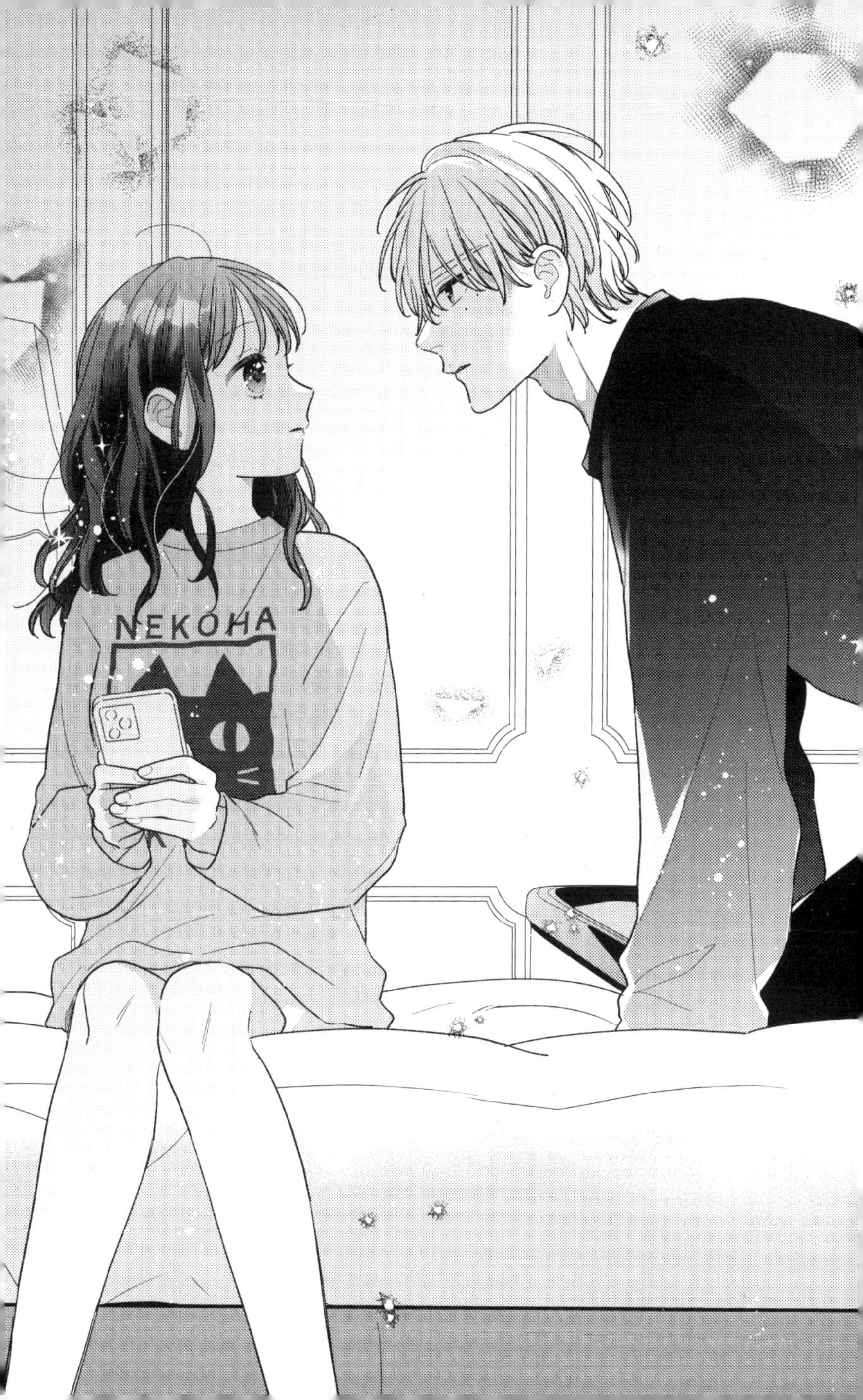
NEKOHA

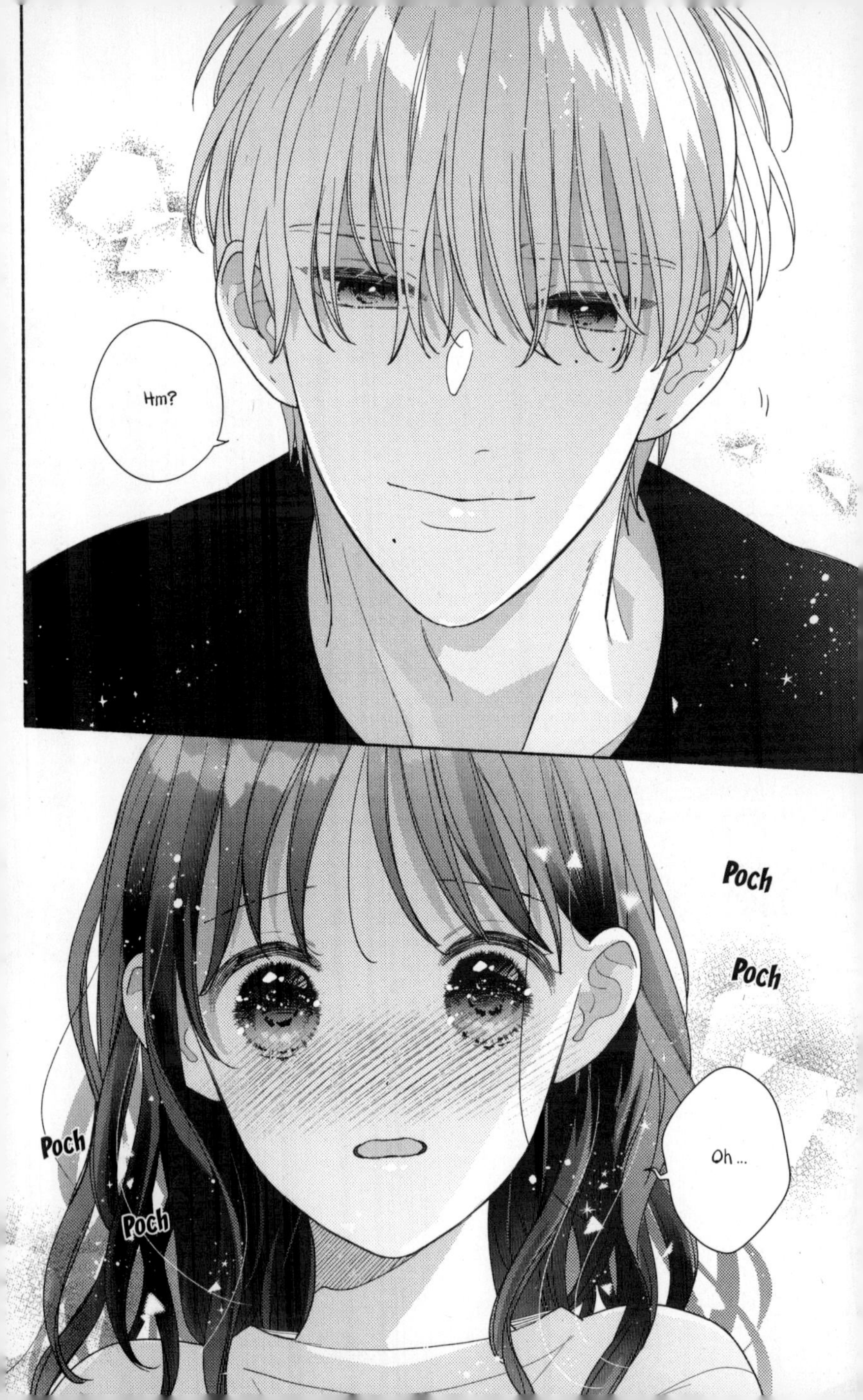
Hm?
Poch
Poch
Oh...
Poch
Poch

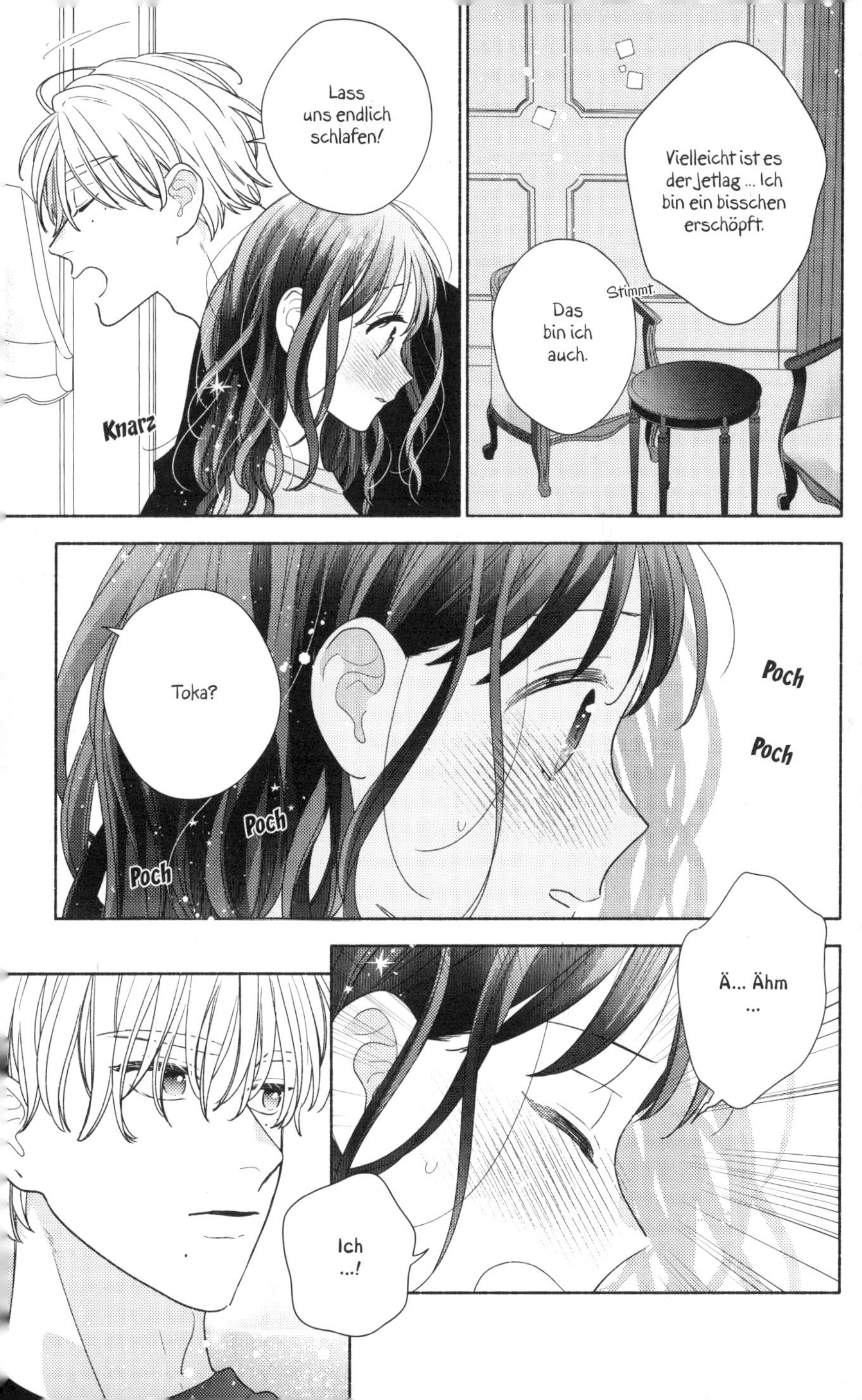
Vielleicht ist es der Jetlag ... Ich bin ein bisschen erschöpft.
Stimmt.
Das bin ich auch.
Lass uns endlich schlafen!
Knarz
Poch
Poch
Toka?
Poch
Poch
Ä... Ähm ...
Ich ...!

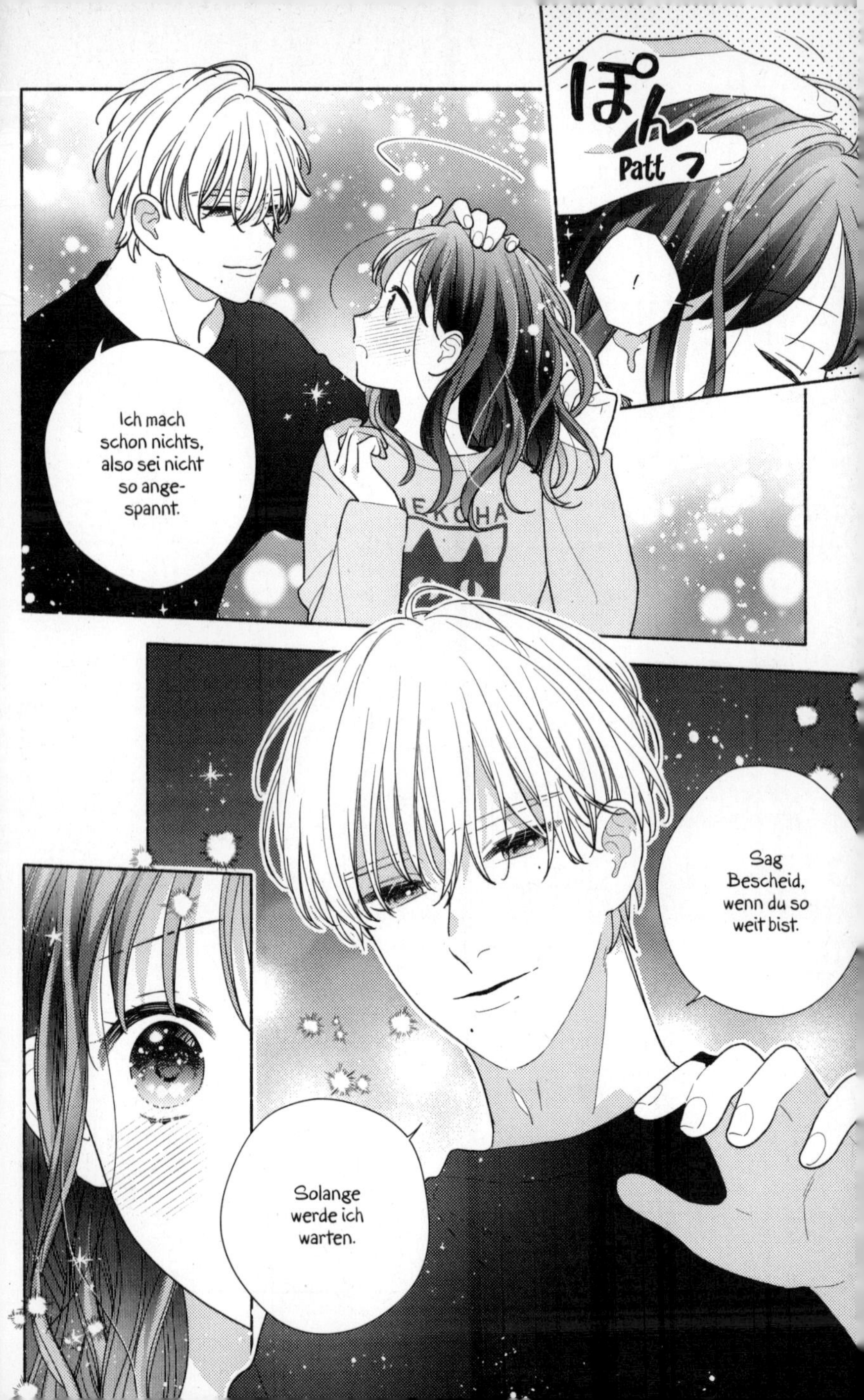
ぽん
Patt
!
Ich mach schon nichts, also sei nicht so ange- spannt.
Sag Bescheid, wenn du so weit bist.
Solange werde ich warten.

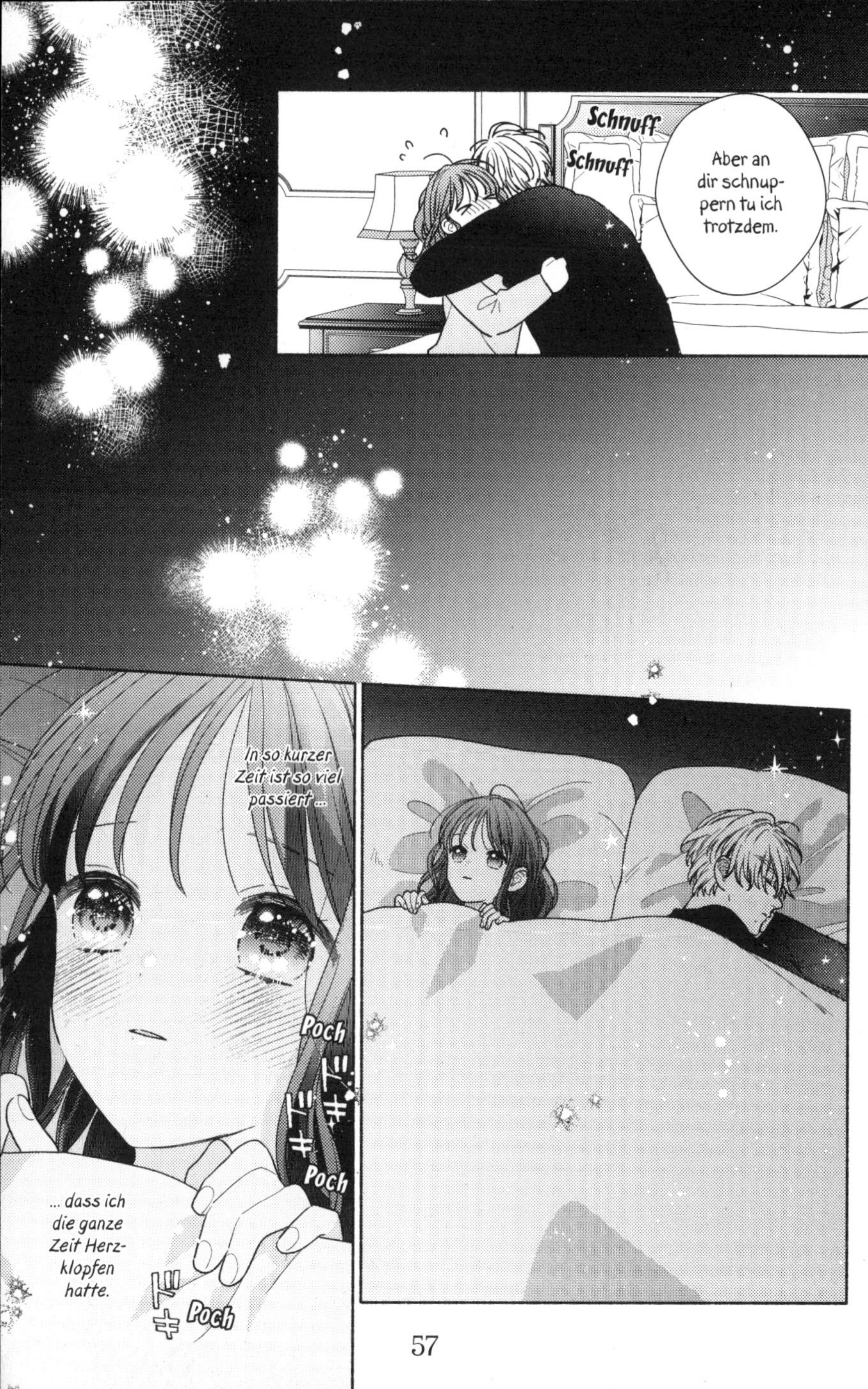
Schnuff
Schnuff
Aber an dir schnuppern tu ich trotzdem.
In so kurzer Zeit ist so viel passiert ...
Poch
Poch
... dass ich die ganze Zeit Herzklopfen hatte.
Poch

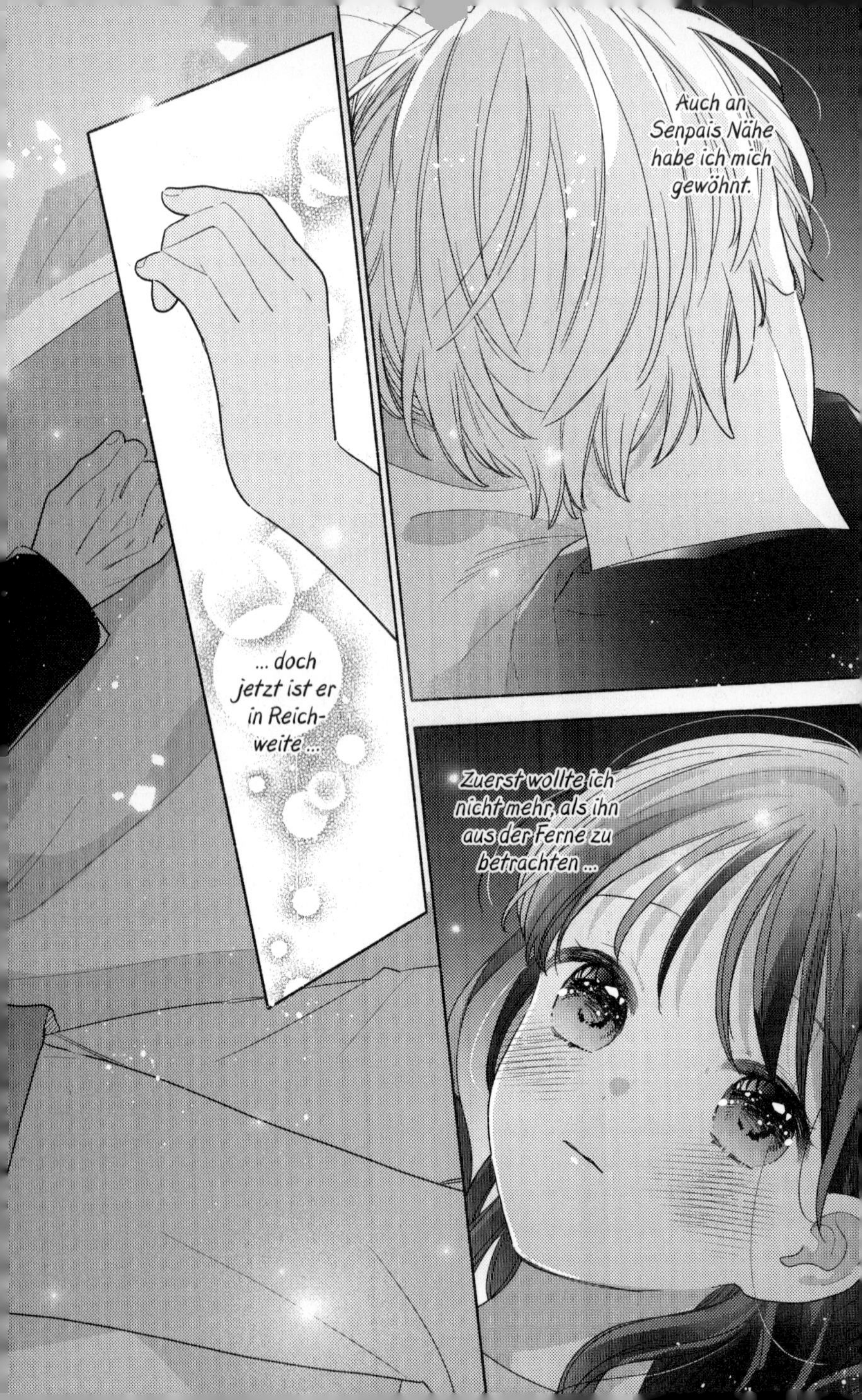
Auch an Senpais Nähe habe ich mich gewöhnt.
... doch jetzt ist er in Reich-weite ...
Zuerst wollte ich nicht mehr, als ihn aus der Ferne zu betrachten ...

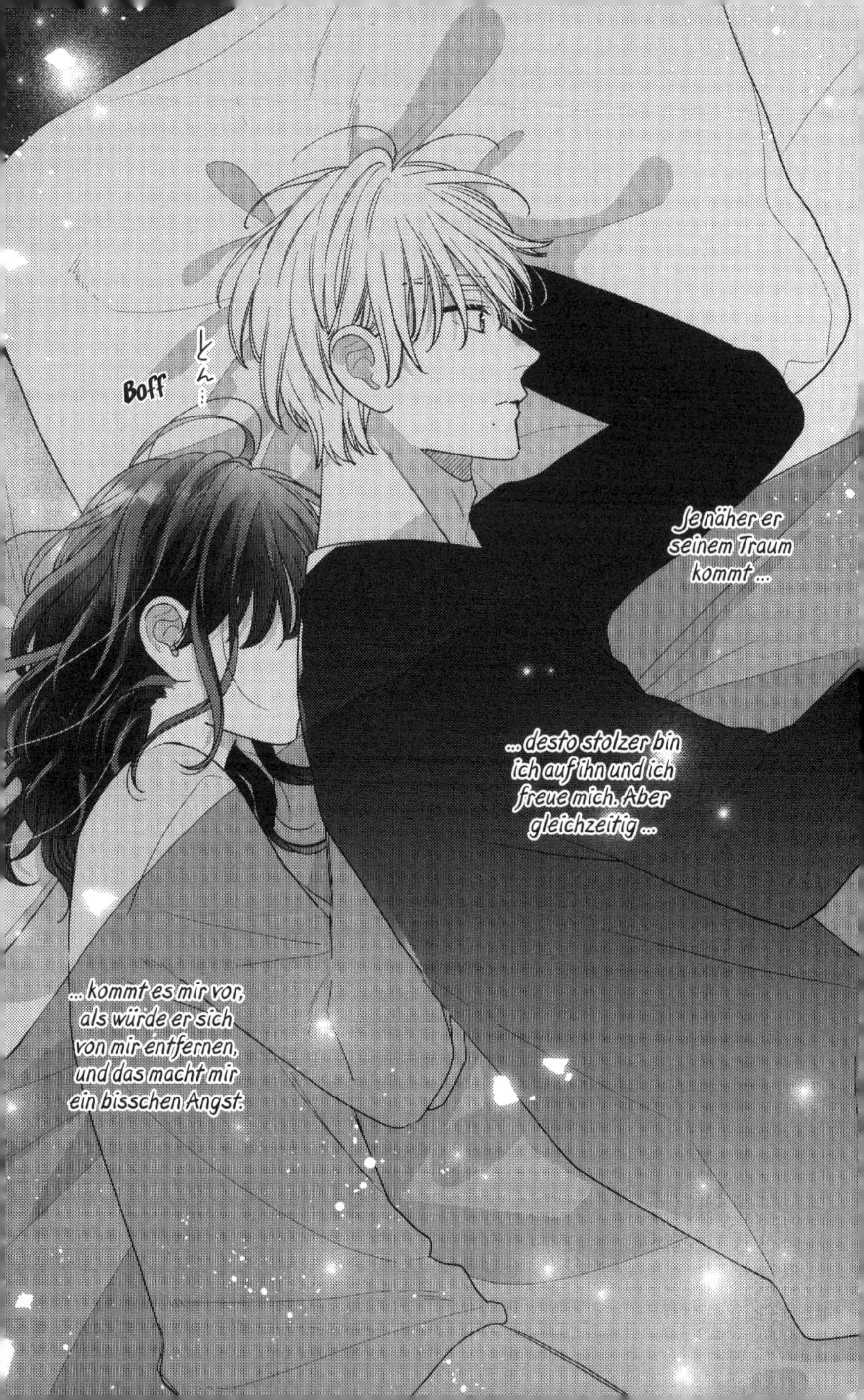
とん…
Boff
Je näher er seinem Traum kommt ...
... desto stolzer bin ich auf ihn und ich freue mich. Aber gleichzeitig ...
... kommt es mir vor, als würde er sich von mir entfernen, und das macht mir ein bisschen Angst.

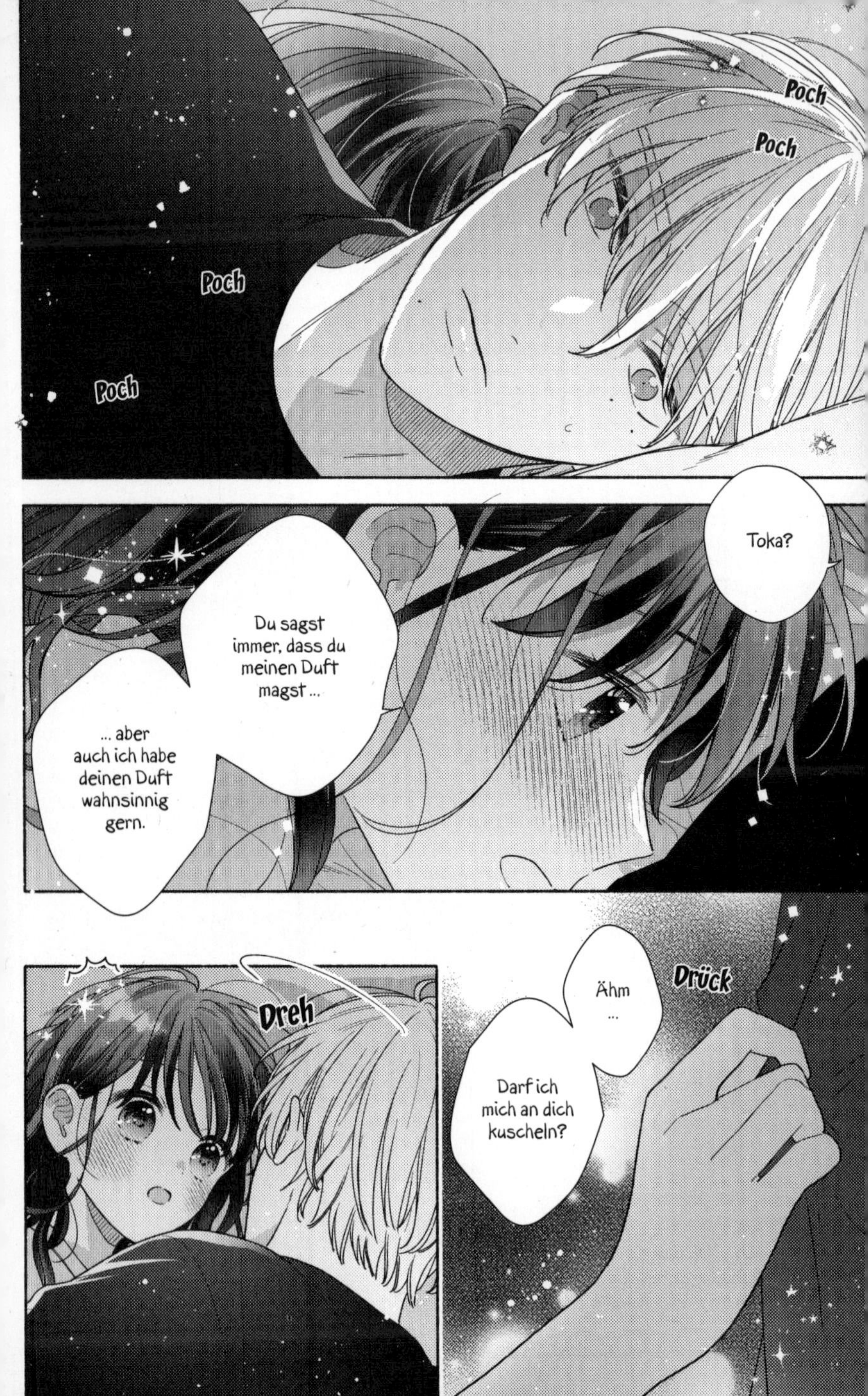
Poch
Poch
Poch
Poch
Toka?
Du sagst immer, dass du meinen Duft magst ...
... aber auch ich habe deinen Duft wahnsinnig gern.
Drück
Ähm ...
Darf ich mich an dich kuscheln?
Dreh

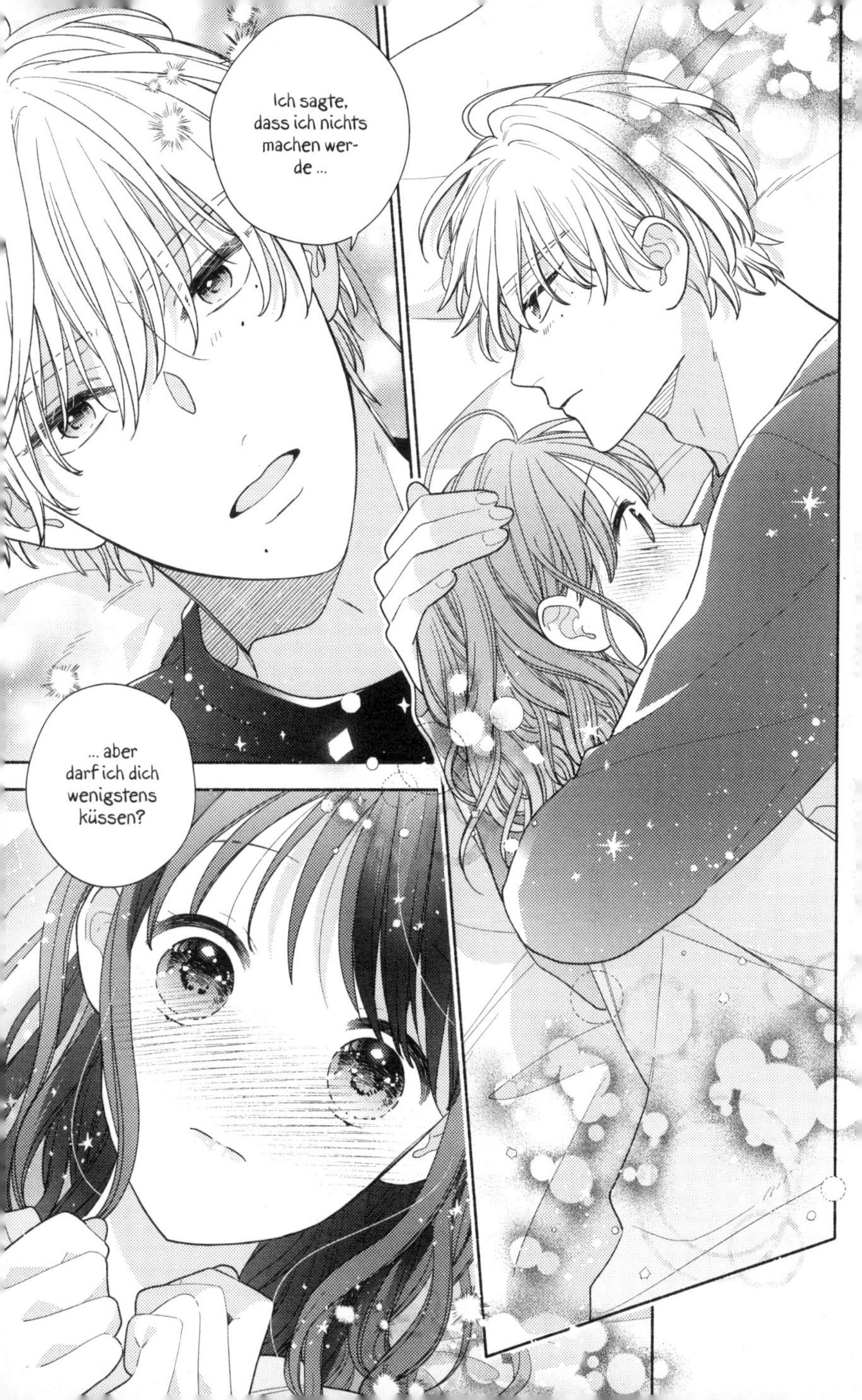
Ich sagte, dass ich nichts machen wer-de ...
... aber darf ich dich wenigstens küssen?

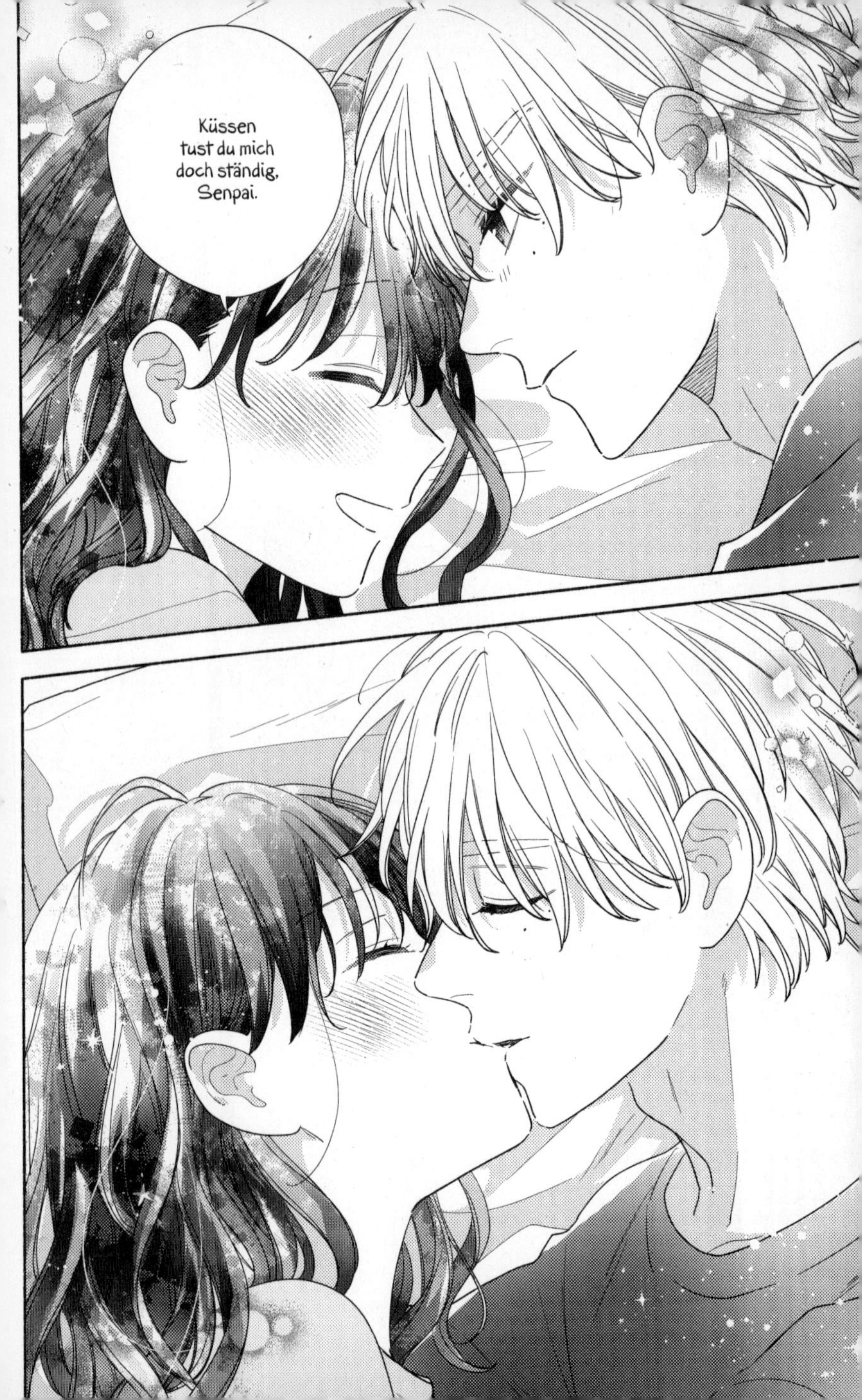
Küssen tust du mich doch ständig, Senpai.

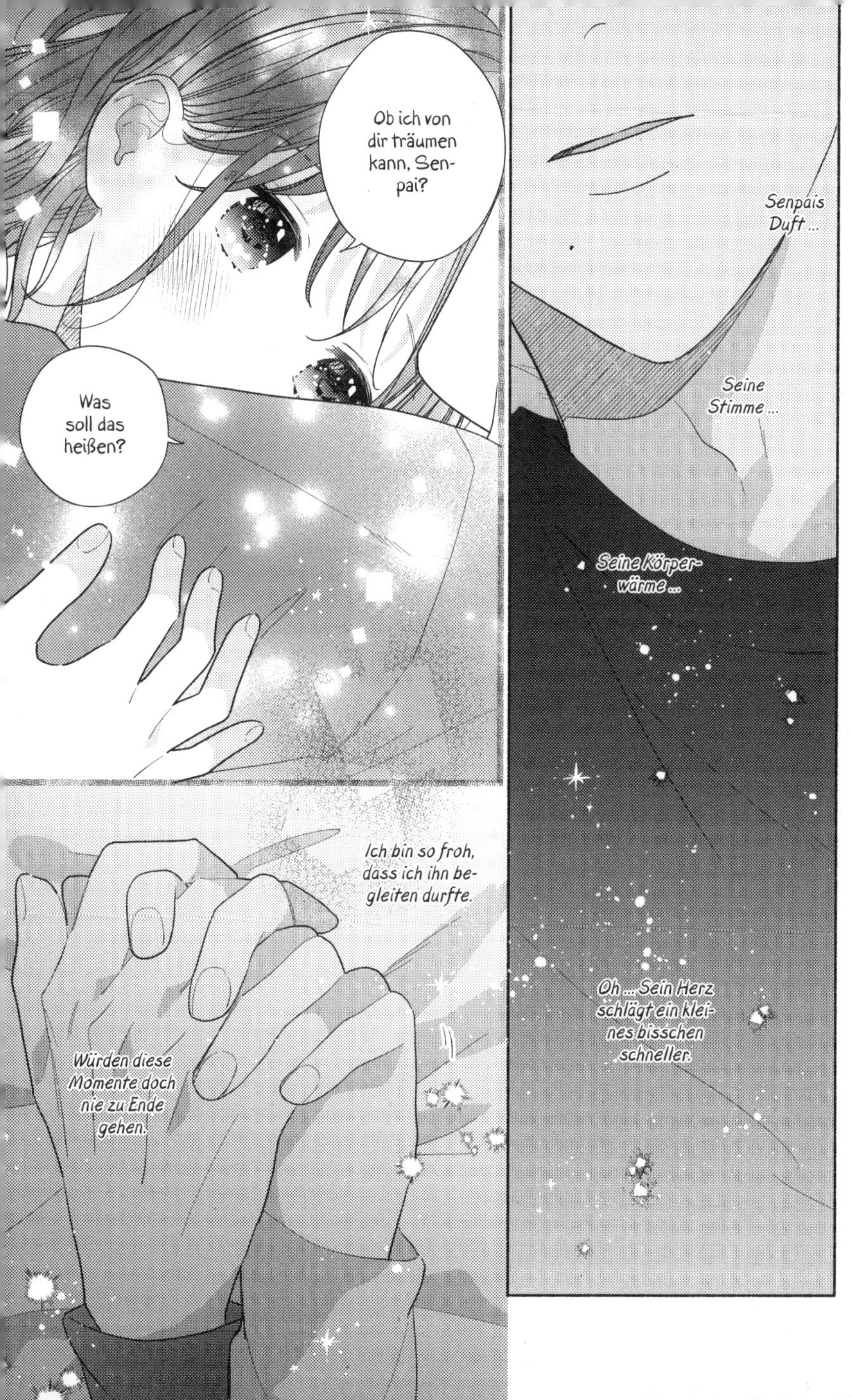
Senpais Duft ...
Seine Stimme ...
Seine Körperwärme ...
Oh ... Sein Herz schlägt ein kleines bisschen schneller.
Ob ich von dir träumen kann, Senpai?
Was soll das heißen?
Ich bin so froh, dass ich ihn begleiten durfte.
Würden diese Momente doch nie zu Ende gehen.

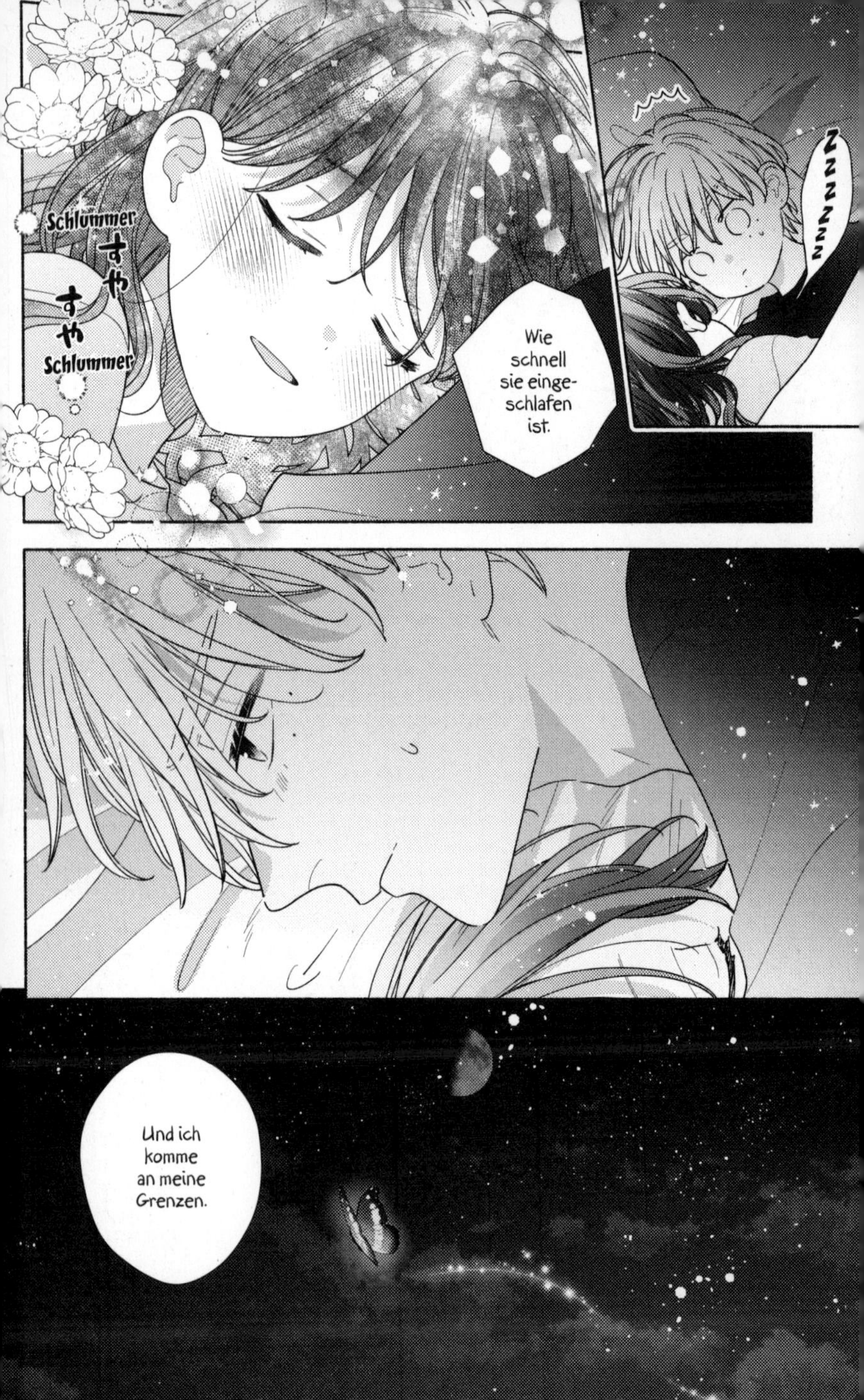
ZZZZZZ
Wie schnell sie eingeschlafen ist.
Schlummer すや
すや Schlummer
Und ich komme an meine Grenzen.

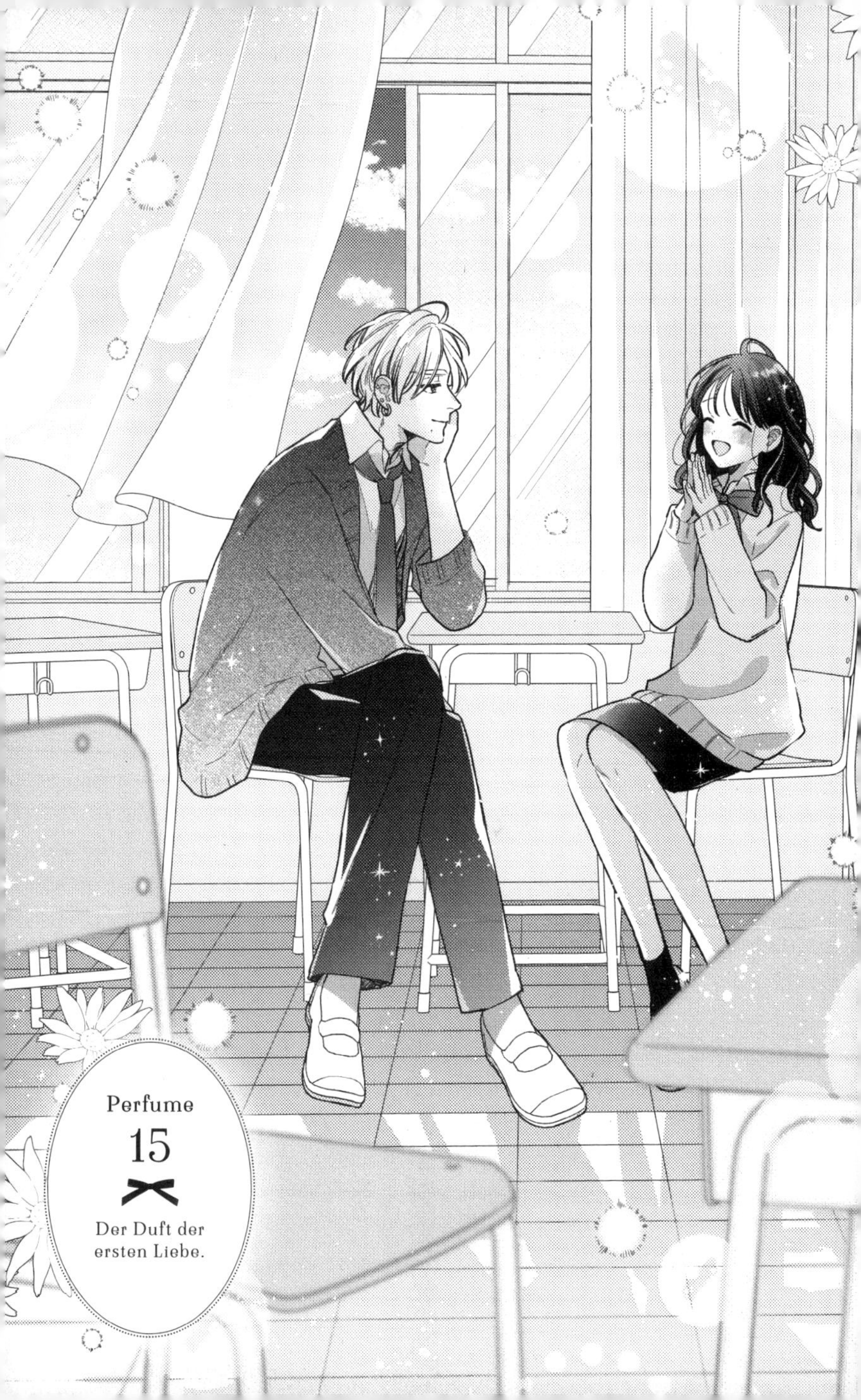
Perfume
15
Der Duft der
ersten Liebe.

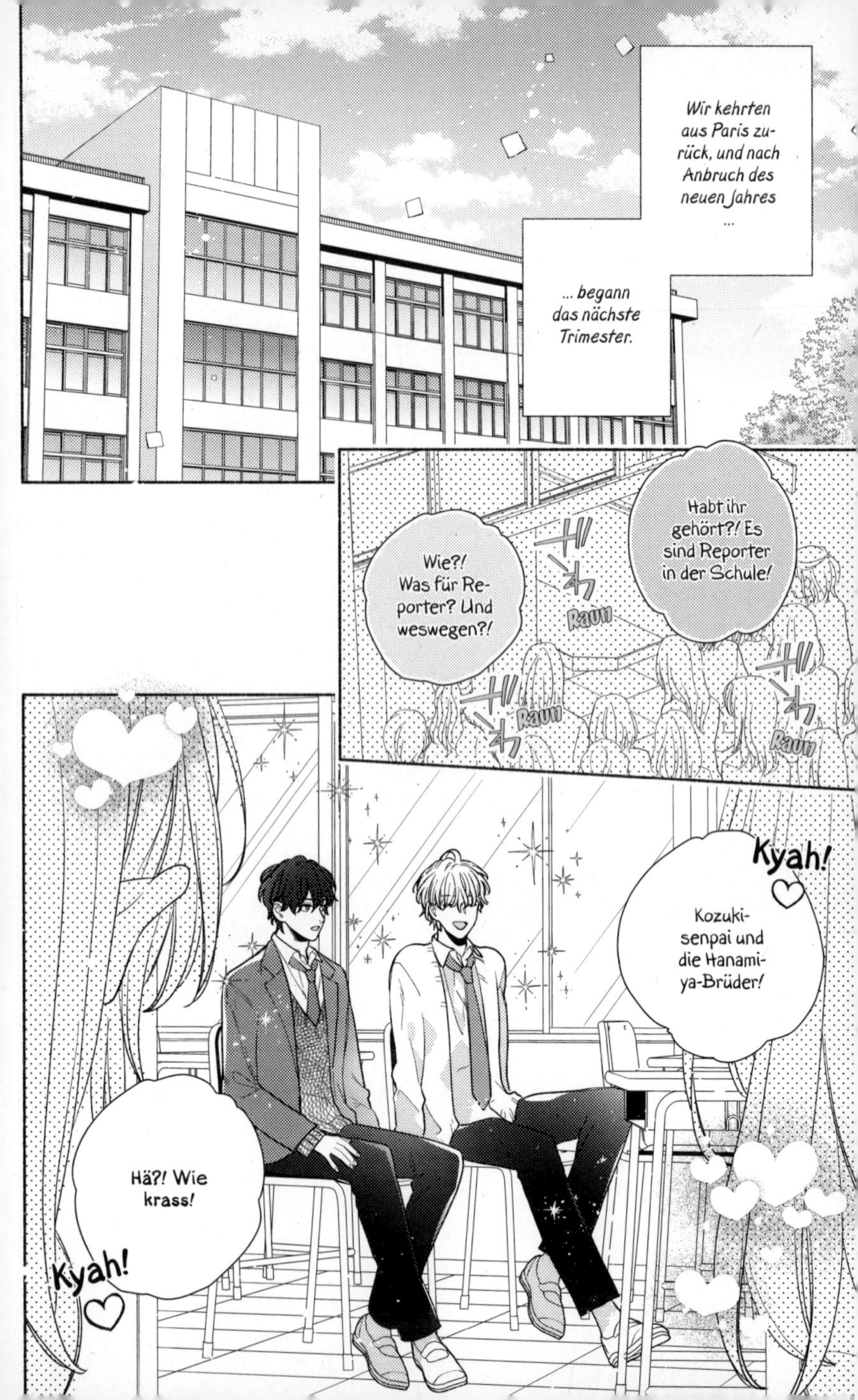
Wir kehrten aus Paris zurück, und nach Anbruch des neuen Jahres ...
... begann das nächste Trimester.
Habt ihr gehört?! Es sind Reporter in der Schule!
Wie?! Was für Reporter? Und weswegen?!
Raun
Raun
Raun
Kyah!
Kozuki-senpai und die Hanamiya-Brüder!
Hä?! Wie krass!
Kyah!

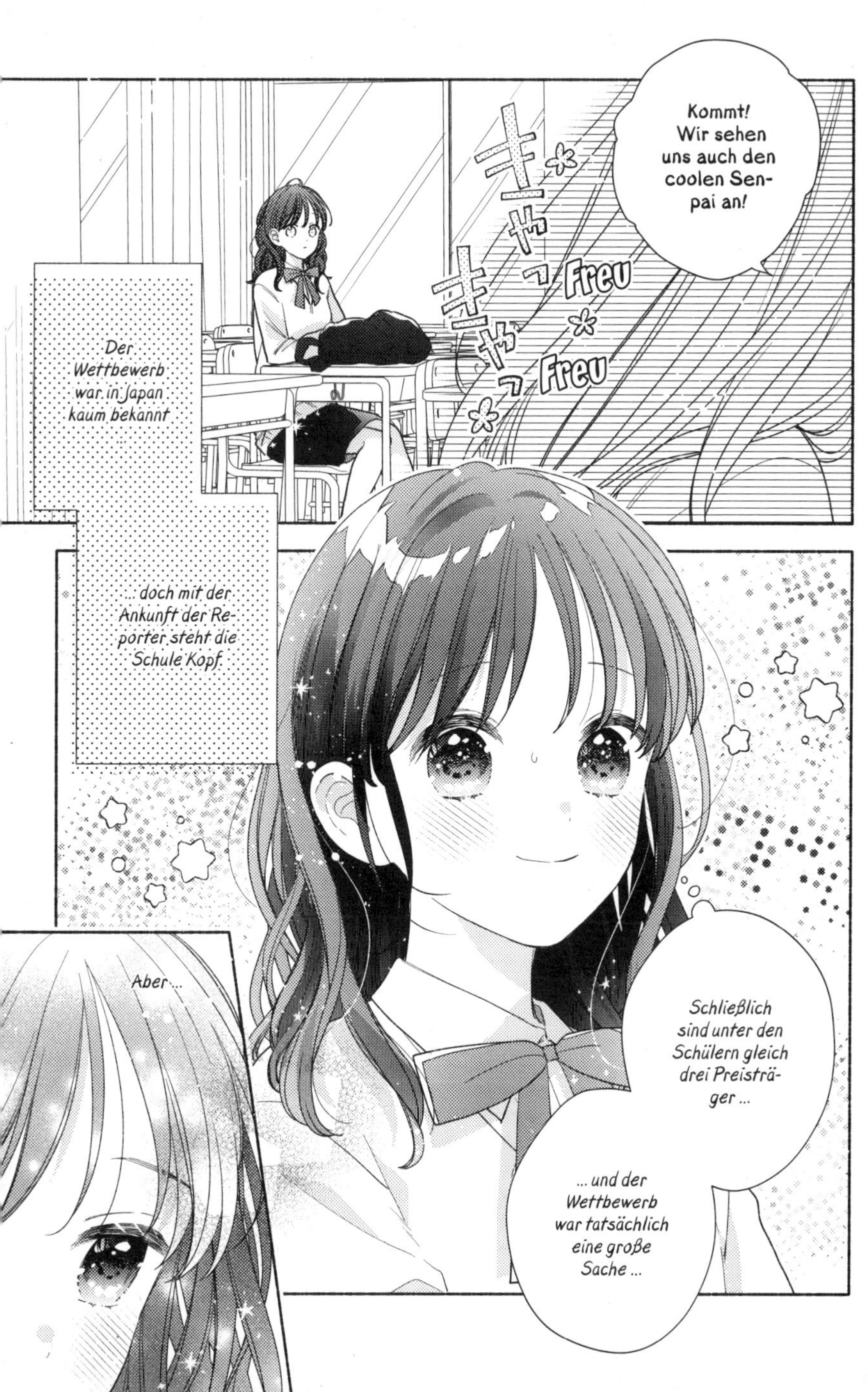
Kommt! Wir sehen uns auch den coolen Sen-pai an!
キャッ Freu
キャッ Freu
Der Wettbewerb war in Japan kaum bekannt
... doch mit der Ankunft der Re-porter steht die Schule Kopf.
Schließlich sind unter den Schülern gleich drei Preisträ-ger ...
... und der Wettbewerb war tatsächlich eine große Sache ...
Aber ...

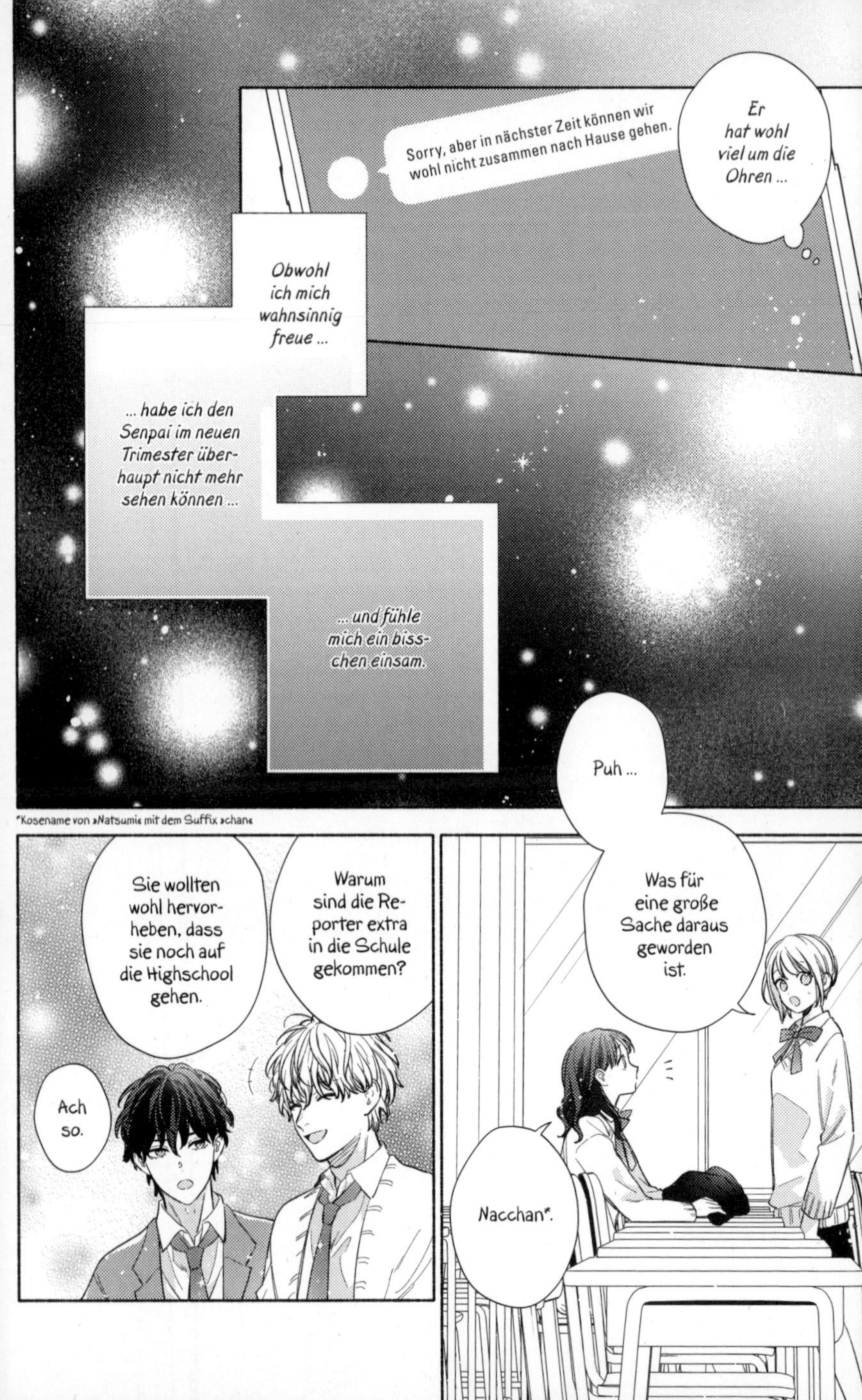

*Kosename von »Natsumi« mit dem Suffix »chan«

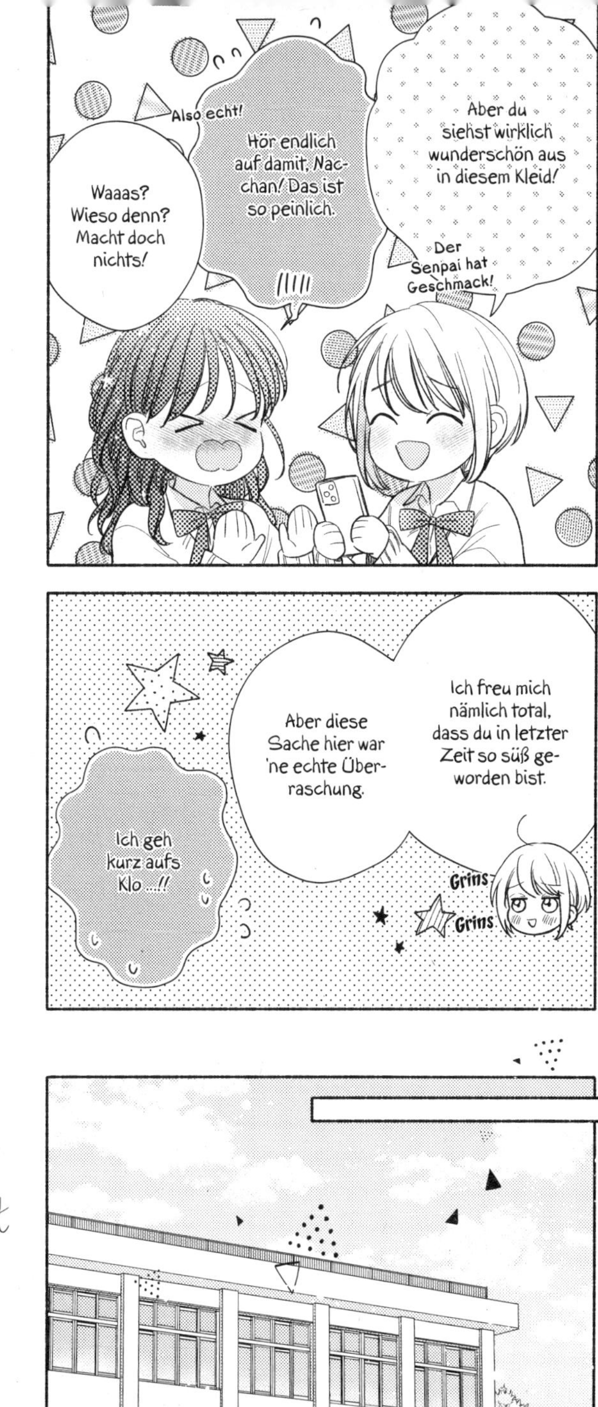
Aber du siehst wirklich wunderschön aus in diesem Kleid!
Der Senpai hat Geschmack!
Hör endlich auf damit, Nachan! Das ist so peinlich.
Also echt!
Waaas? Wieso denn? Macht doch nichts!
Ich freu mich nämlich total, dass du in letzter Zeit so süß geworden bist.
Aber diese Sache hier war 'ne echte Überraschung.
Grins
Grins
Ich geh kurz aufs Klo ...!!

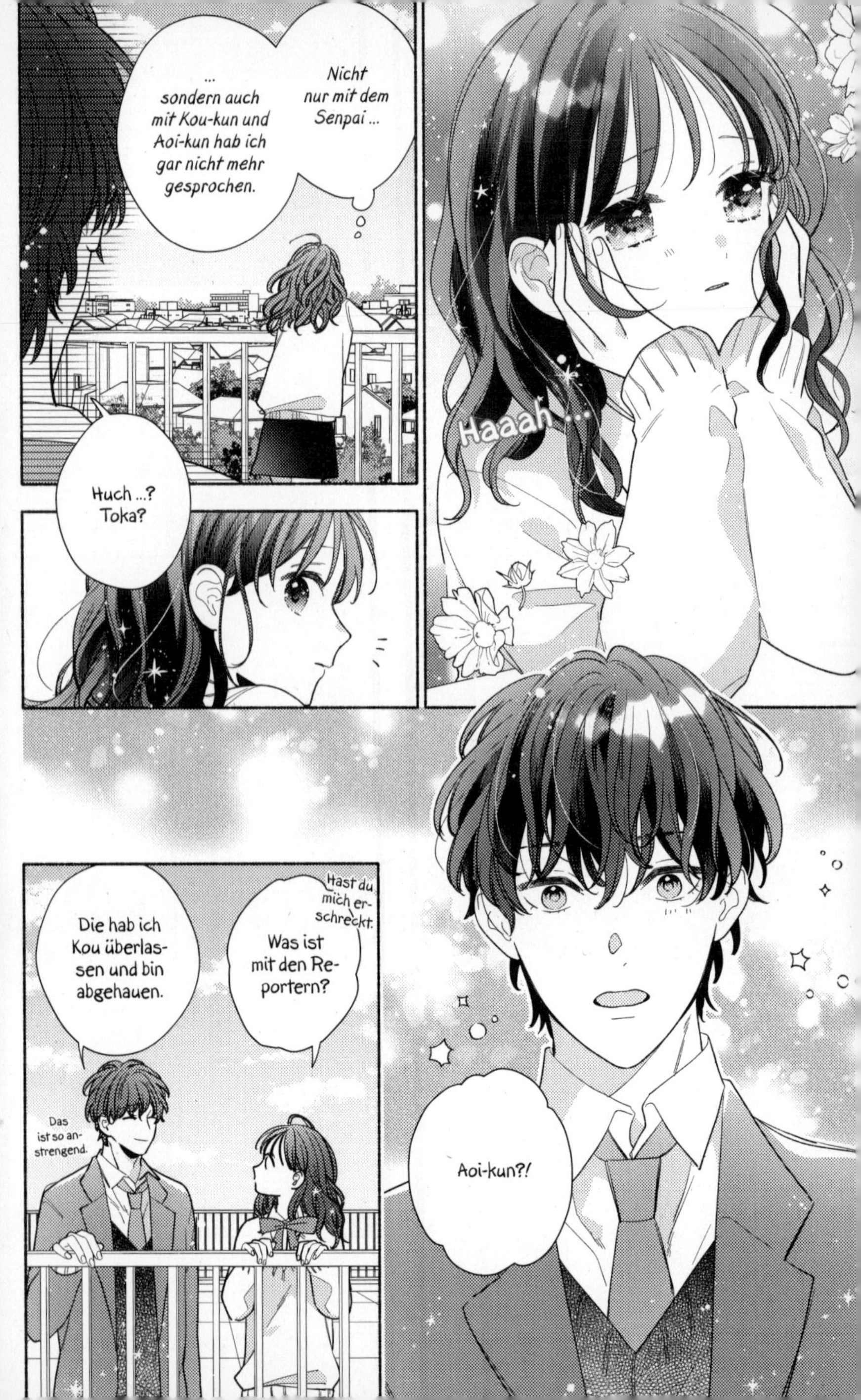

Haaah ...
Nicht nur mit dem Senpai ...
... sondern auch mit Kou-kun und Aoi-kun hab ich gar nicht mehr gesprochen.
Huch ...? Toka?
Aoi-kun?!
Hast du mich erschreckt.
Was ist mit den Reportern?
Die hab ich Kou überlassen und bin abgehauen.
Das ist so anstrengend.

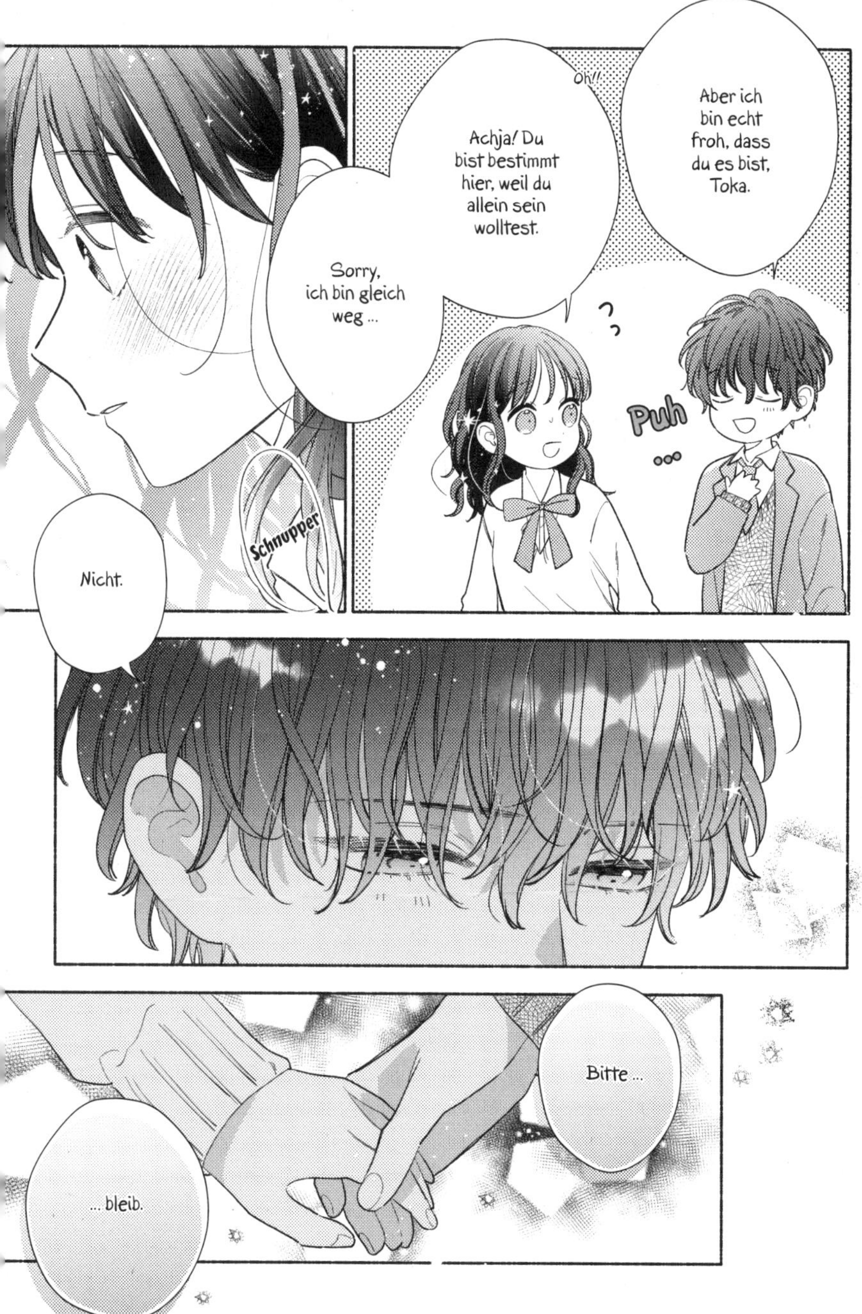
Puh ...
Aber ich bin echt froh, dass du es bist, Toka.
Oh!!
Achja! Du bist bestimmt hier, weil du allein sein wolltest.
Sorry, ich bin gleich weg ...
Schnupper
Nicht.
Bitte ...
... bleib.

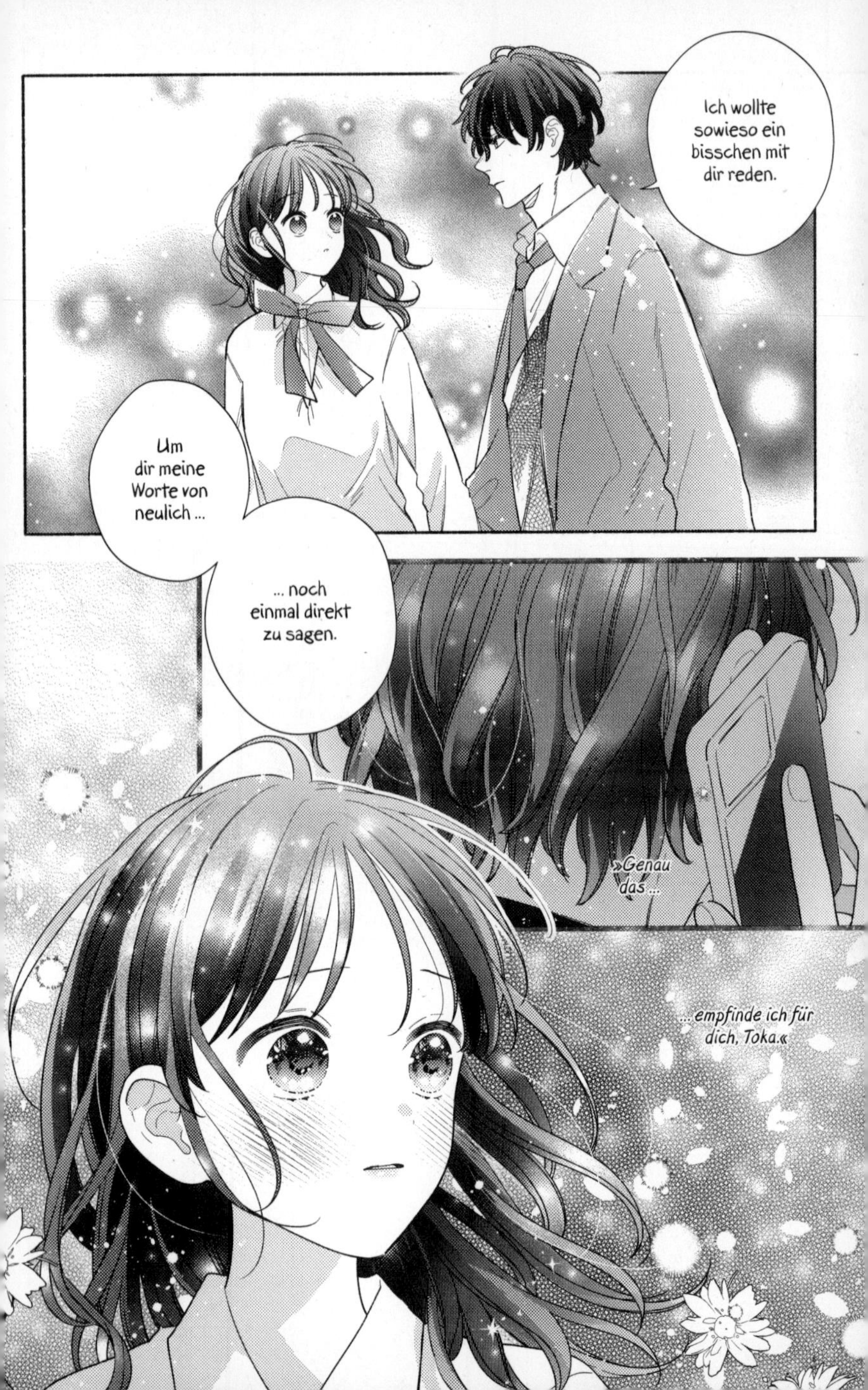
Ich wollte sowieso ein bisschen mit dir reden.
Um dir meine Worte von neulich ...
... noch einmal direkt zu sagen.
»Genau das ...
... empfinde ich für dich, Toka.«

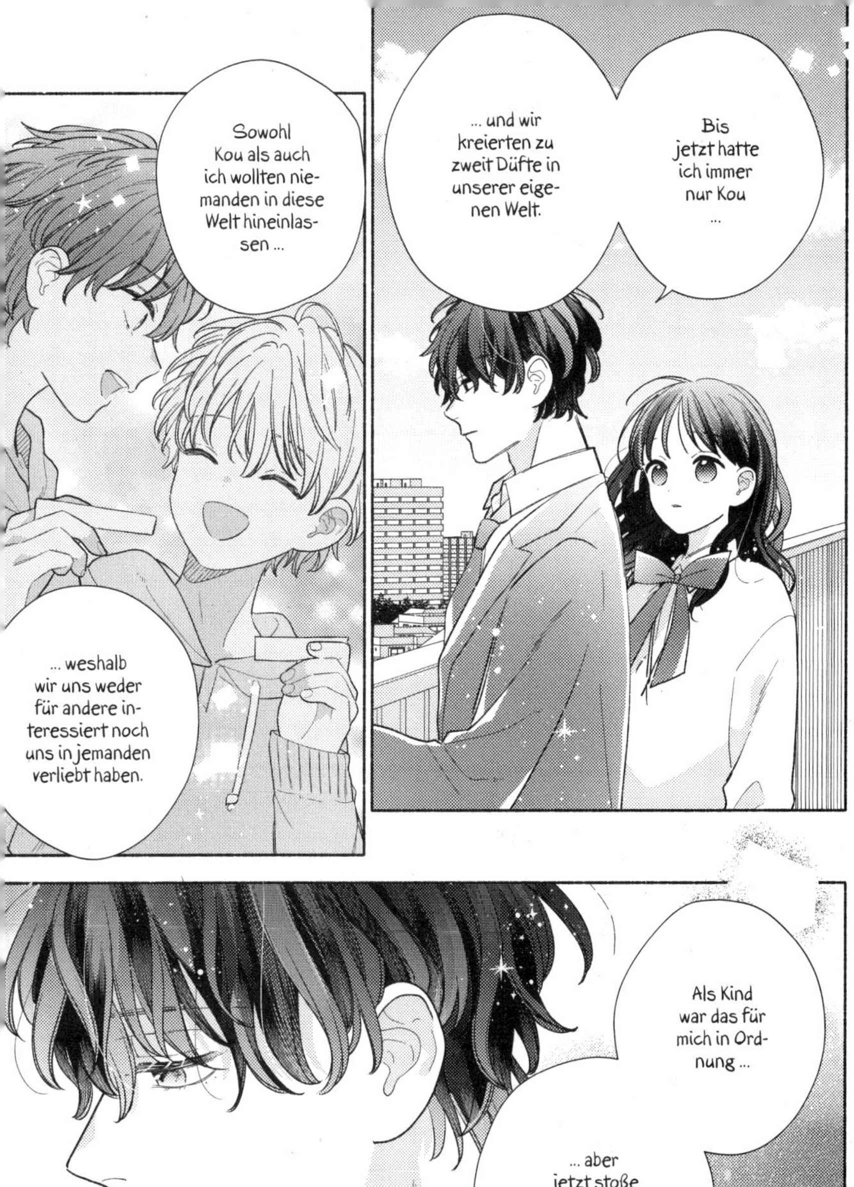
Bis jetzt hatte ich immer nur Kou ...
... und wir kreierten zu zweit Düfte in unserer eigenen Welt.
Sowohl Kou als auch ich wollten niemanden in diese Welt hineinlassen ...
... weshalb wir uns weder für andere interessiert noch uns in jemanden verliebt haben.
Als Kind war das für mich in Ordnung ...
... aber jetzt stoße ich an meine Grenzen.

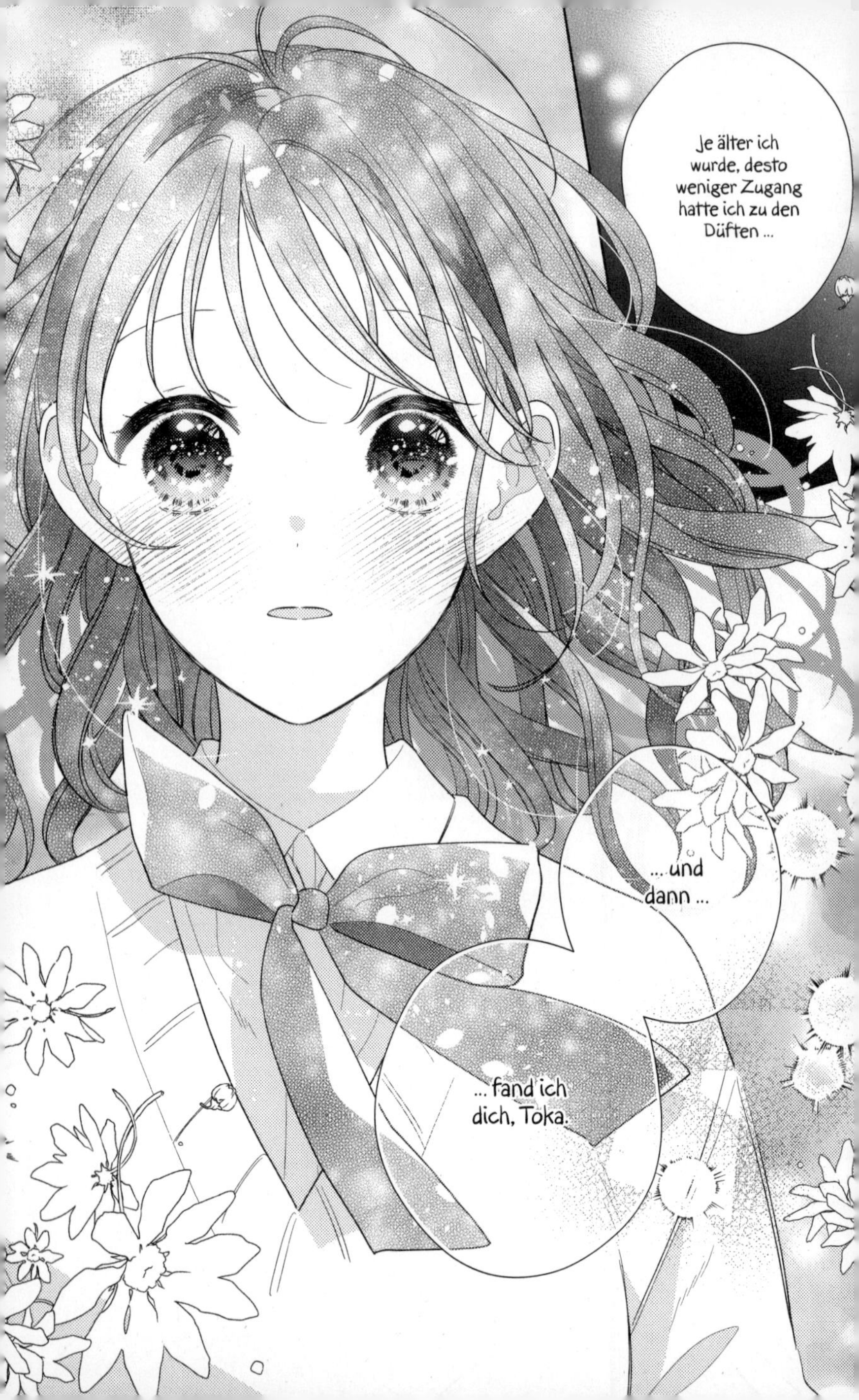
Je älter ich
wurde, desto
weniger Zugang
hatte ich zu den
Düften ...
... und
dann ...
... fand ich
dich, Toka.

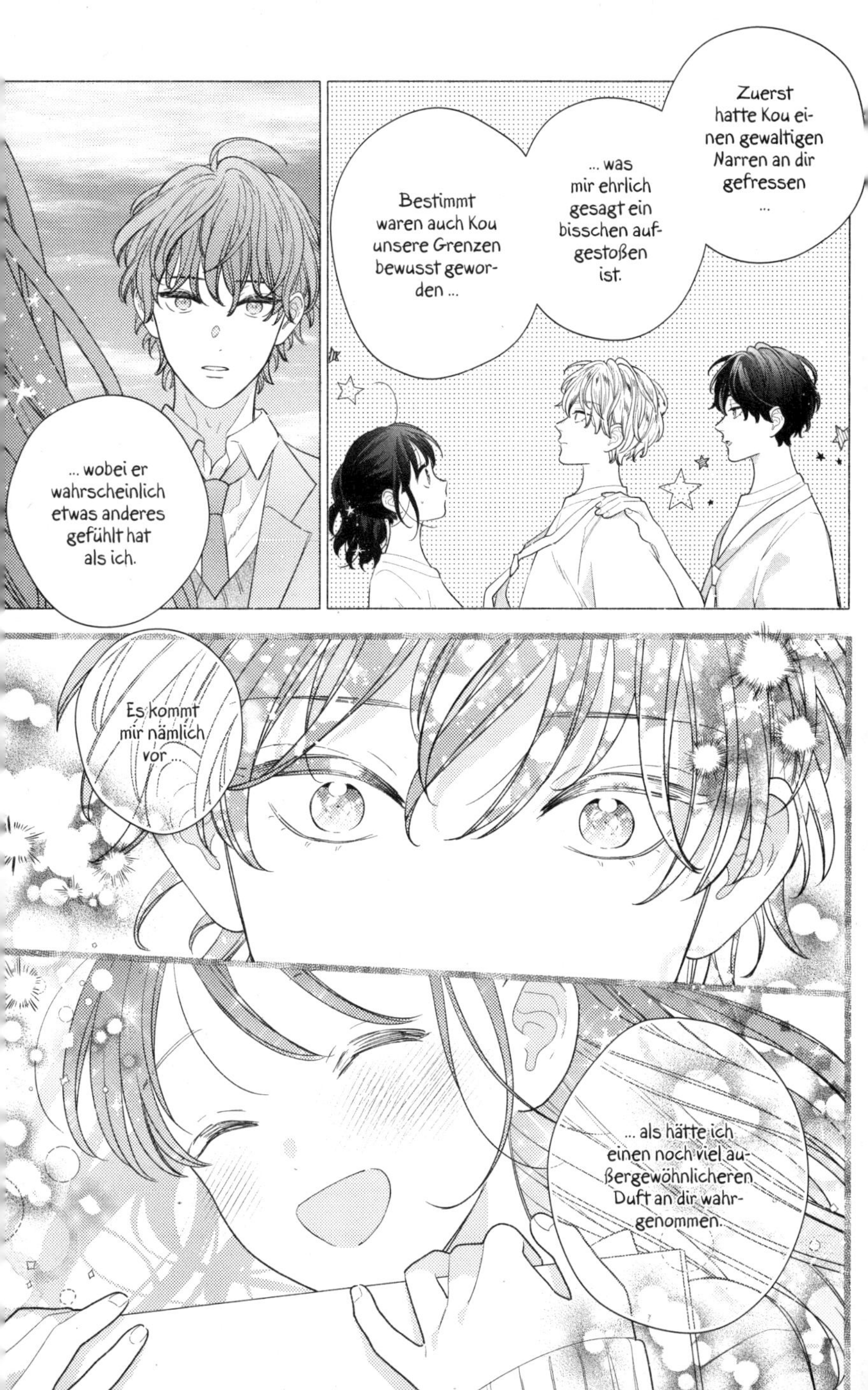
Zuerst hatte Kou einen gewaltigen Narren an dir gefressen ...
... was mir ehrlich gesagt ein bisschen aufgestoßen ist.
Bestimmt waren auch Kou unsere Grenzen bewusst geworden ...
... wobei er wahrscheinlich etwas anderes gefühlt hat als ich.
Es kommt mir nämlich vor ...
... als hätte ich einen noch viel außergewöhnlicheren Duft an dir wahrgenommen.

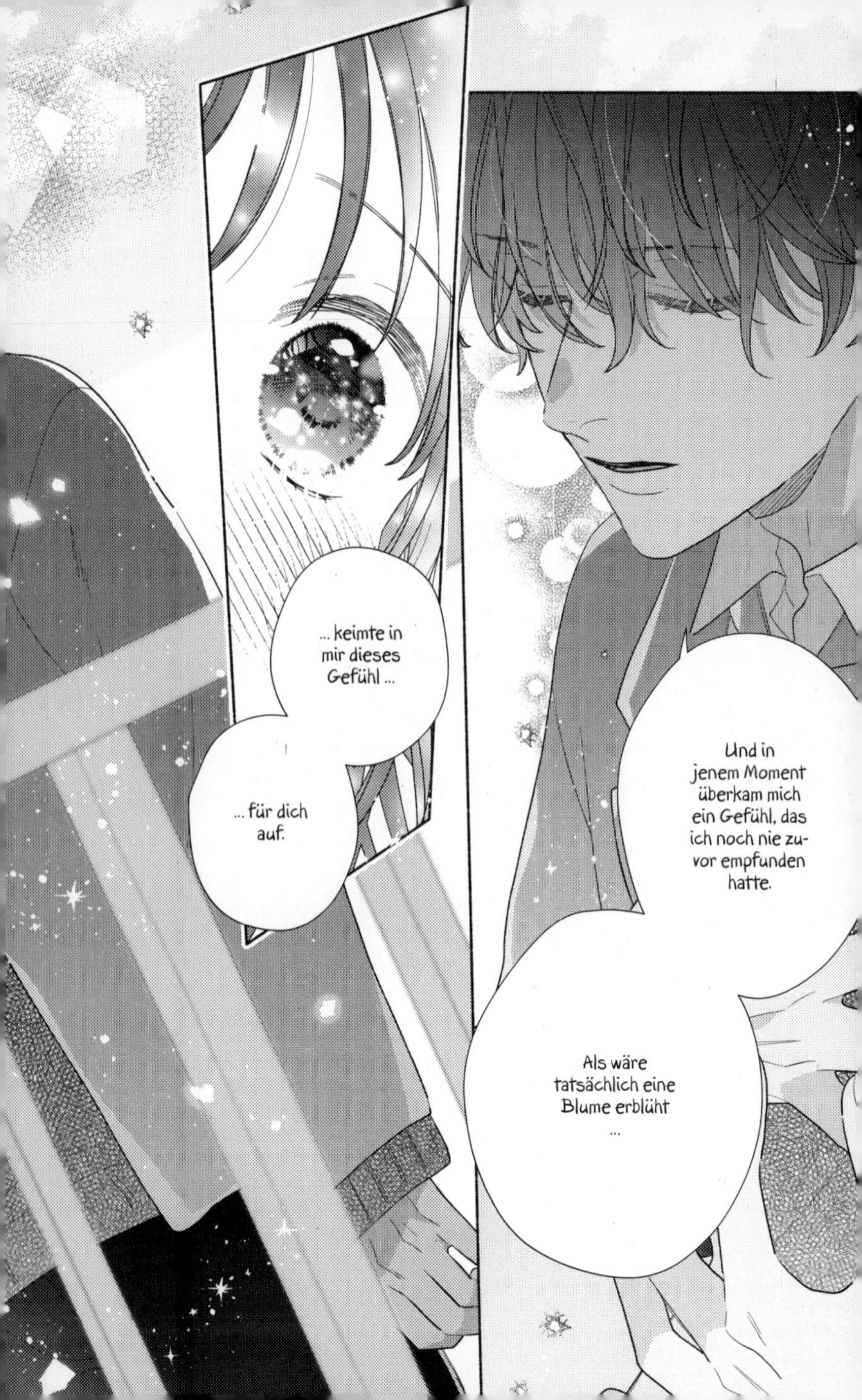
Und in jenem Moment überkam mich ein Gefühl, das ich noch nie zuvor empfunden hatte.
Als wäre tatsächlich eine Blume erblüht ...
... keimte in mir dieses Gefühl ...
... für dich auf.

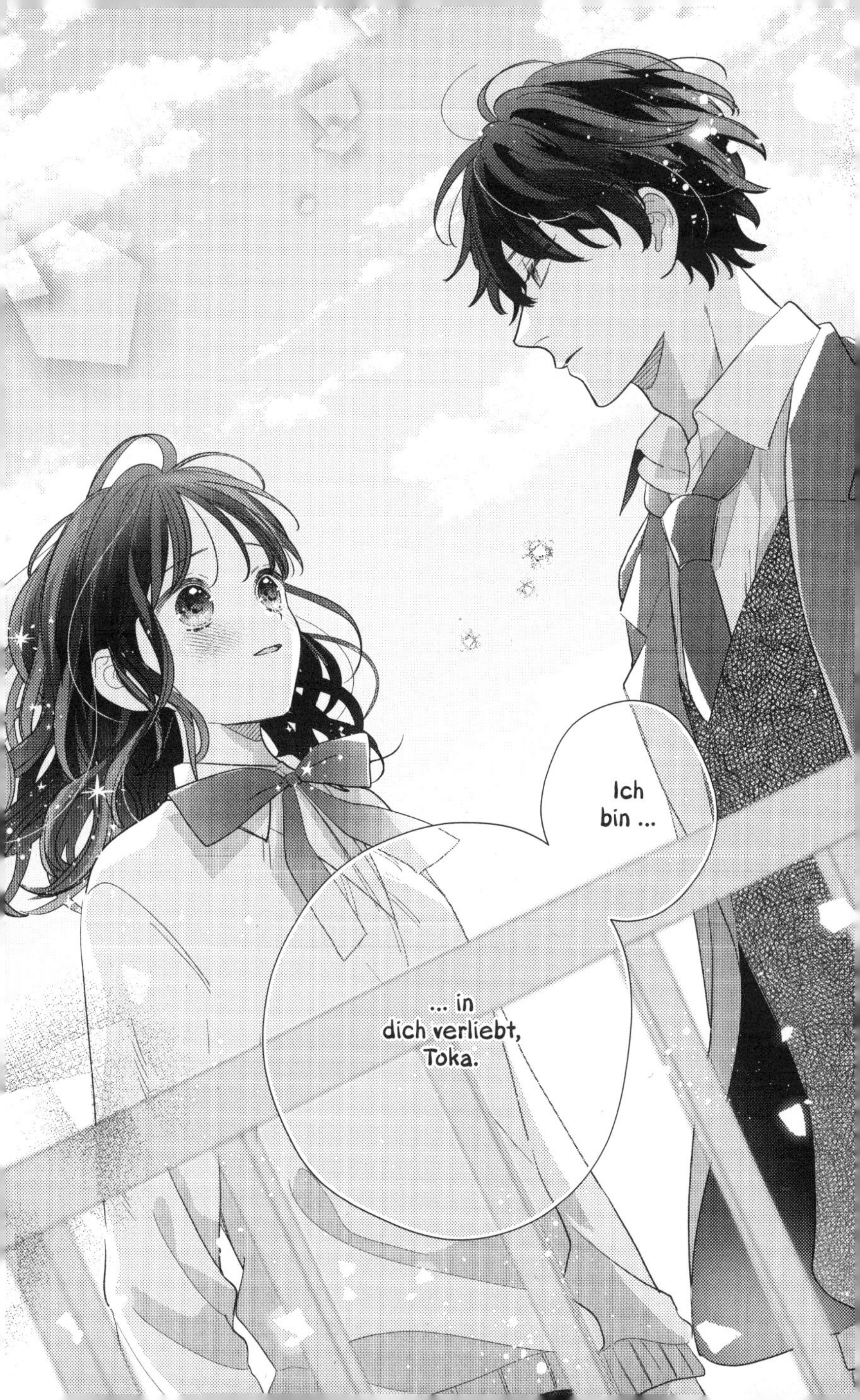
Ich bin ...
... in dich verliebt, Toka.

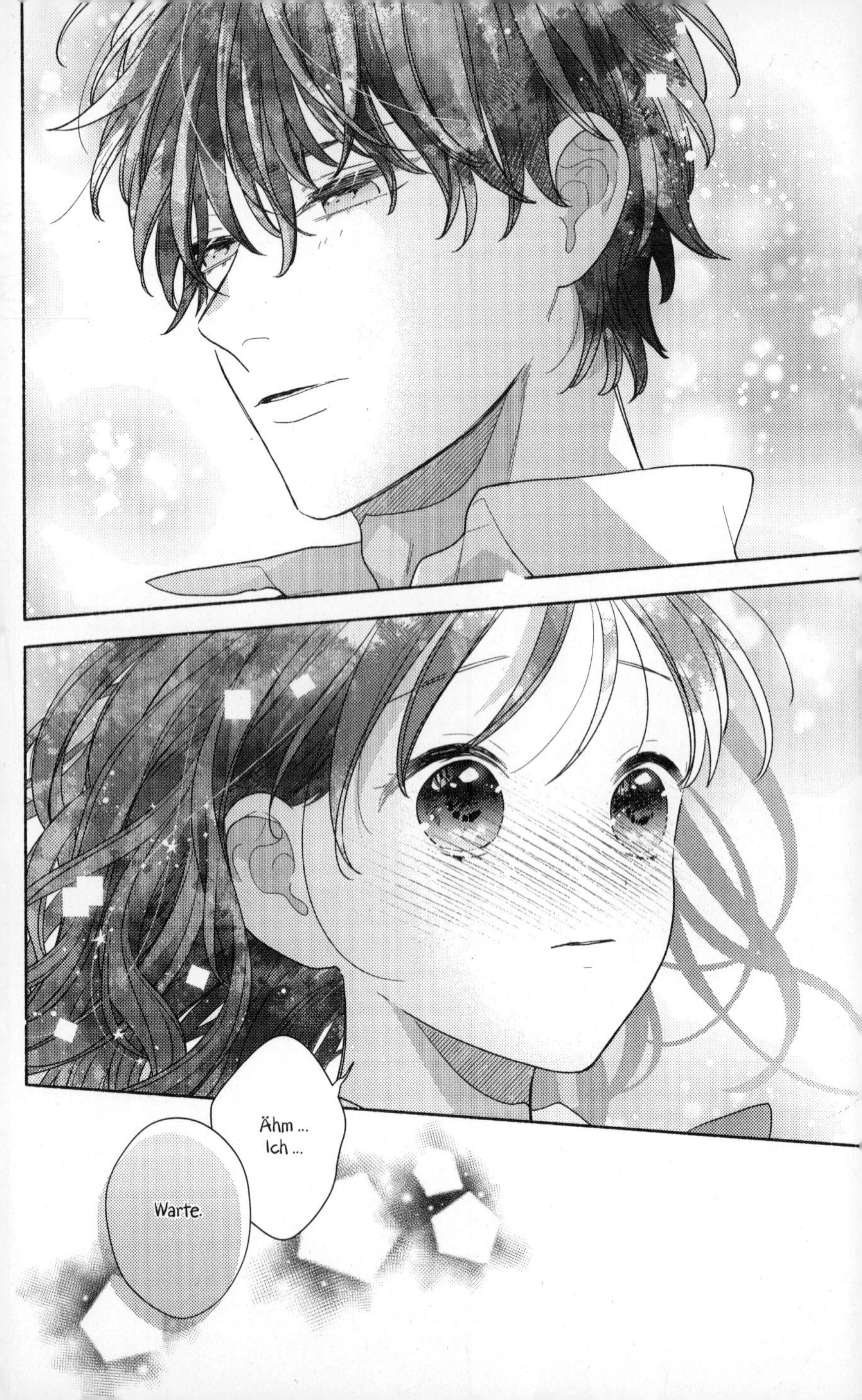
Ähm ... Ich ...
Warte.

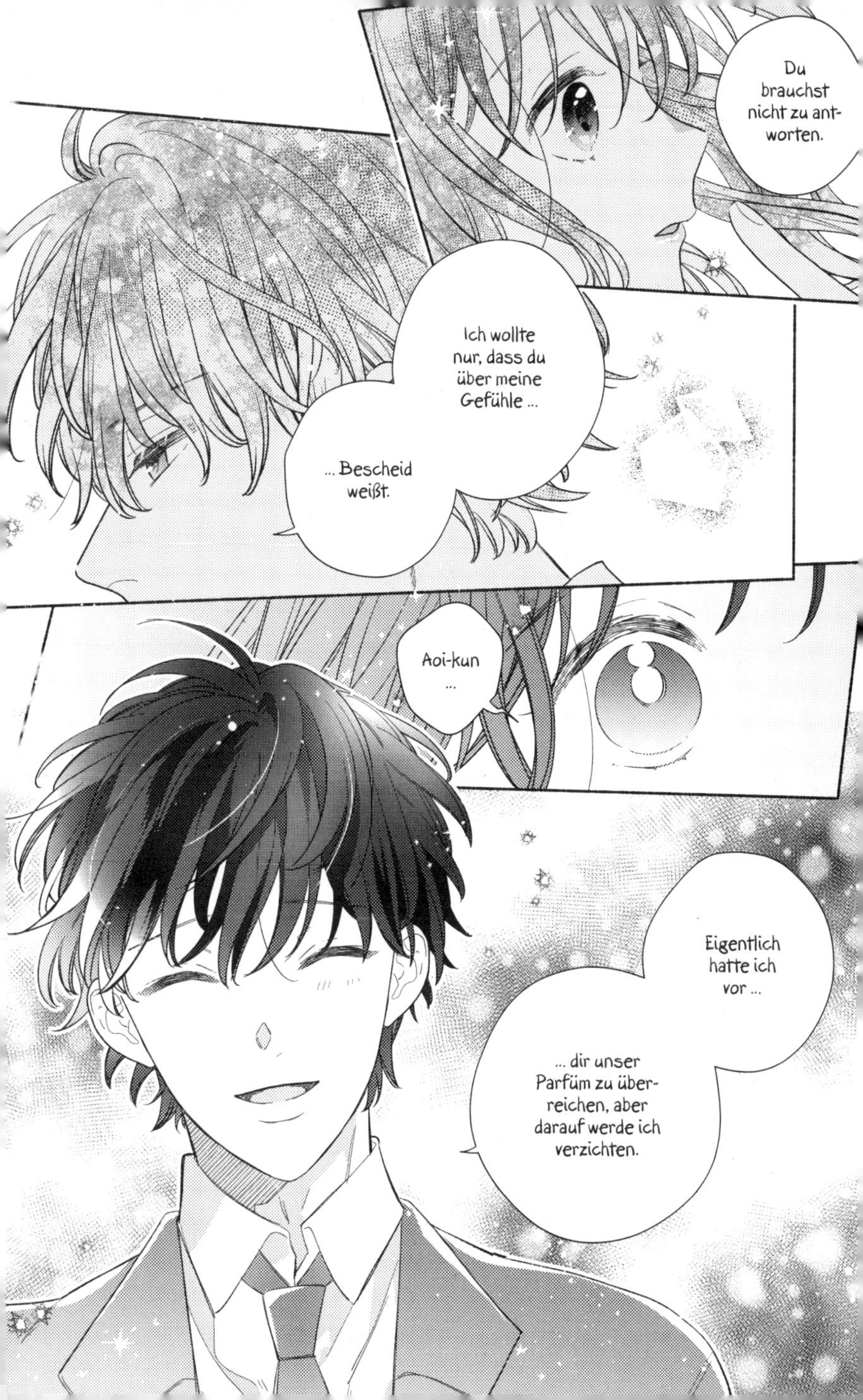
Du brauchst nicht zu antworten.
Ich wollte nur, dass du über meine Gefühle ...
... Bescheid weißt.
Aoi-kun ...
Eigentlich hatte ich vor ...
... dir unser Parfüm zu überreichen, aber darauf werde ich verzichten.

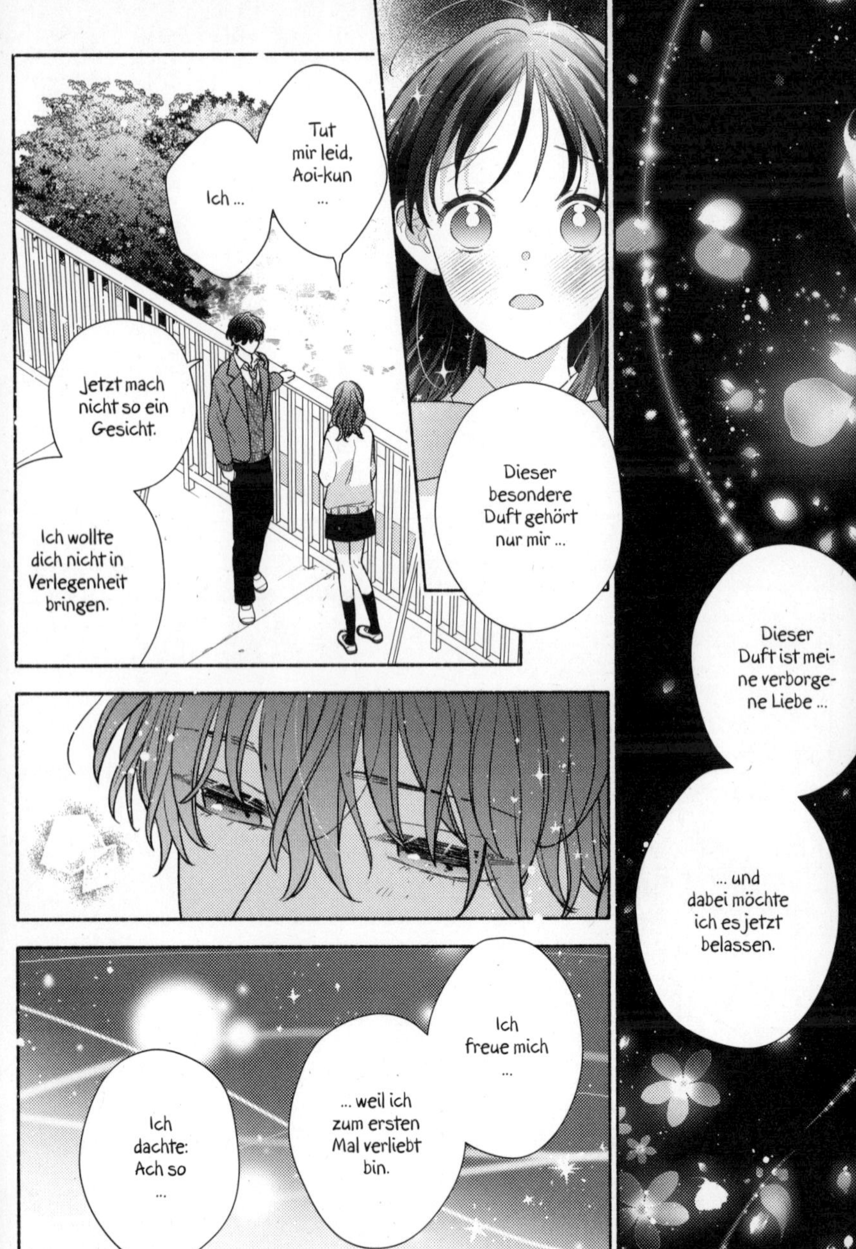
Dieser Duft ist meine verborgene Liebe ...
... und dabei möchte ich es jetzt belassen.
Dieser besondere Duft gehört nur mir ...
Tut mir leid, Aoi-kun ...
Ich ...
Jetzt mach nicht so ein Gesicht.
Ich wollte dich nicht in Verlegenheit bringen.
Ich freue mich ...
... weil ich zum ersten Mal verliebt bin.
Ich dachte: Ach so ...

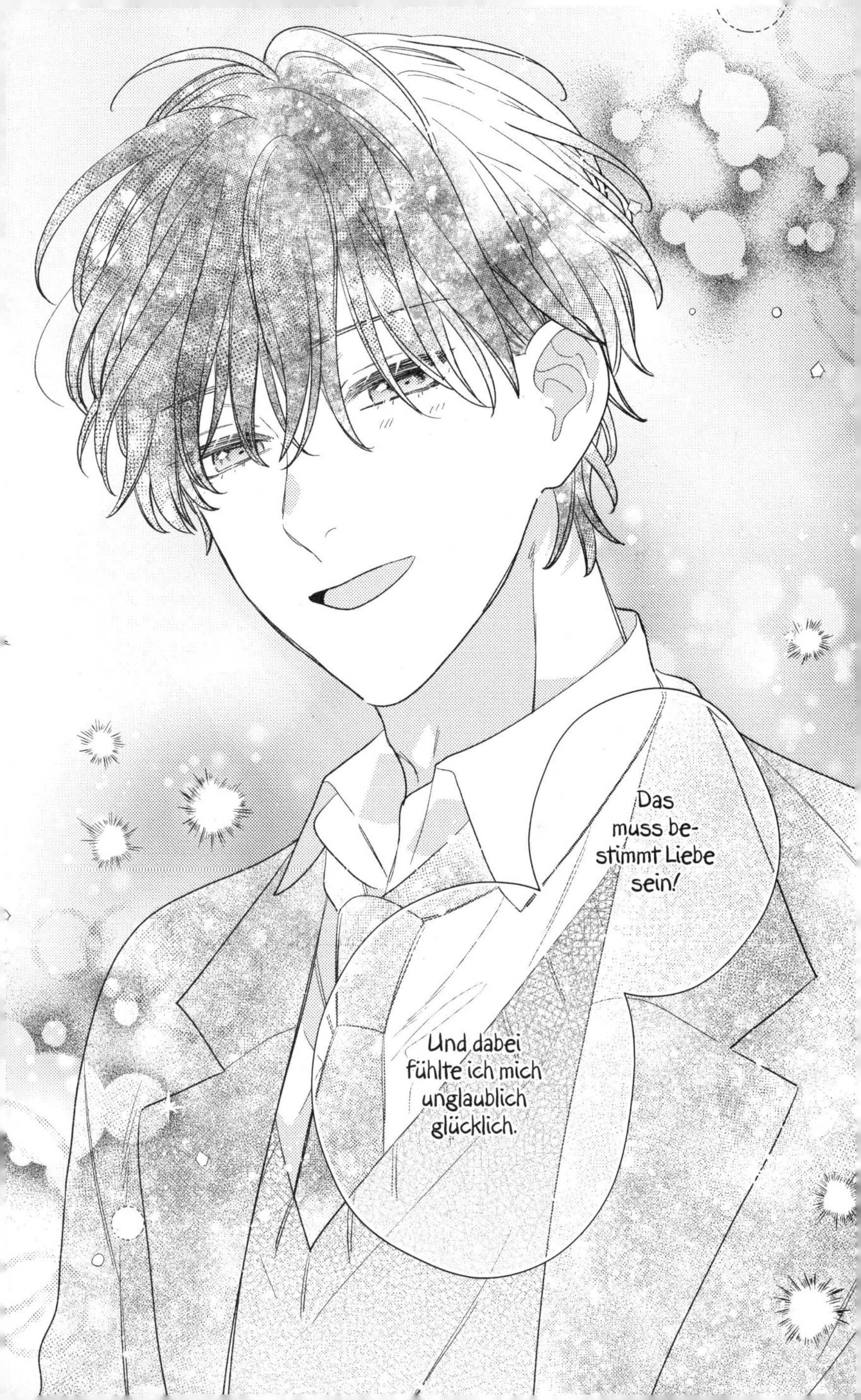
Das muss bestimmt Liebe sein!
Und dabei fühlte ich mich unglaublich glücklich.

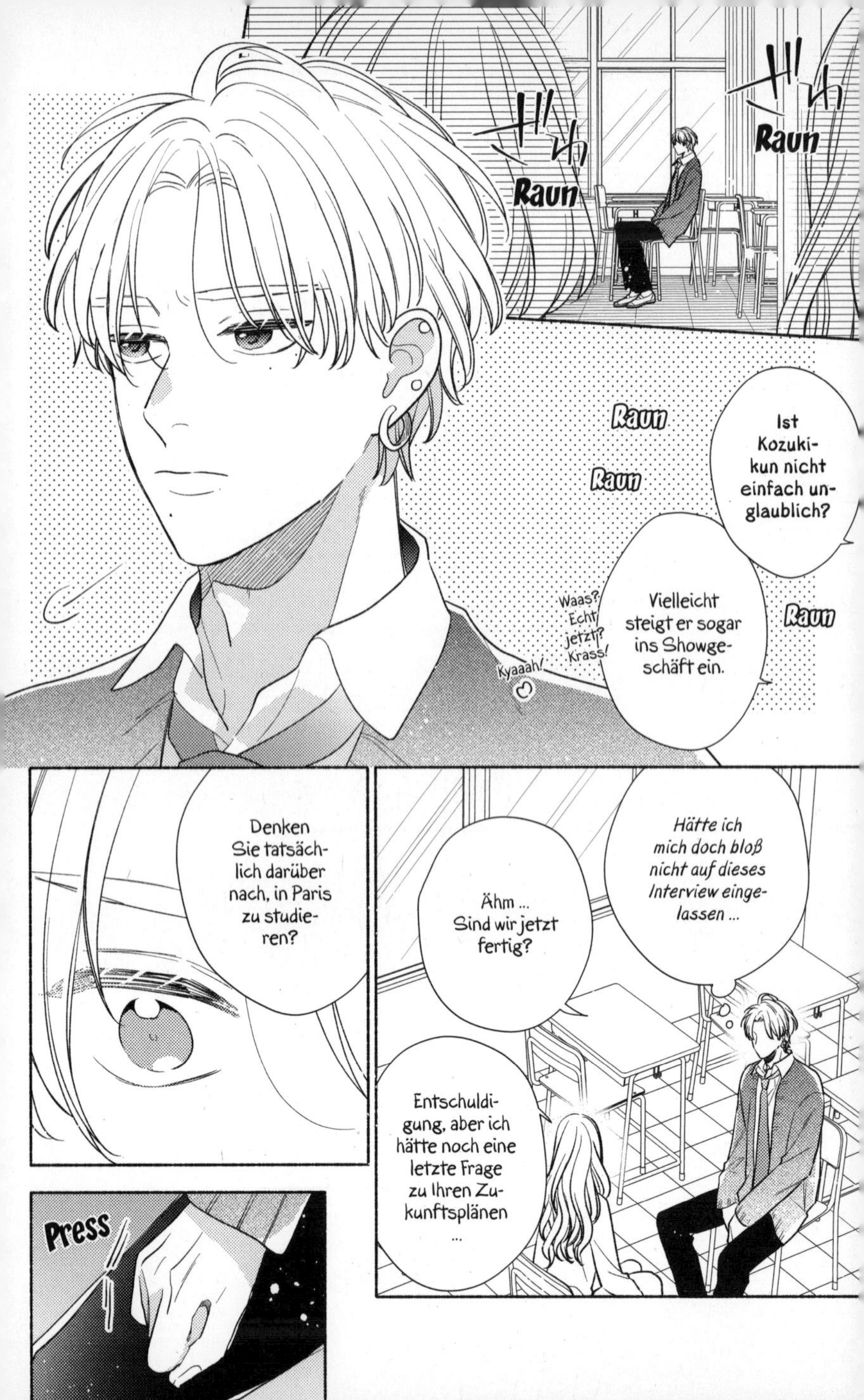

Raun
Raun
Ist Kozuki-kun nicht einfach unglaublich?
Raun
Raun
Vielleicht steigt er sogar ins Showgeschäft ein.
Raun
Waas? Echt jetzt? Krass!
Kyaaah!
Hätte ich mich doch bloß nicht auf dieses Interview eingelassen ...
Ähm ... Sind wir jetzt fertig?
Entschuldigung, aber ich hätte noch eine letzte Frage zu Ihren Zukunftsplänen ...
Denken Sie tatsächlich darüber nach, in Paris zu studieren?
Press

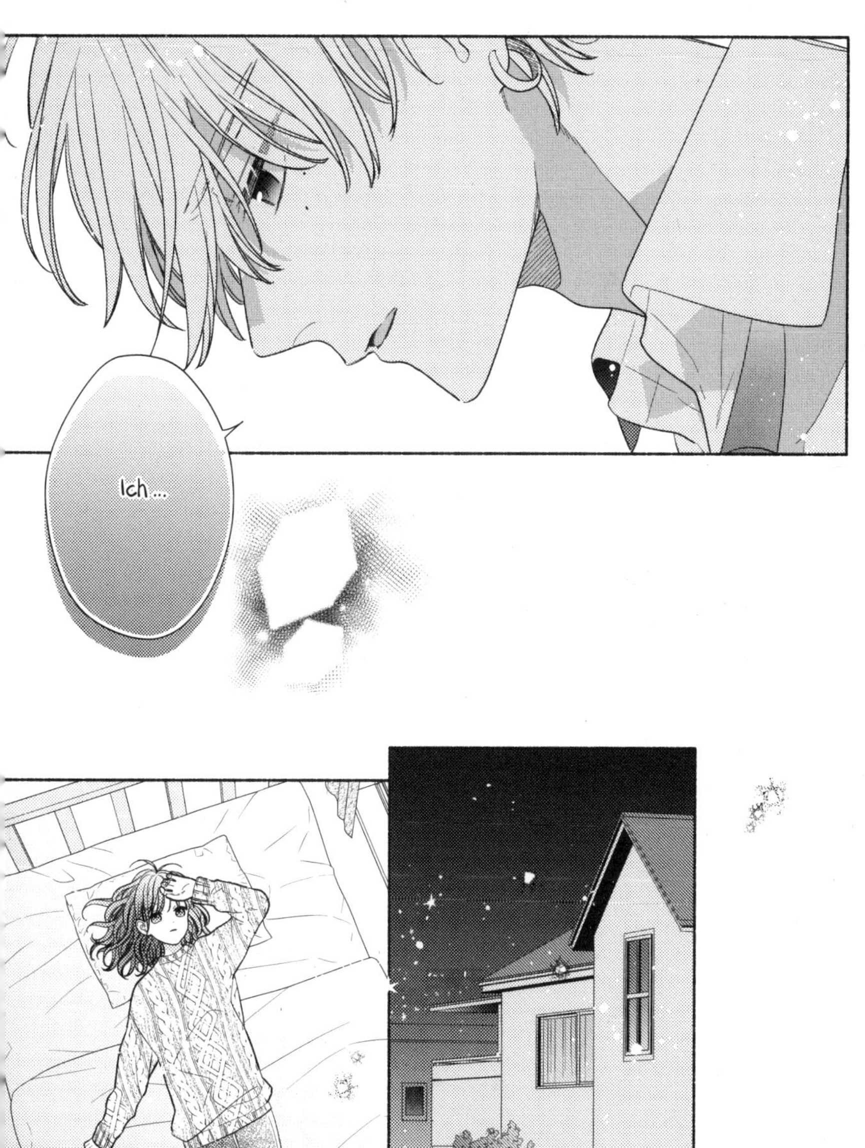
Ich ...

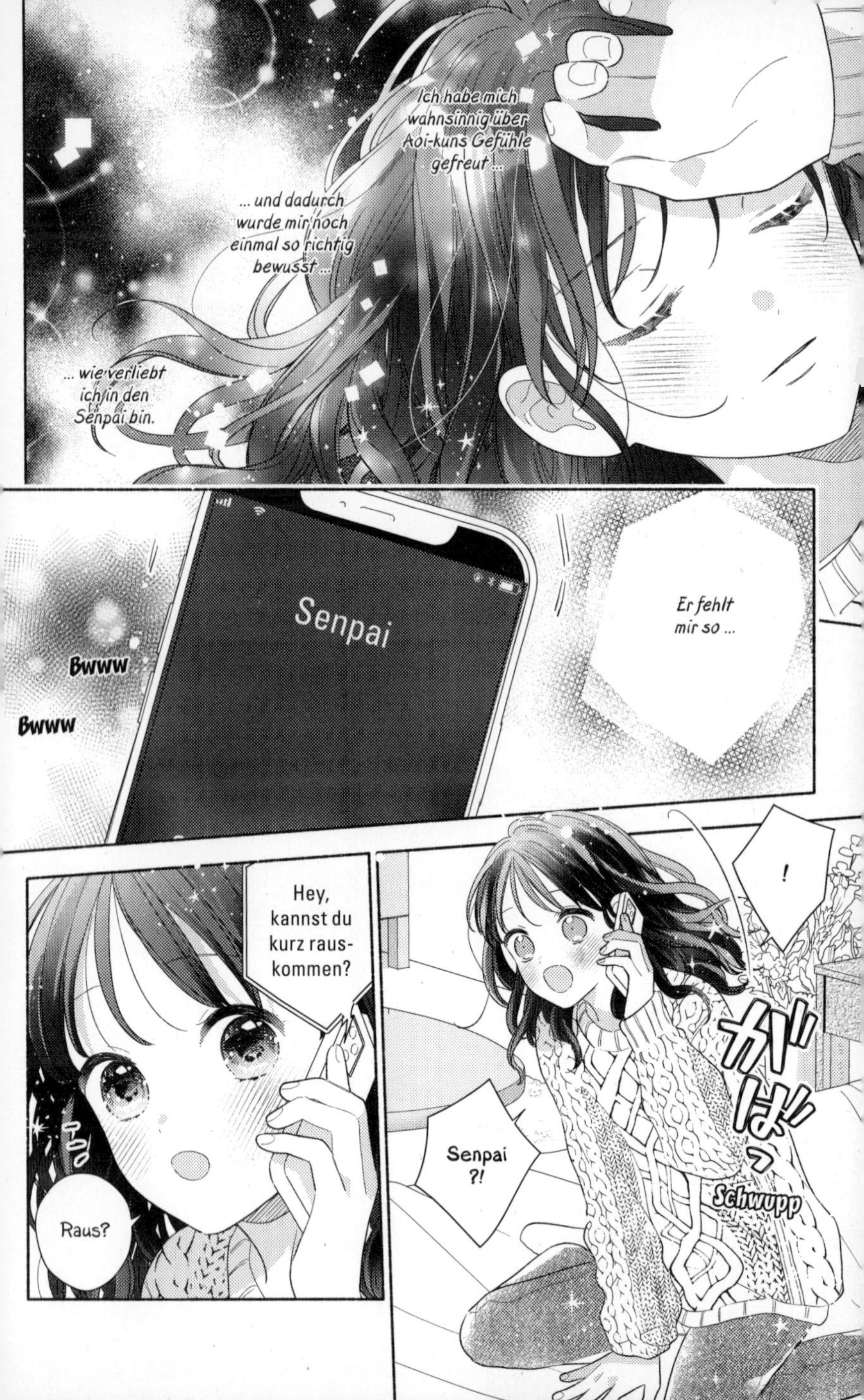

Ich habe mich wahnsinnig über Aoi-kuns Gefühle gefreut ...
... und dadurch wurde mir noch einmal so richtig bewusst ...
... wie verliebt ich in den Senpai bin.
Senpai
Er fehlt mir so ...
Bwww
Bwww
!
Senpai ?!
Schwupp
Hey, kannst du kurz raus-kommen?
Raus?

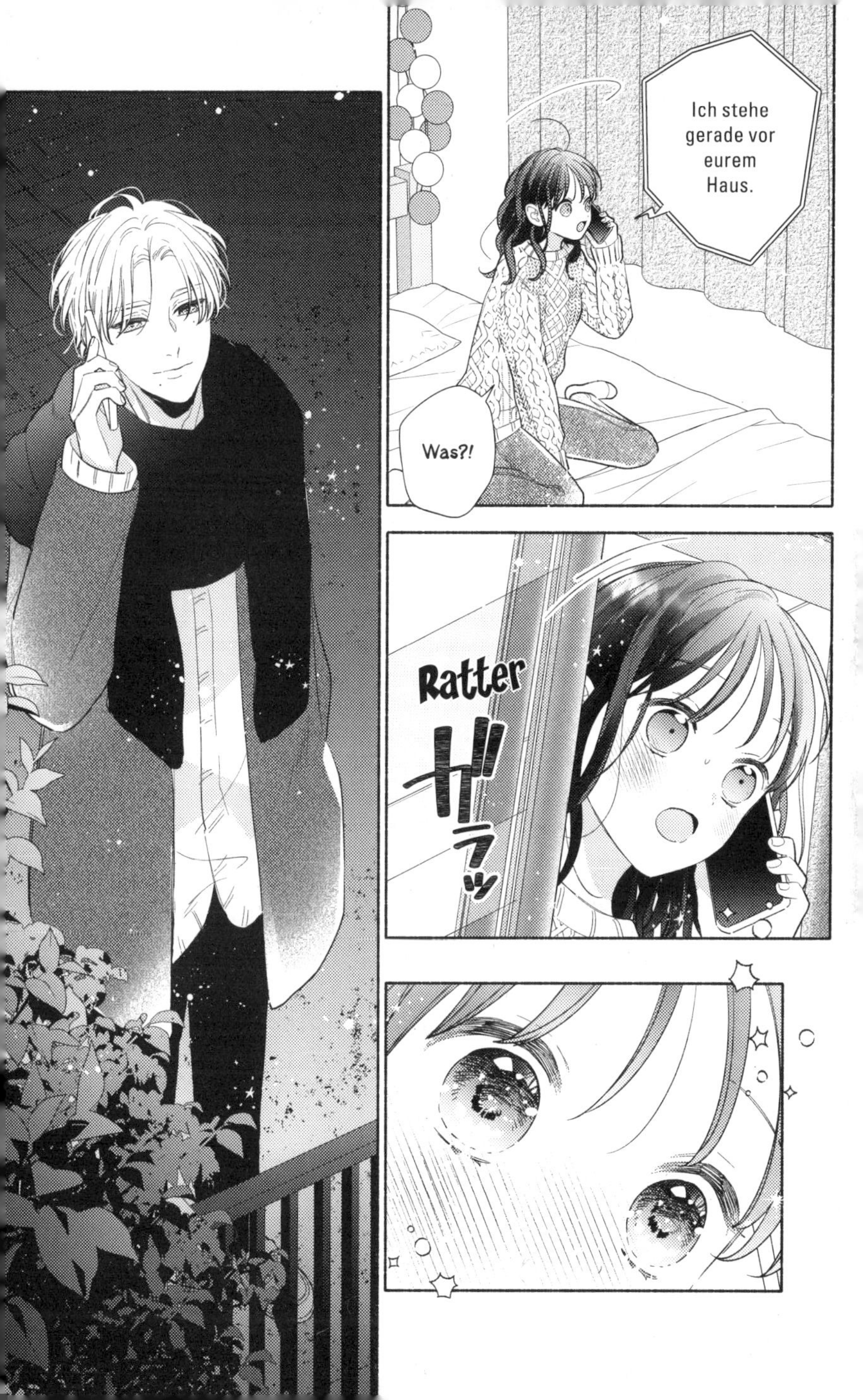

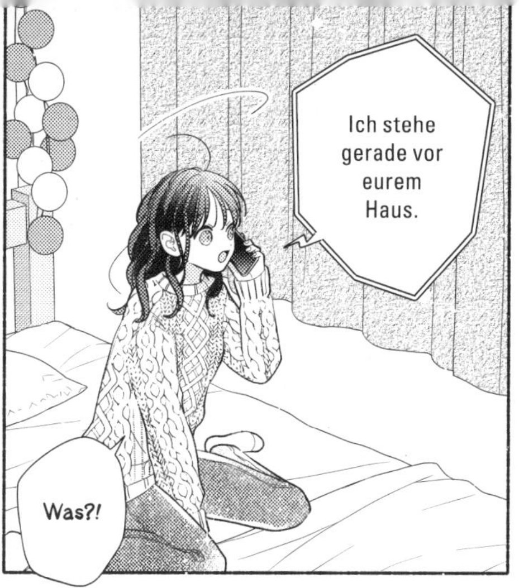
Ich stehe gerade vor eurem Haus.
Was?!

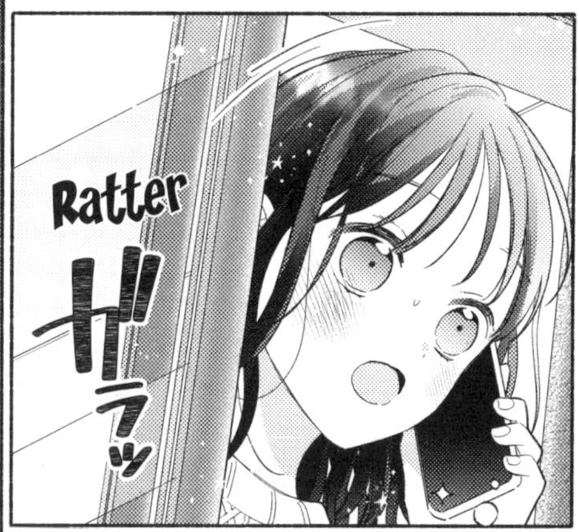
Ratter
ガラッ

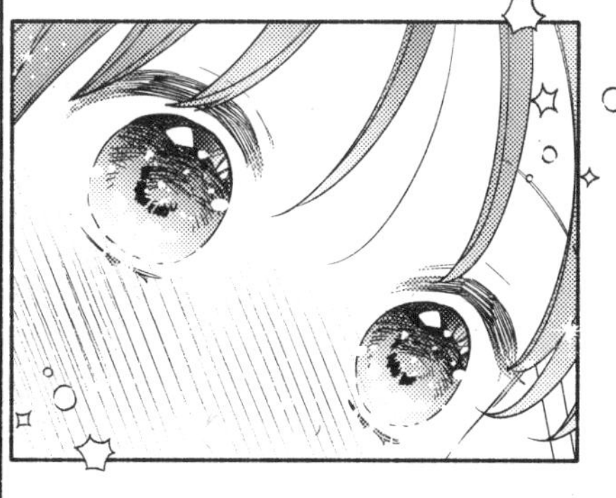

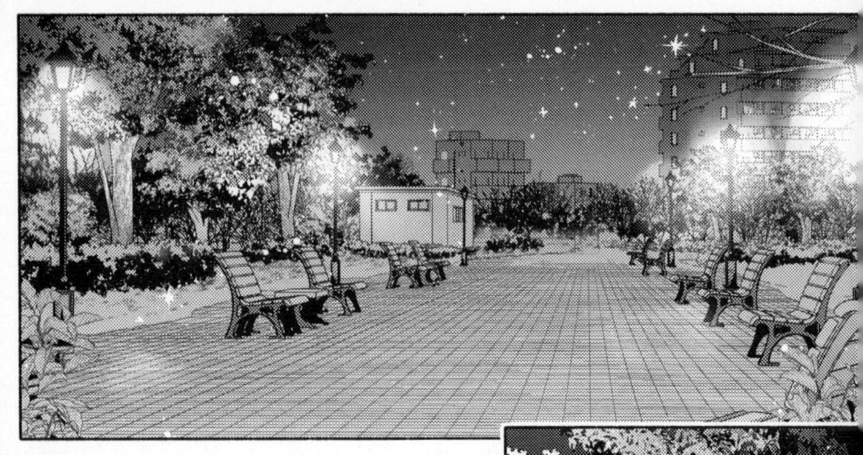

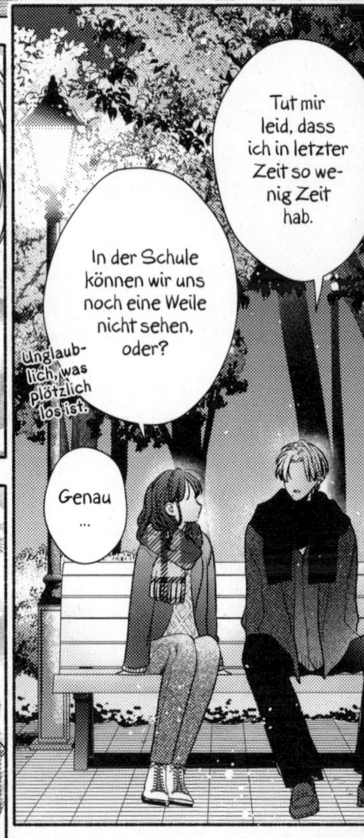
Tut mir leid, dass ich in letzter Zeit so wenig Zeit hab.
In der Schule können wir uns noch eine Weile nicht sehen, oder?
Unglaublich, was plötzlich los ist.
Genau ...

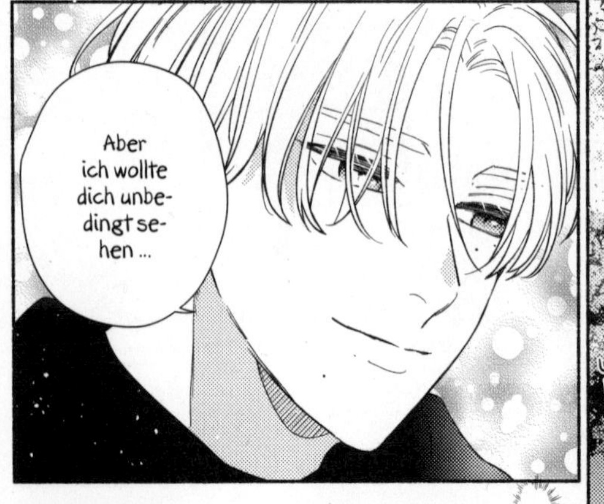
Aber ich wollte dich unbedingt sehen ...

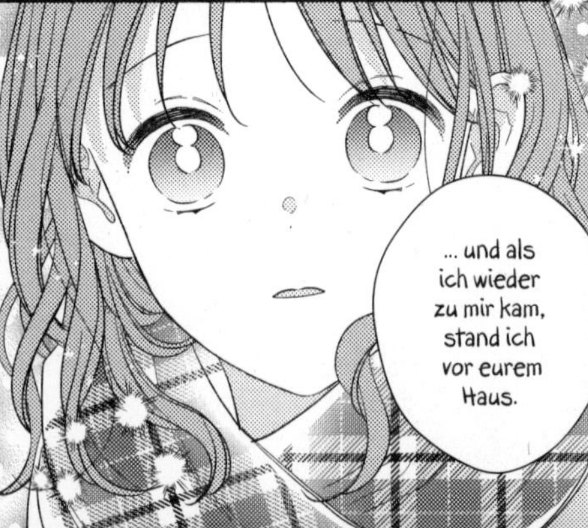
... und als ich wieder zu mir kam, stand ich vor eurem Haus.

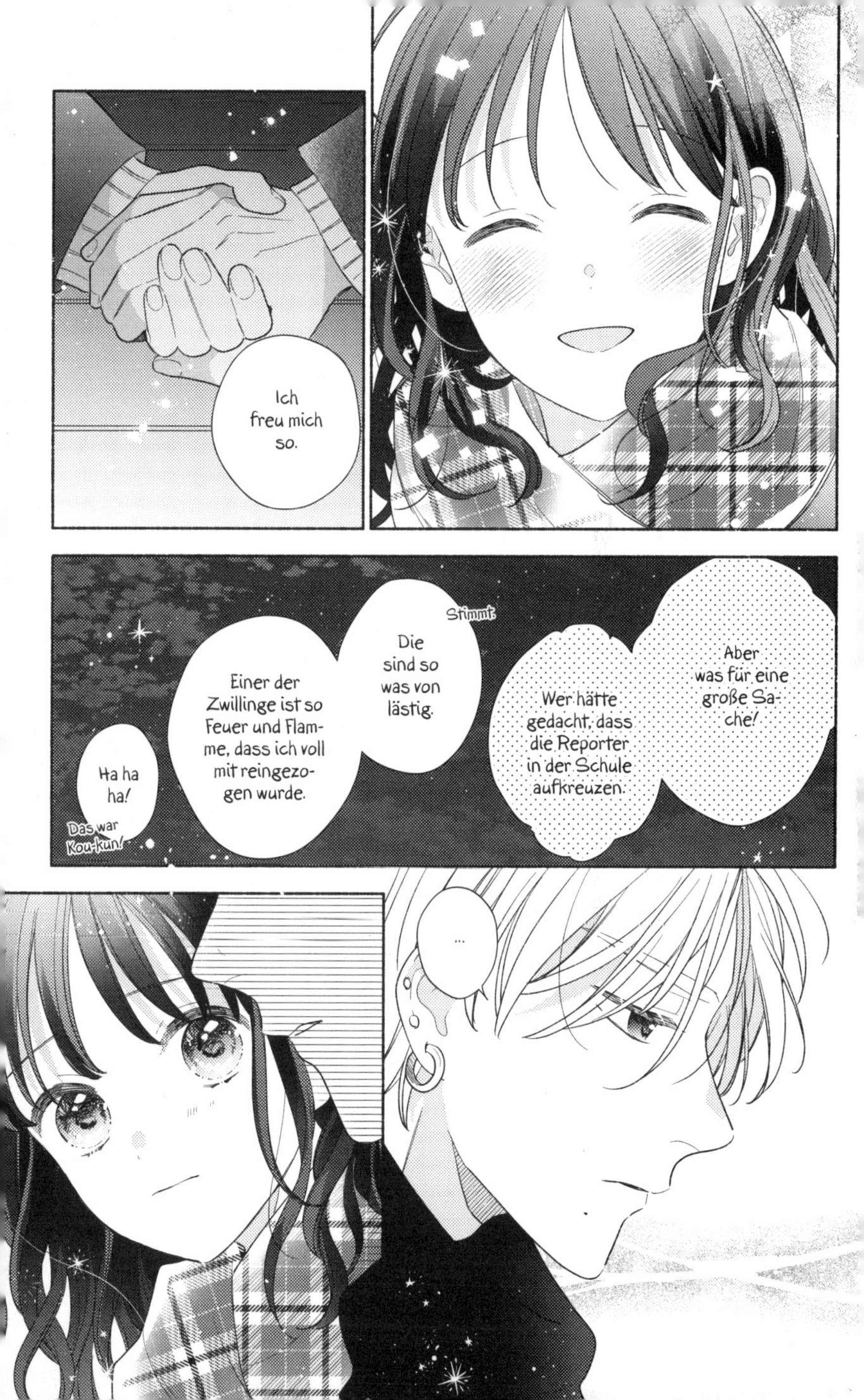

Ich freu mich so.

Aber was für eine große Sache!

Wer hätte gedacht, dass die Reporter in der Schule aufkreuzen.

Stimmt.

Die sind so was von lästig.

Einer der Zwillinge ist so Feuer und Flamme, dass ich voll mit reingezogen wurde.

Ha ha ha!

Das war Kou-kun!

...

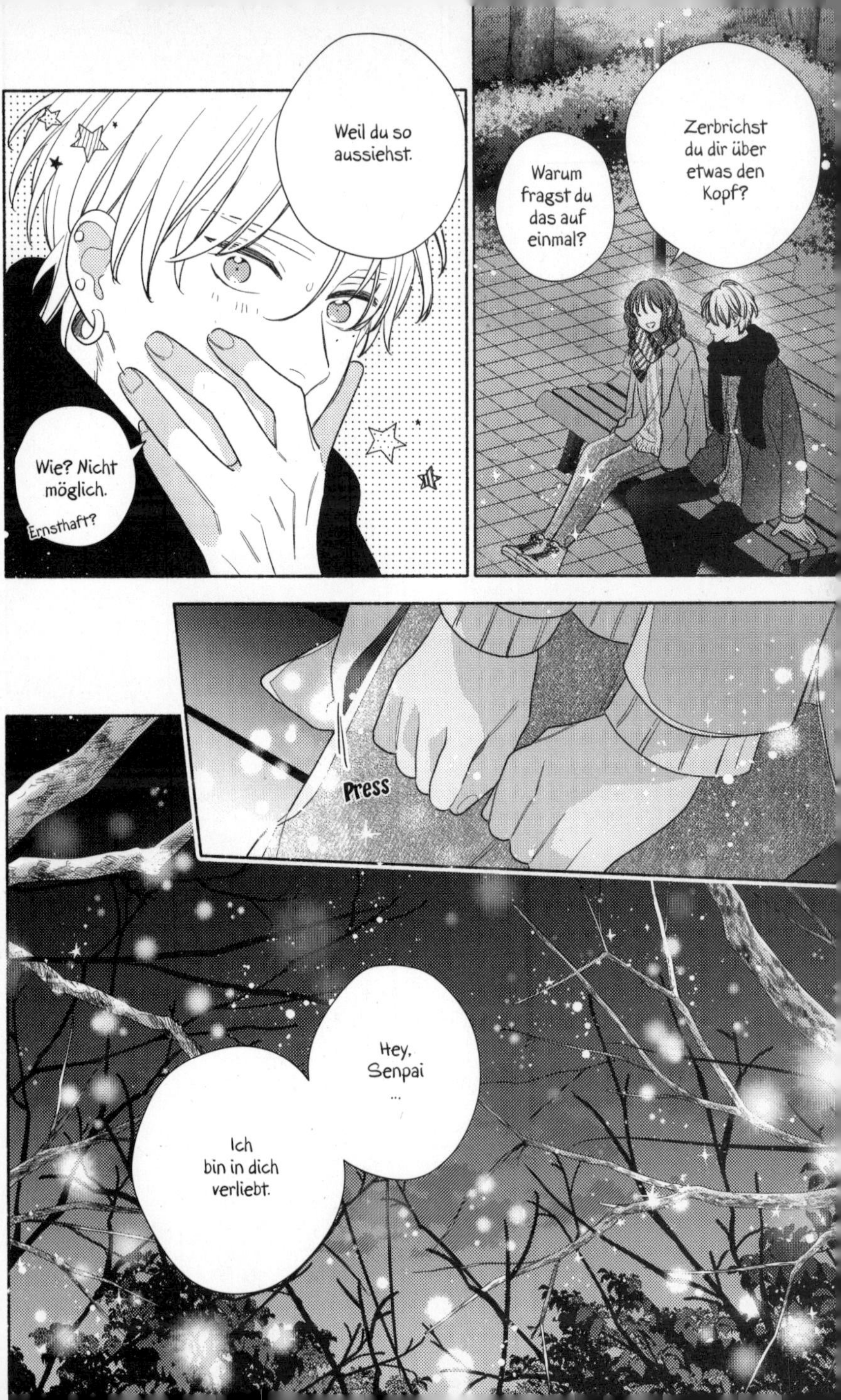

Zerbrichst du dir über etwas den Kopf?

Warum fragst du das auf einmal?

Weil du so aussiehst.

Wie? Nicht möglich.

Ernsthaft?

Press

Hey, Senpai ...

Ich bin in dich verliebt.

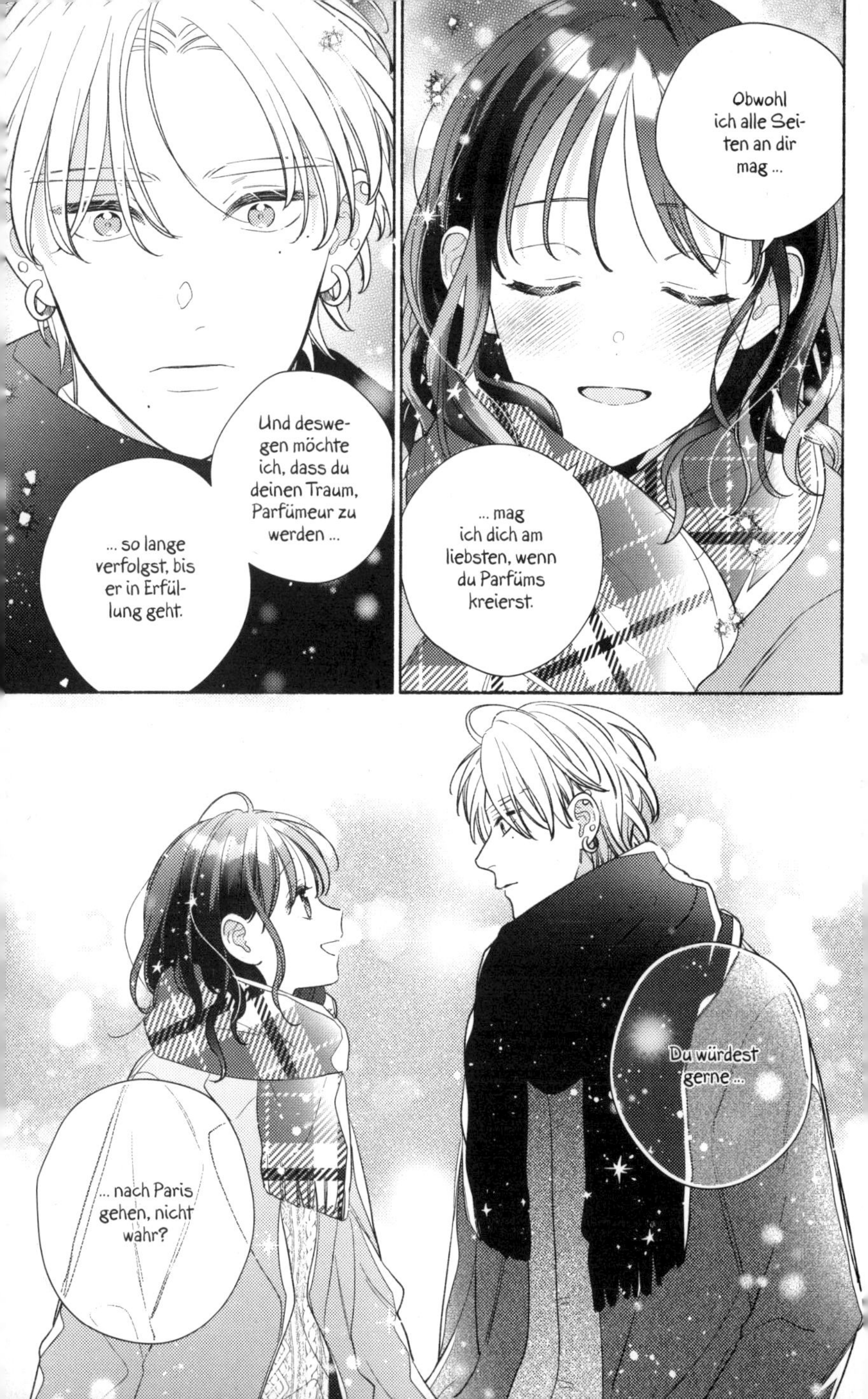
Obwohl ich alle Seiten an dir mag ...
... mag ich dich am liebsten, wenn du Parfüms kreierst.
Und deswegen möchte ich, dass du deinen Traum, Parfümeur zu werden ...
... so lange verfolgst, bis er in Erfüllung geht.
Du würdest gerne ...
... nach Paris gehen, nicht wahr?

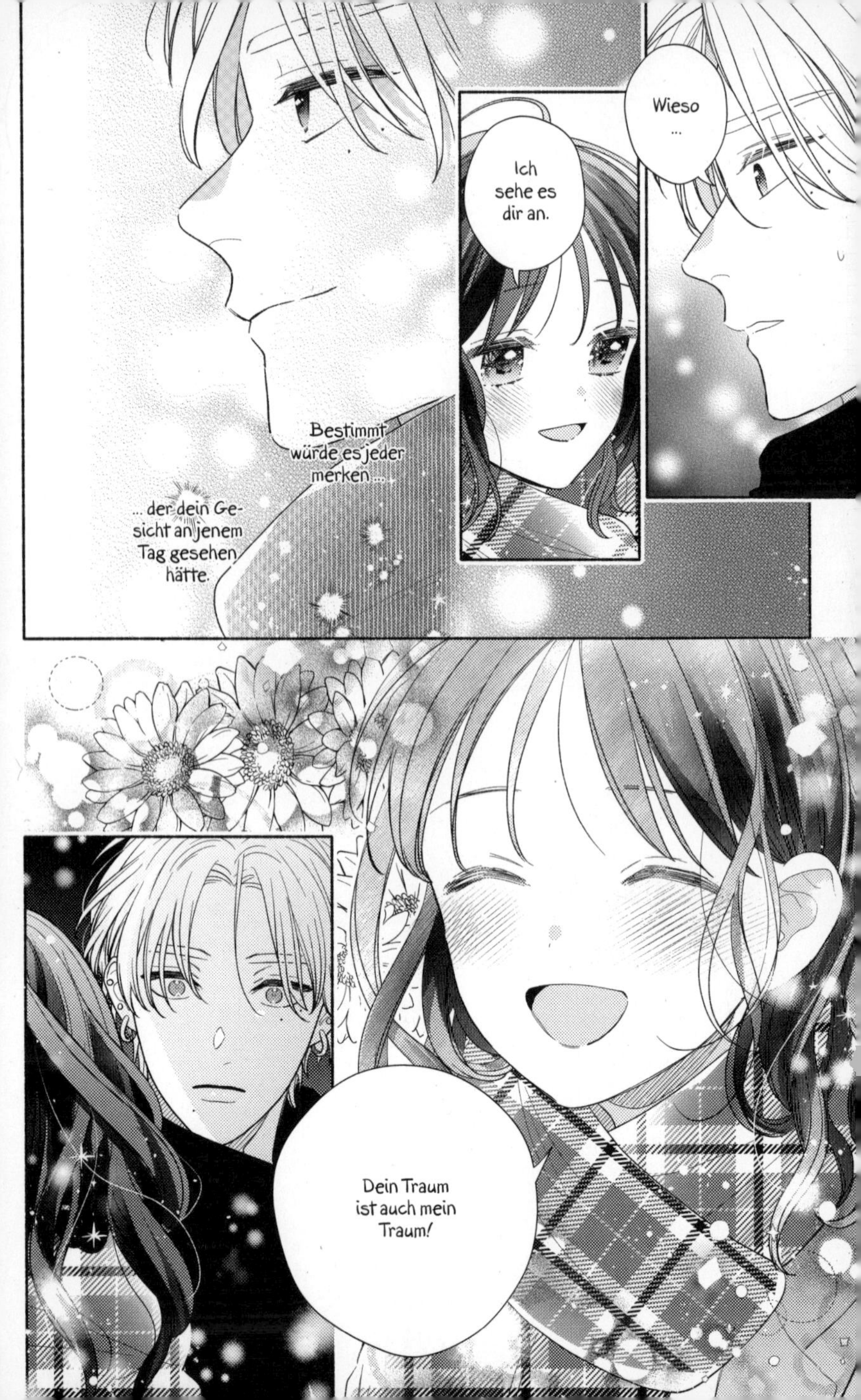
Wieso …
Ich sehe es dir an.
Bestimmt würde es jeder merken …
… der dein Gesicht an jenem Tag gesehen hätte.
Dein Traum ist auch mein Traum!

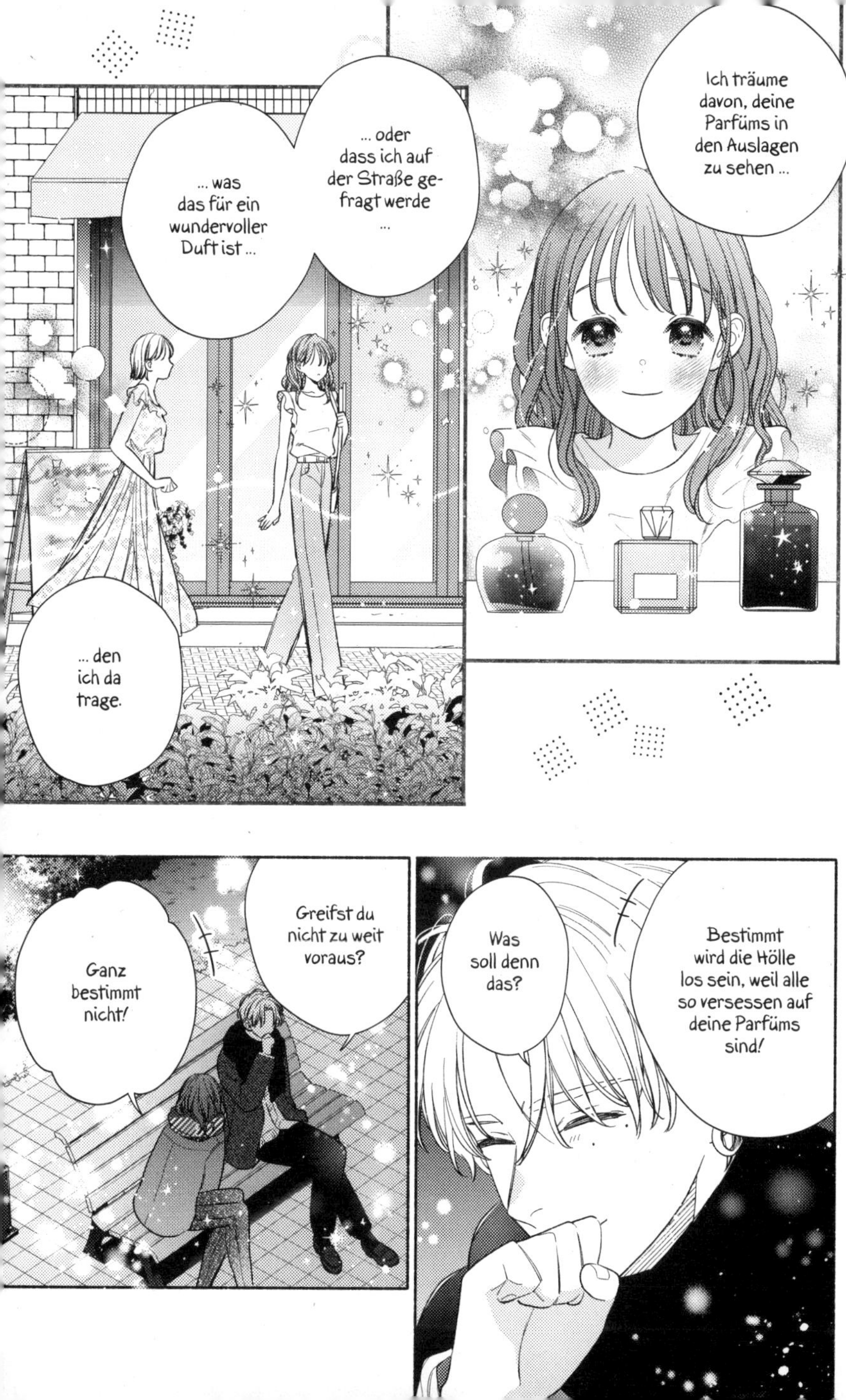

Ich träume davon, deine Parfüms in den Auslagen zu sehen ...

... oder dass ich auf der Straße gefragt werde ...

... was das für ein wundervoller Duft ist ...

... den ich da trage.

Bestimmt wird die Hölle los sein, weil alle so versessen auf deine Parfüms sind!

Was soll denn das?

Greifst du nicht zu weit voraus?

Ganz bestimmt nicht!

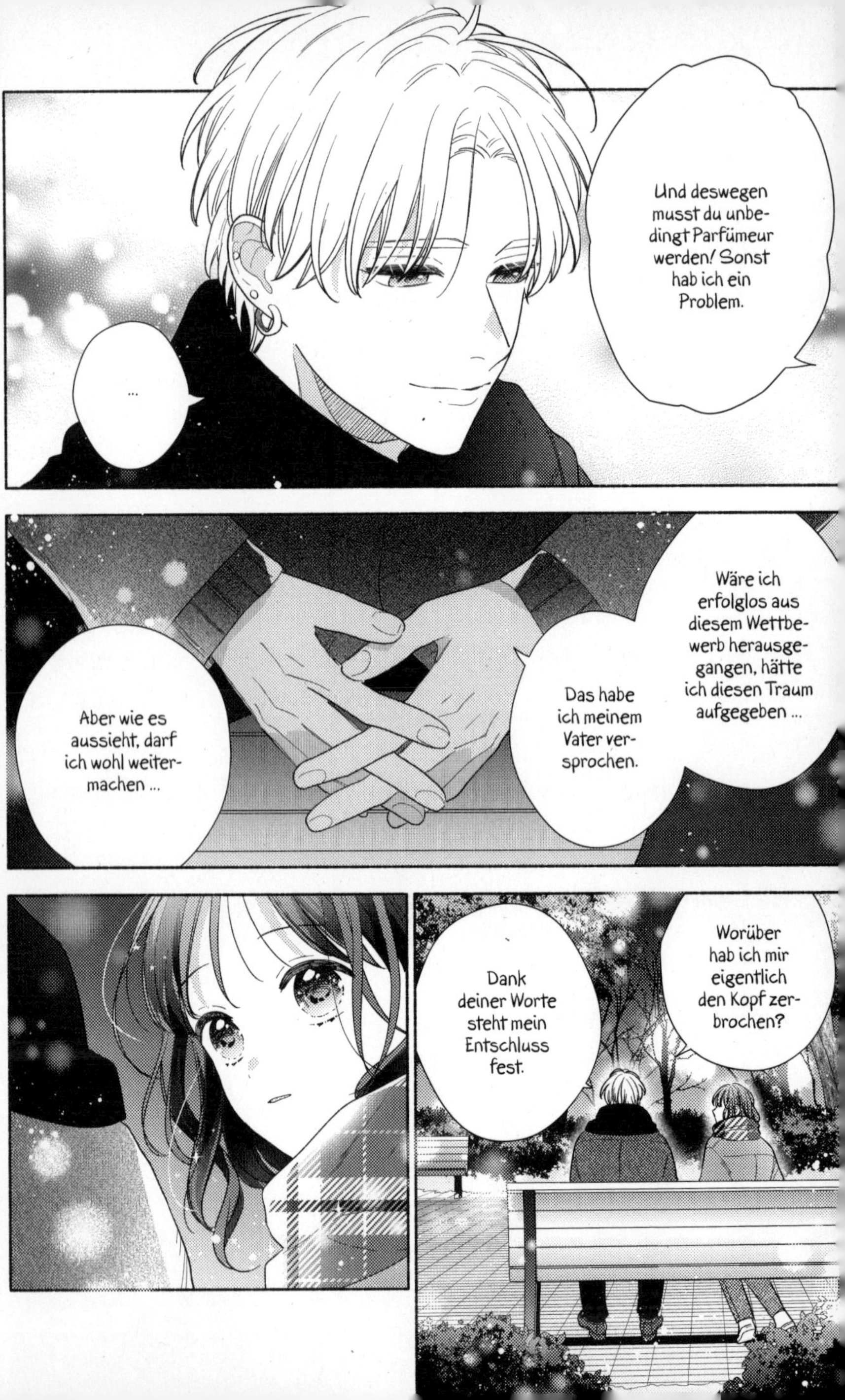

Und deswegen musst du unbedingt Parfümeur werden! Sonst hab ich ein Problem.

…

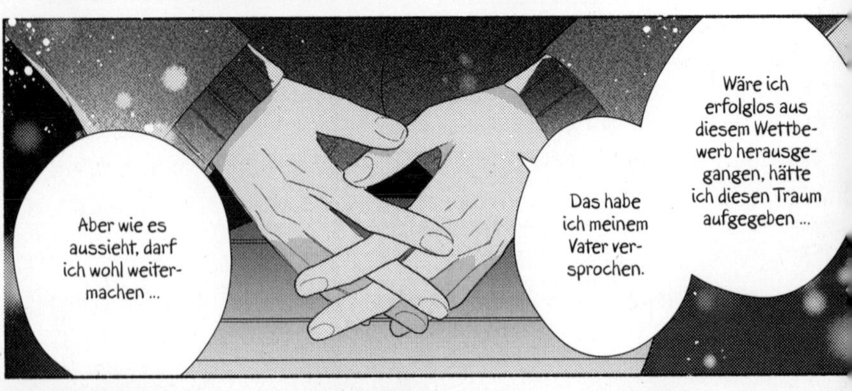

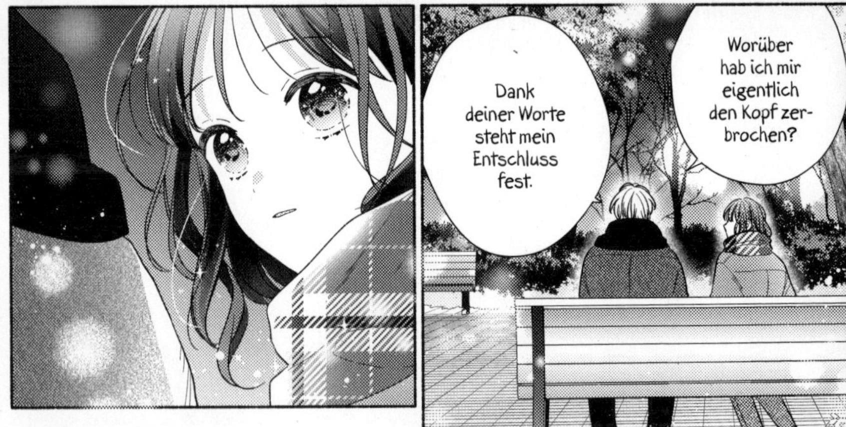

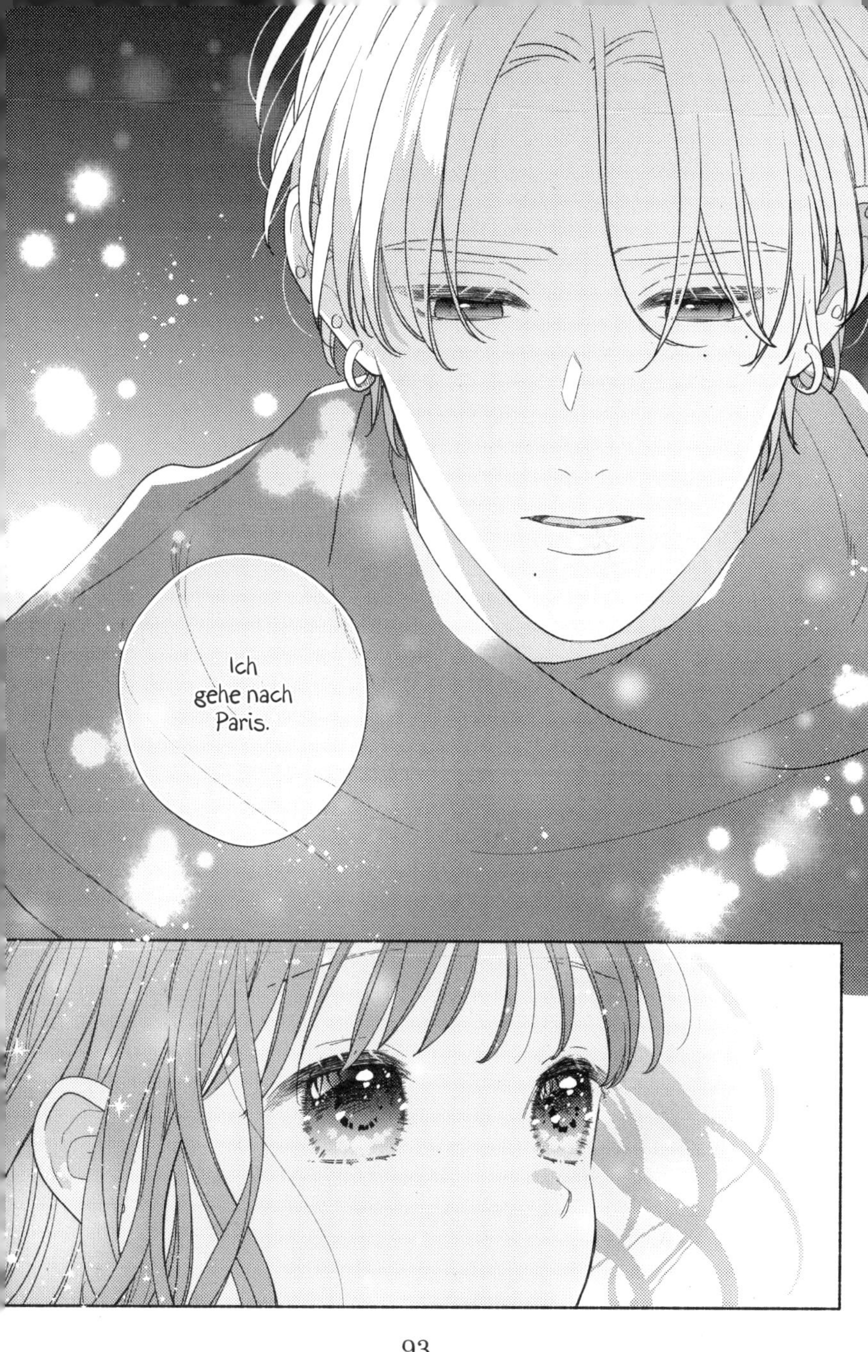
Ich gehe nach Paris.

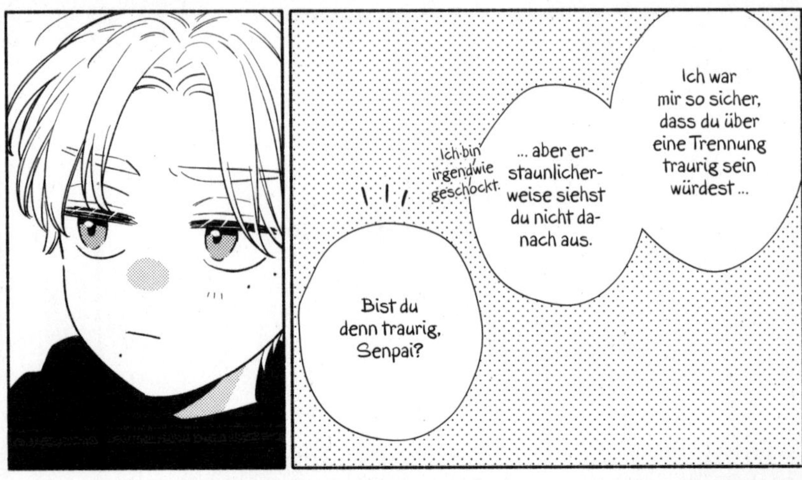
Ich war mir so sicher, dass du über eine Trennung traurig sein würdest ...
... aber erstaunlicherweise siehst du nicht danach aus.
Ich bin irgendwie geschockt.
Bist du denn traurig, Senpai?

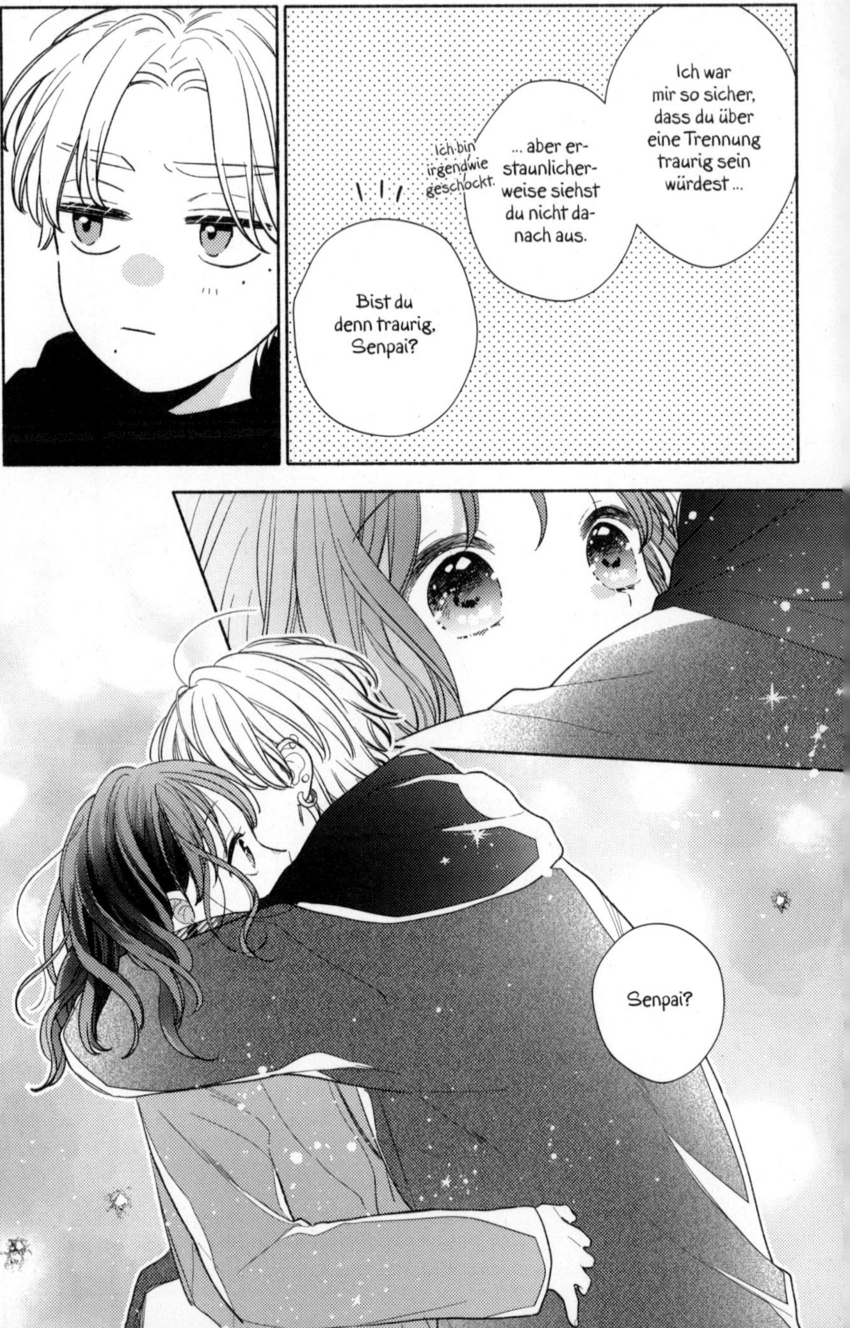

Senpai?

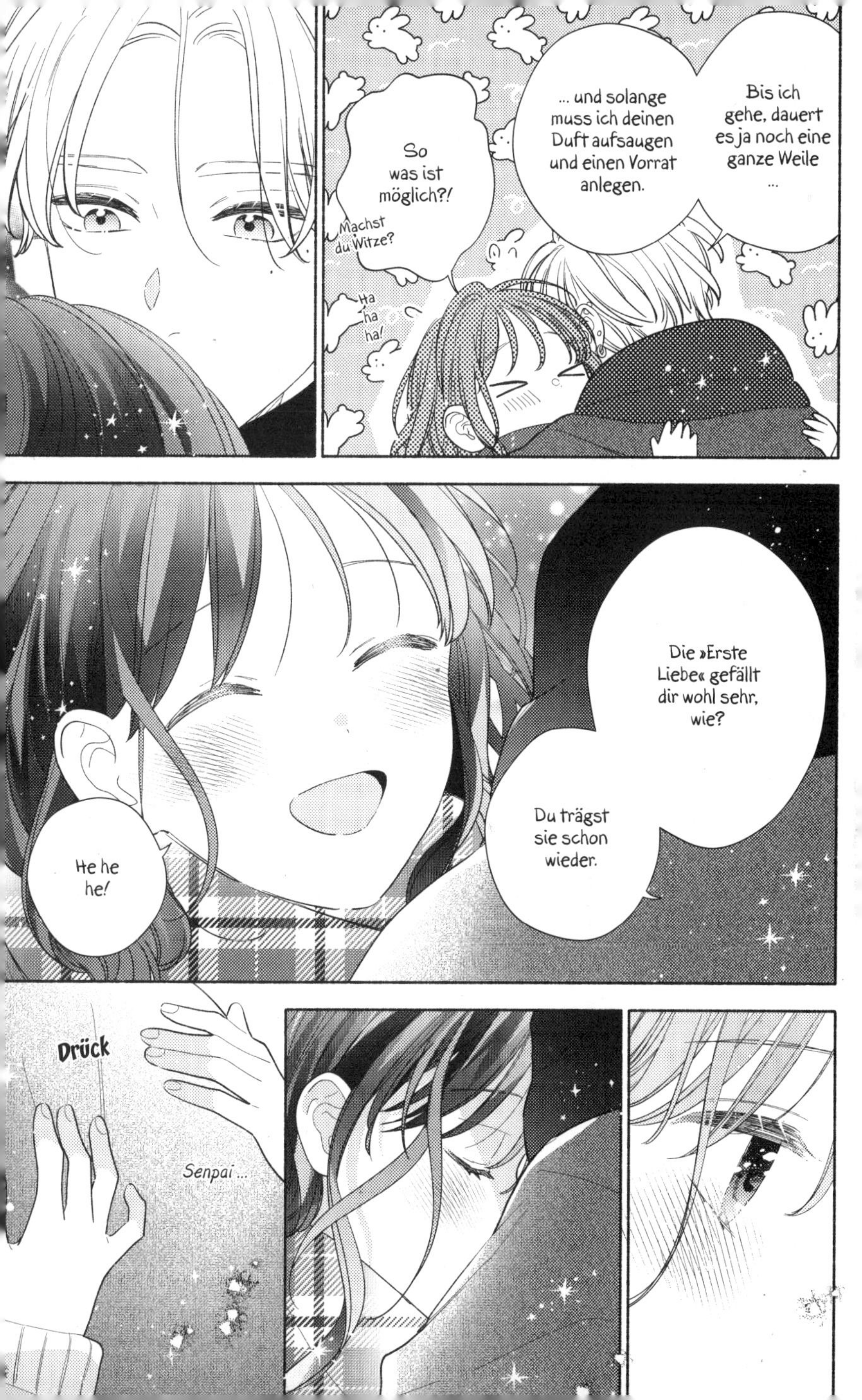

Bis ich gehe, dauert es ja noch eine ganze Weile ...

... und solange muss ich deinen Duft aufsaugen und einen Vorrat anlegen.

So was ist möglich?!

Machst du Witze?

Ha ha ha!

Die »Erste Liebe« gefällt dir wohl sehr, wie?

Du trägst sie schon wieder.

He he he!

Drück

Senpai ...

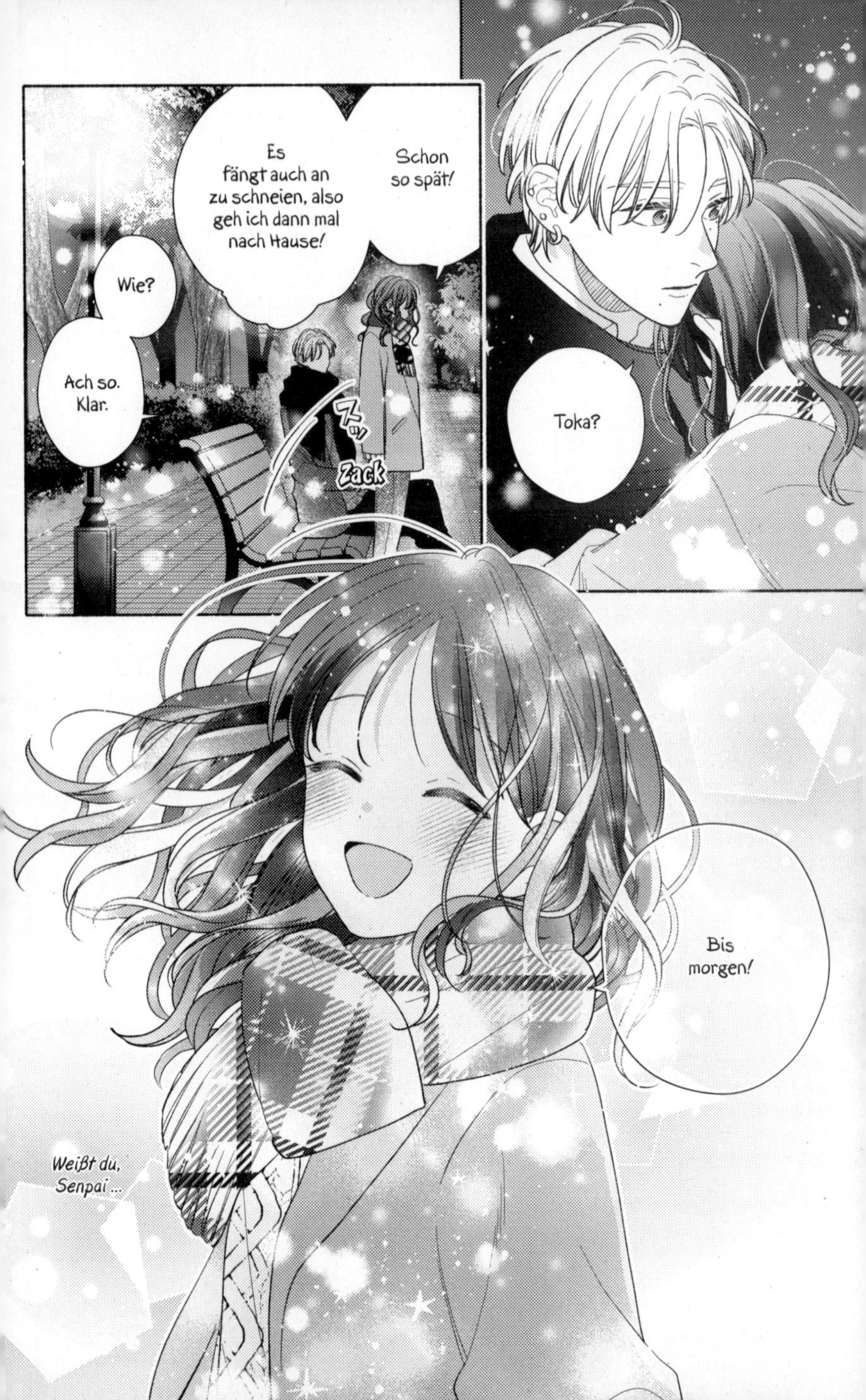
Toka?
Schon so spät!
Es fängt auch an zu schneien, also geh ich dann mal nach Hause!
Wie?
Ach so. Klar.
ズッ
Zack
Bis morgen!
Weißt du, Senpai ...

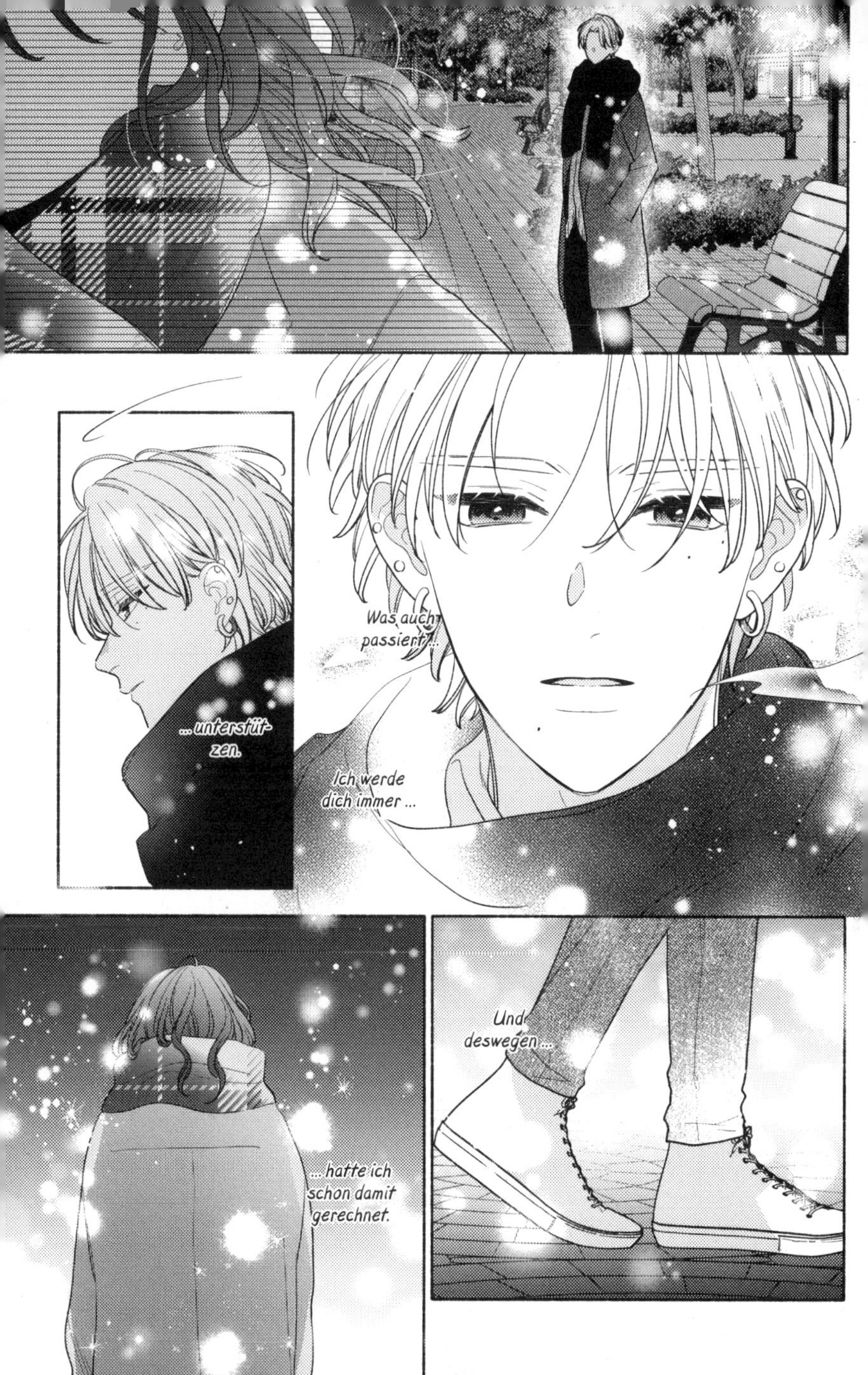
Was auch passiert ...
Ich werde dich immer ...
... unterstüt-zen.
Und deswegen ...
... hatte ich schon damit gerechnet.

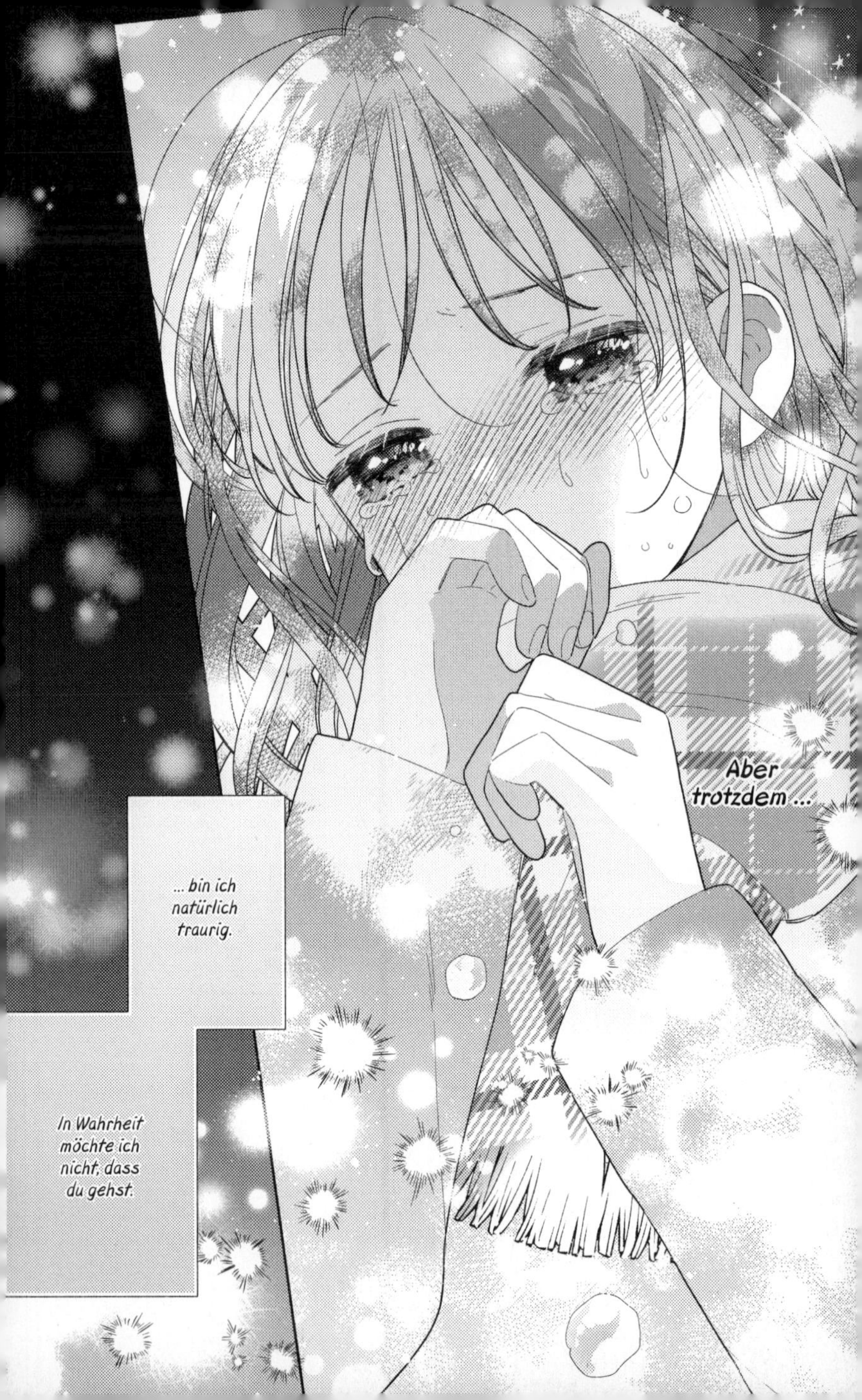
Aber trotzdem ...
... bin ich natürlich traurig.
In Wahrheit möchte ich nicht, dass du gehst.

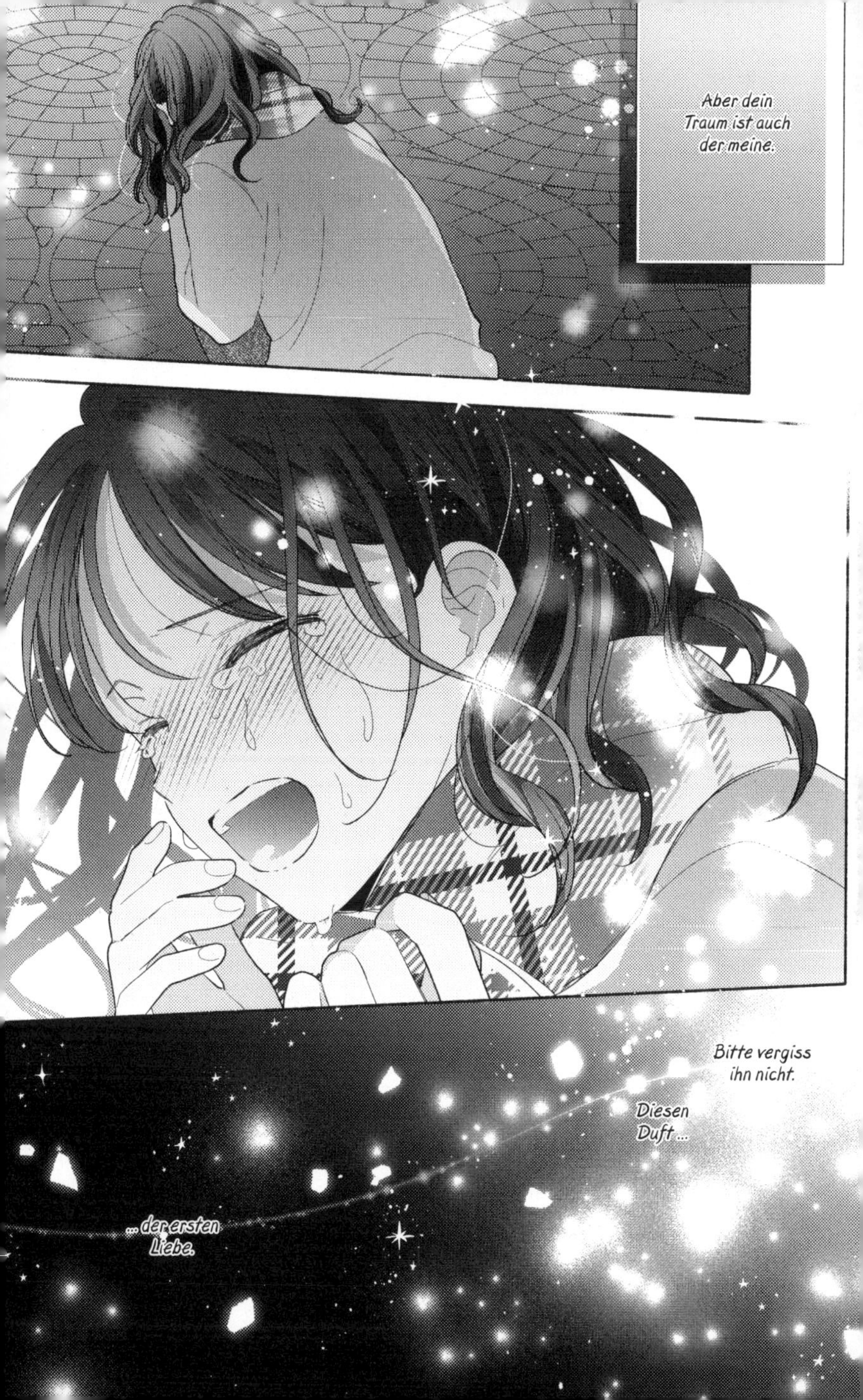
Aber dein Traum ist auch der meine.
Bitte vergiss ihn nicht.
Diesen Duft …
… der ersten Liebe.

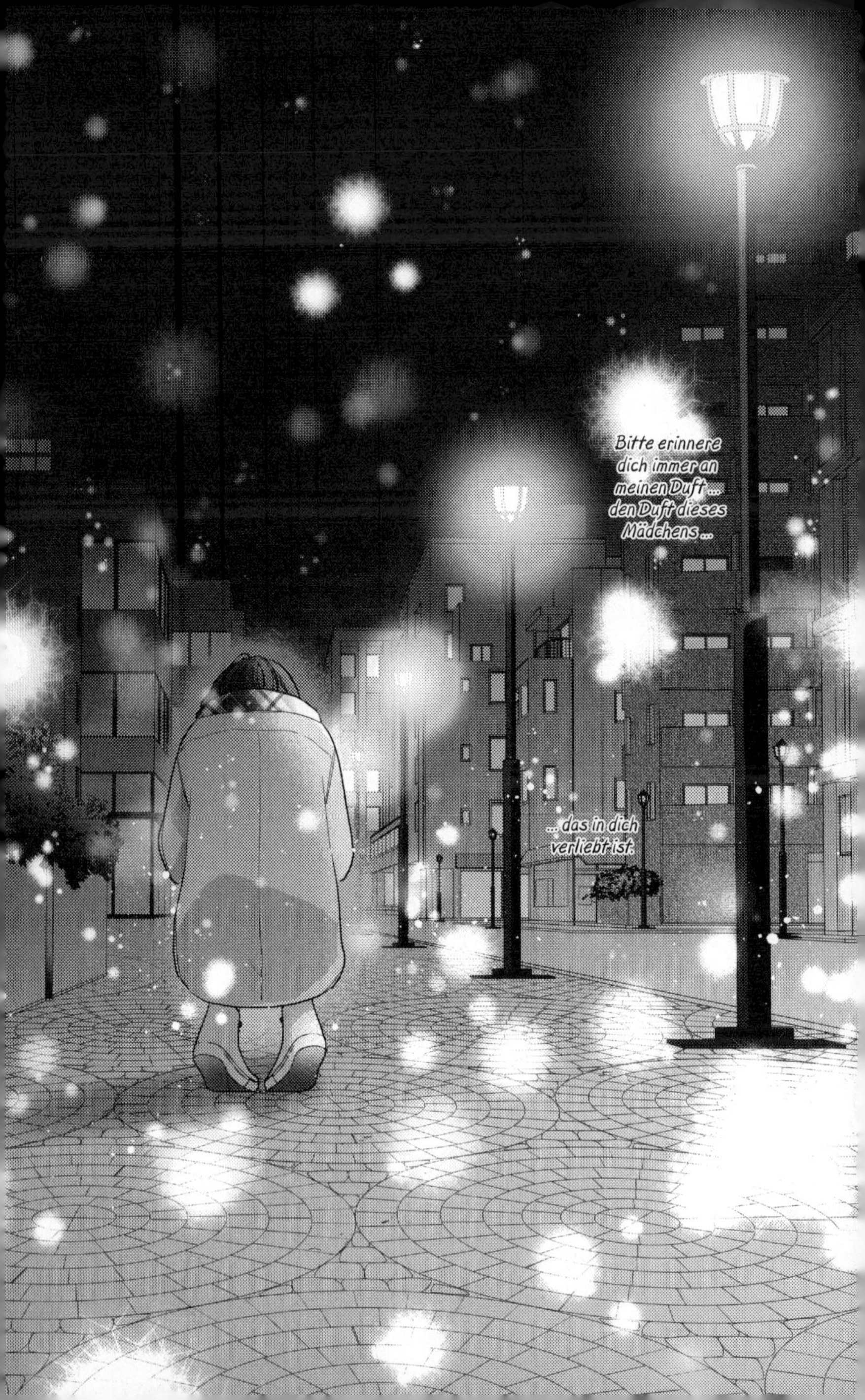
Bitte erinnere dich immer an meinen Duft ... den Duft dieses Mädchens ...
... das in dich verliebt ist.

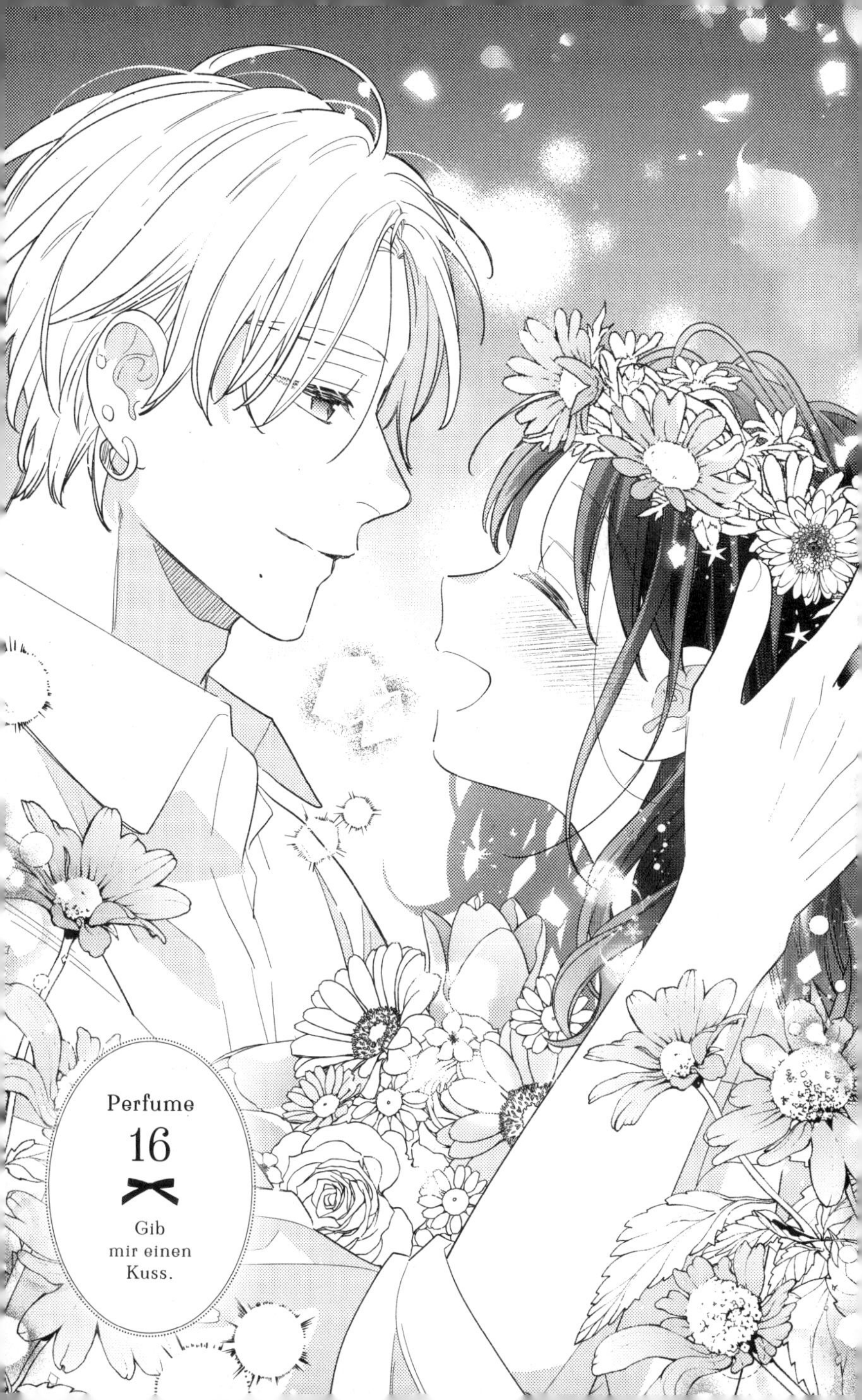
Perfume
16
Gib mir einen Kuss.

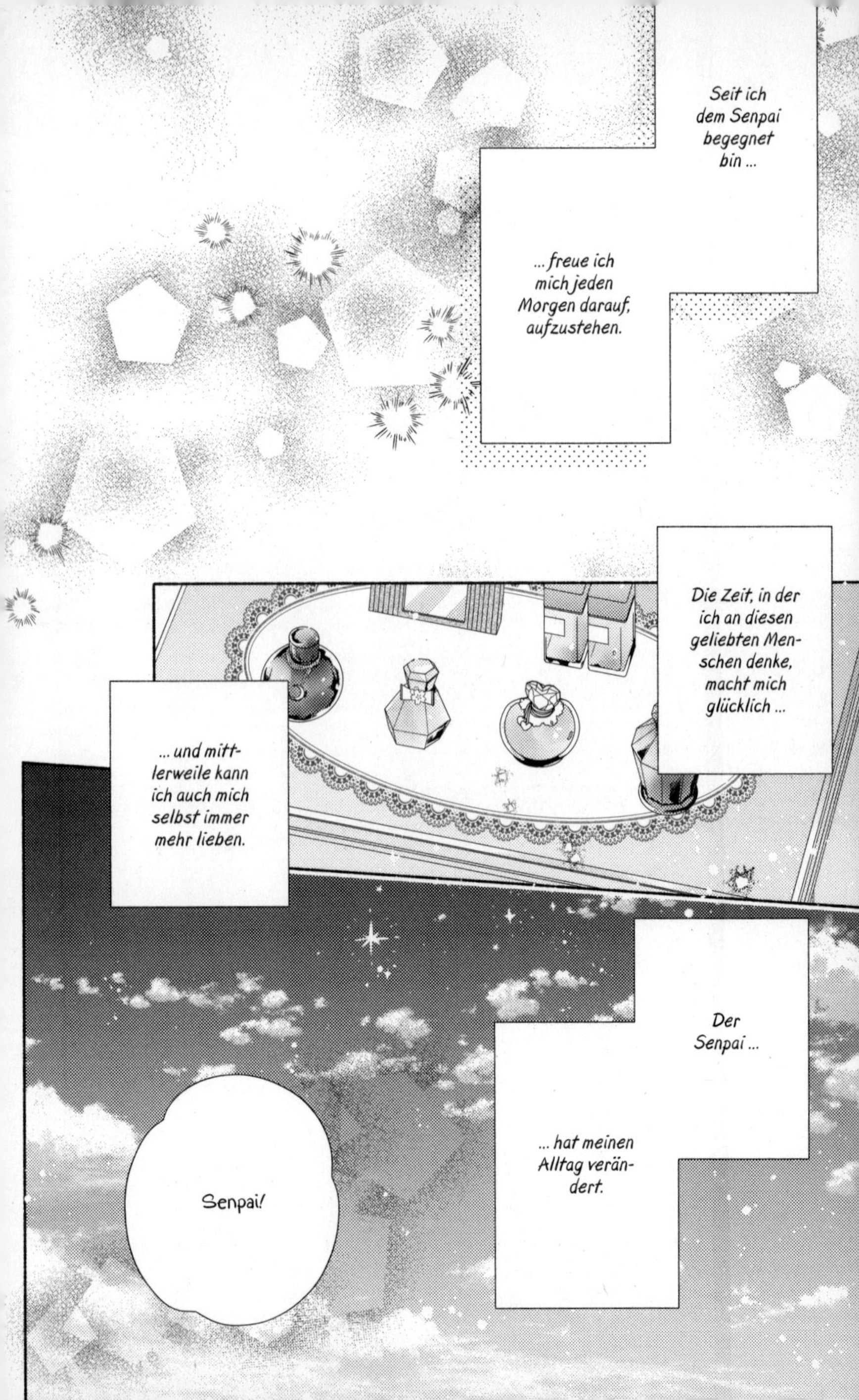
Seit ich dem Senpai begegnet bin ...
... freue ich mich jeden Morgen darauf, aufzustehen.
Die Zeit, in der ich an diesen geliebten Menschen denke, macht mich glücklich ...
... und mittlerweile kann ich auch mich selbst immer mehr lieben.
Der Senpai ...
... hat meinen Alltag verändert.
Senpai!

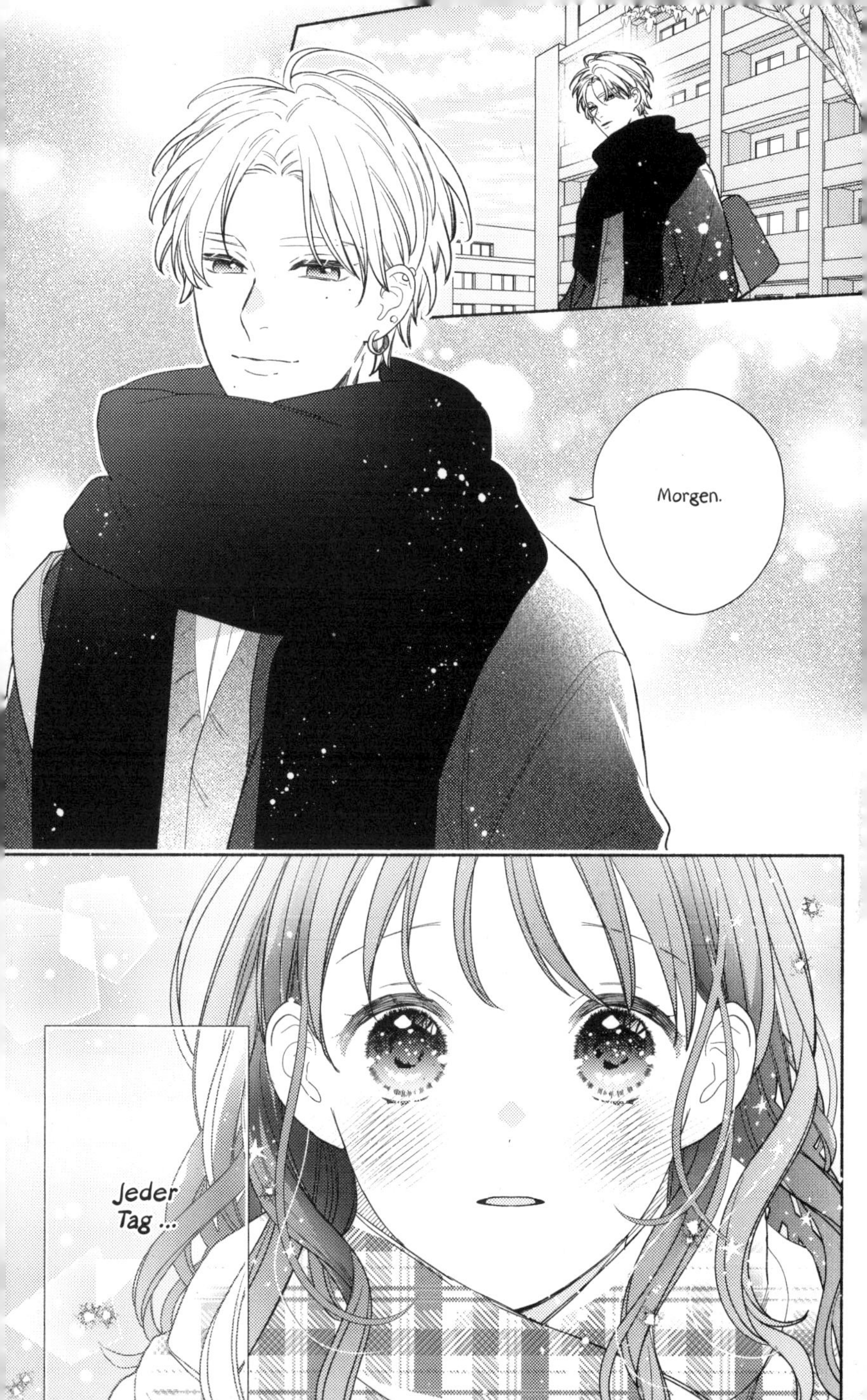
Morgen.
Jeder Tag ...

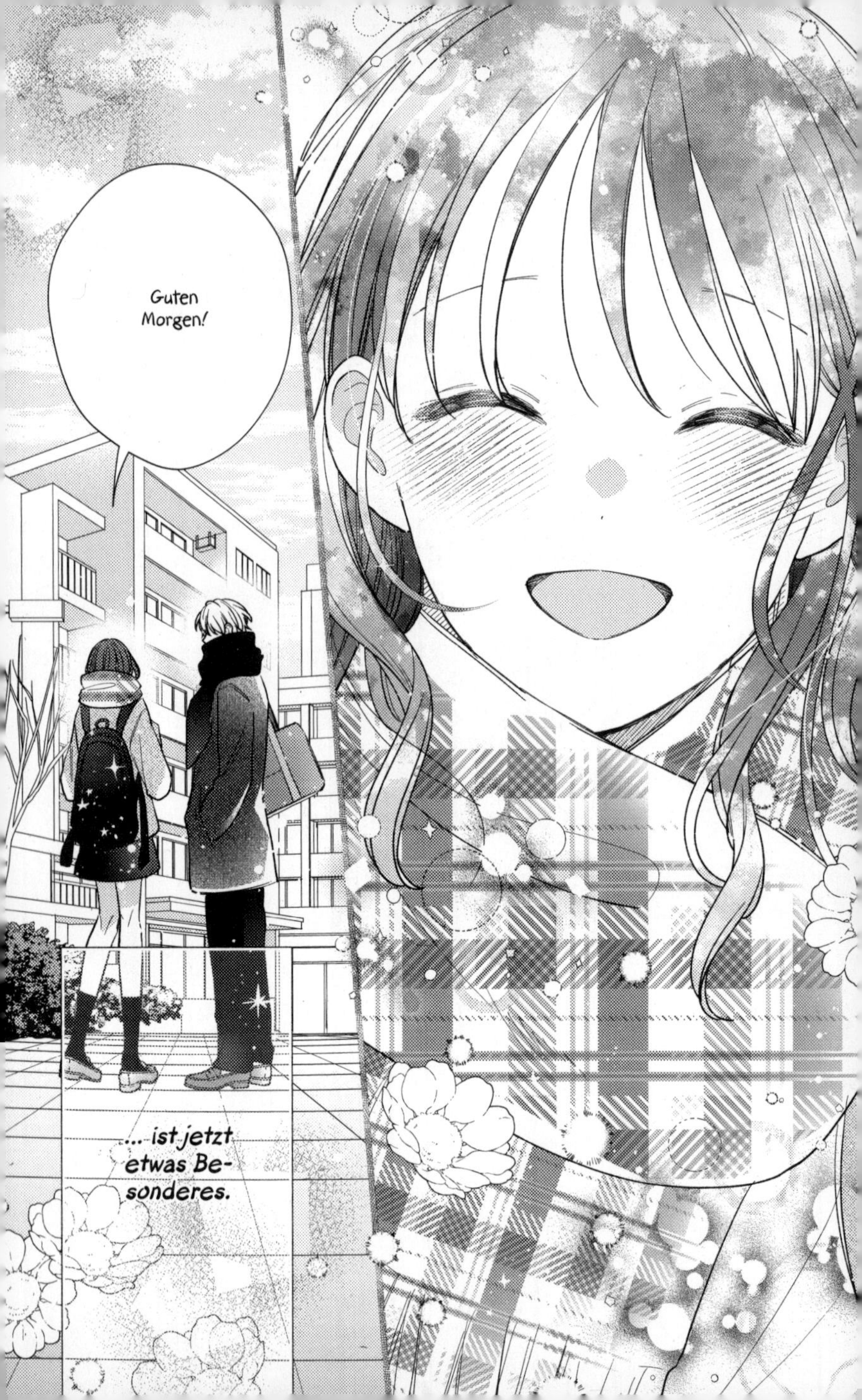
Guten Morgen!
... ist jetzt etwas Be-sonderes.

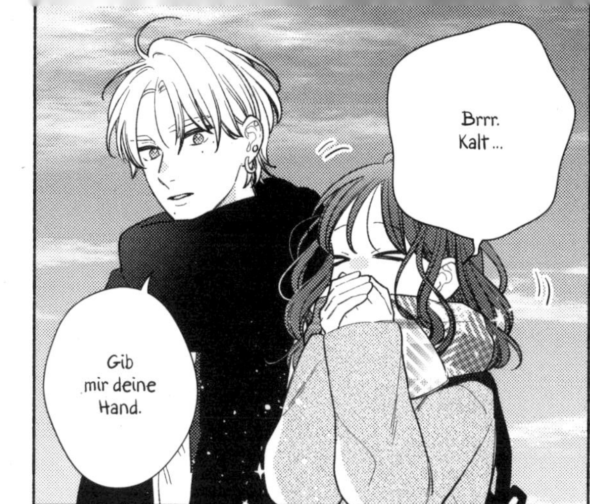
Brrr.
Kalt ...
Gib mir deine Hand.
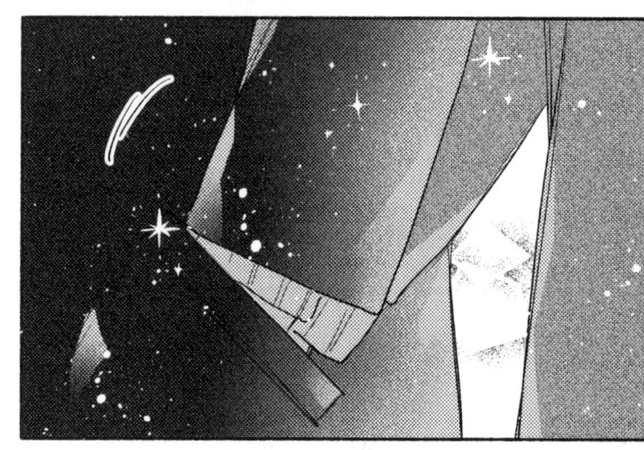
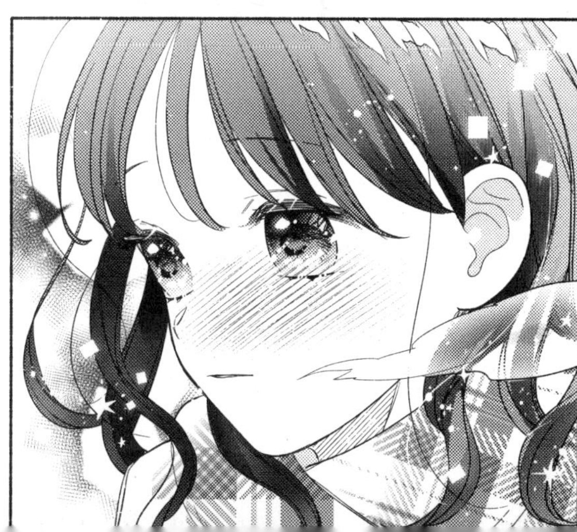
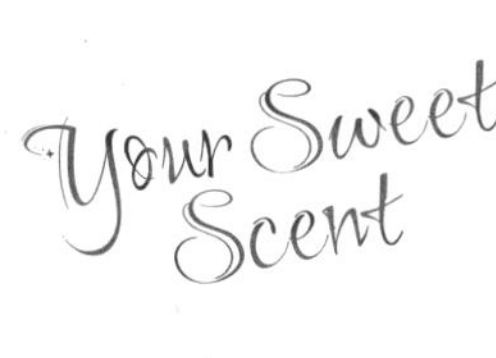
Your Sweet Scent

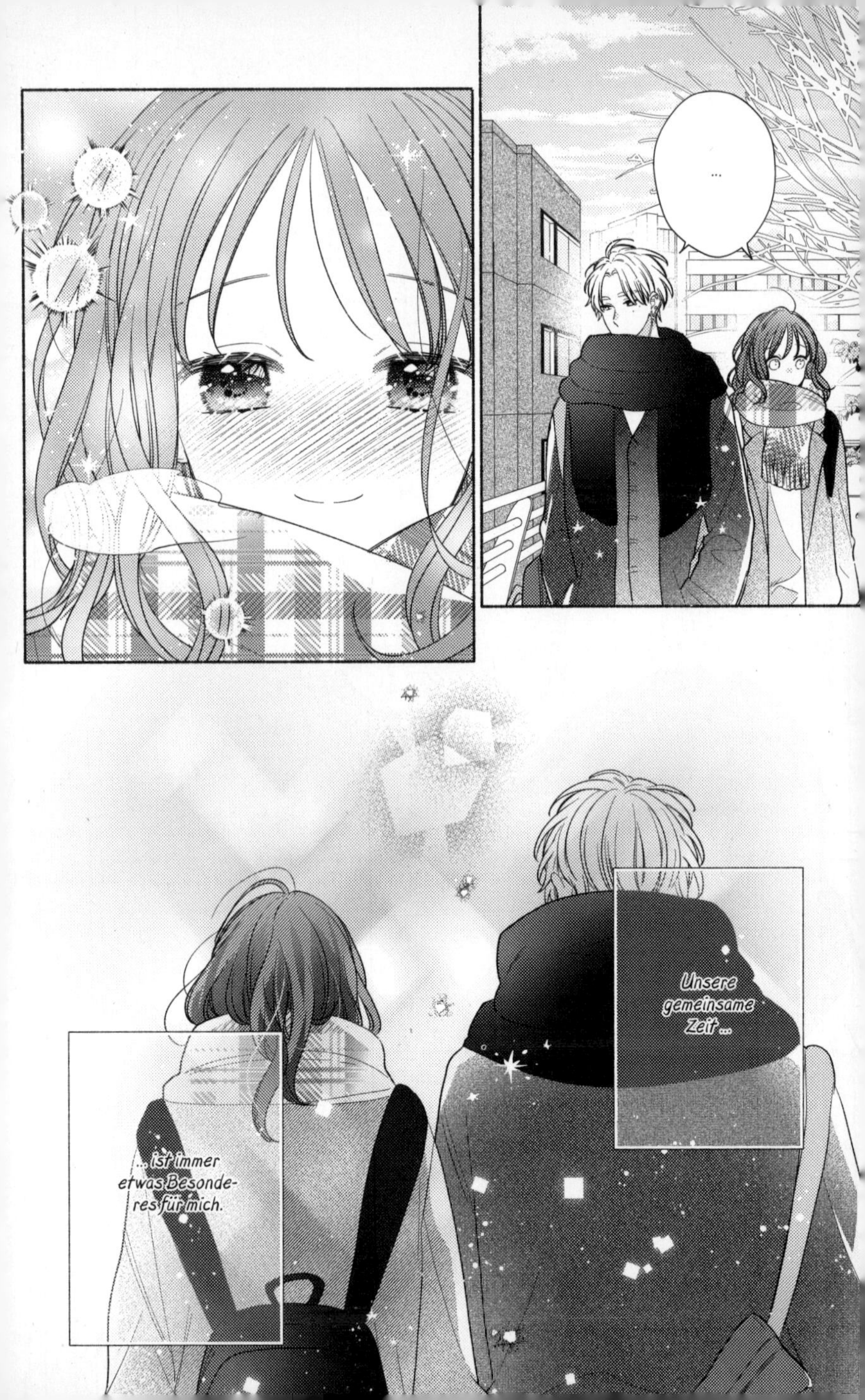

...

Unsere gemeinsame Zeit ...

... ist immer etwas Besonde-res für mich.

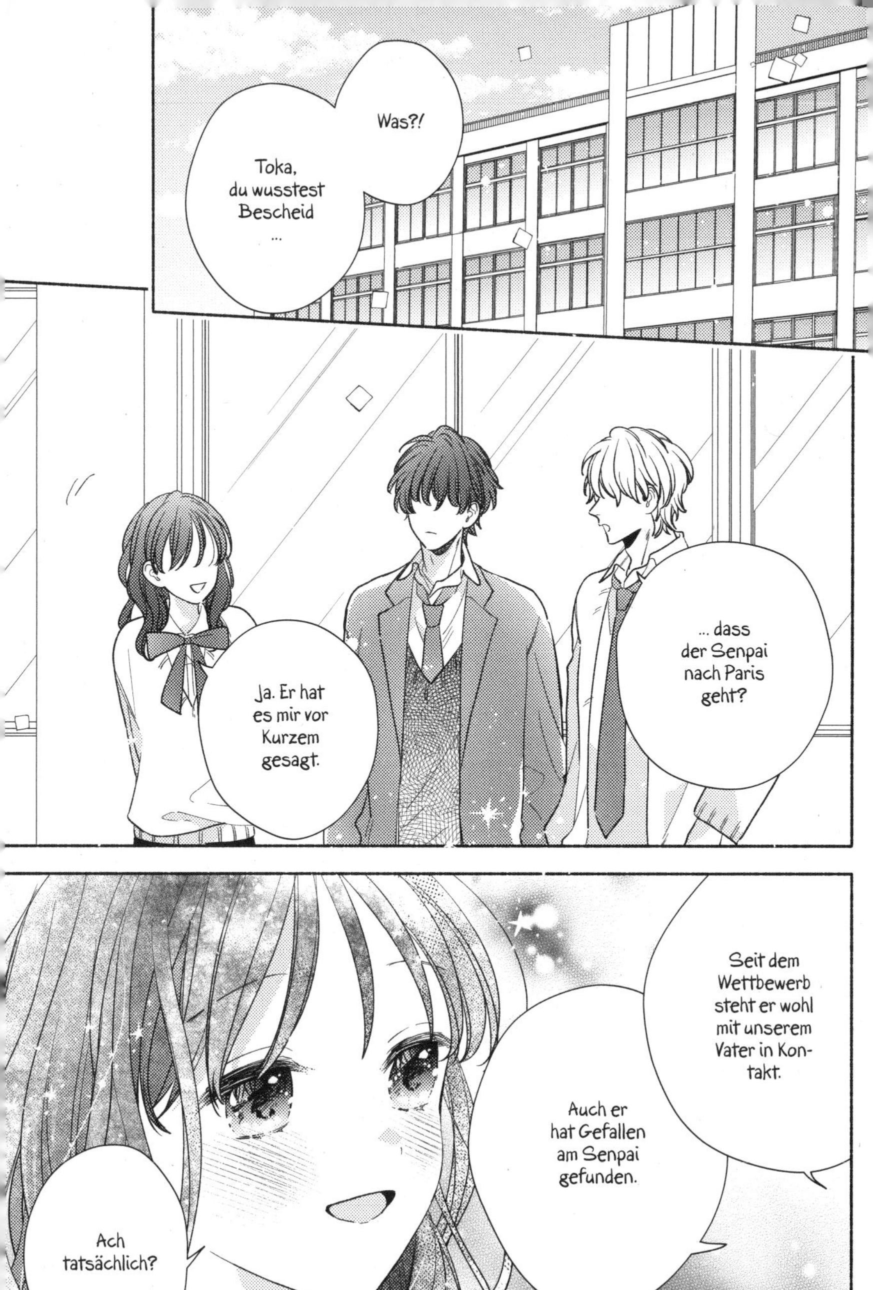
Was?!
Toka, du wusstest Bescheid ...
... dass der Senpai nach Paris geht?
Ja. Er hat es mir vor Kurzem gesagt.
Seit dem Wettbewerb steht er wohl mit unserem Vater in Kon- takt.
Auch er hat Gefallen am Senpai gefunden.
Ach tatsächlich?

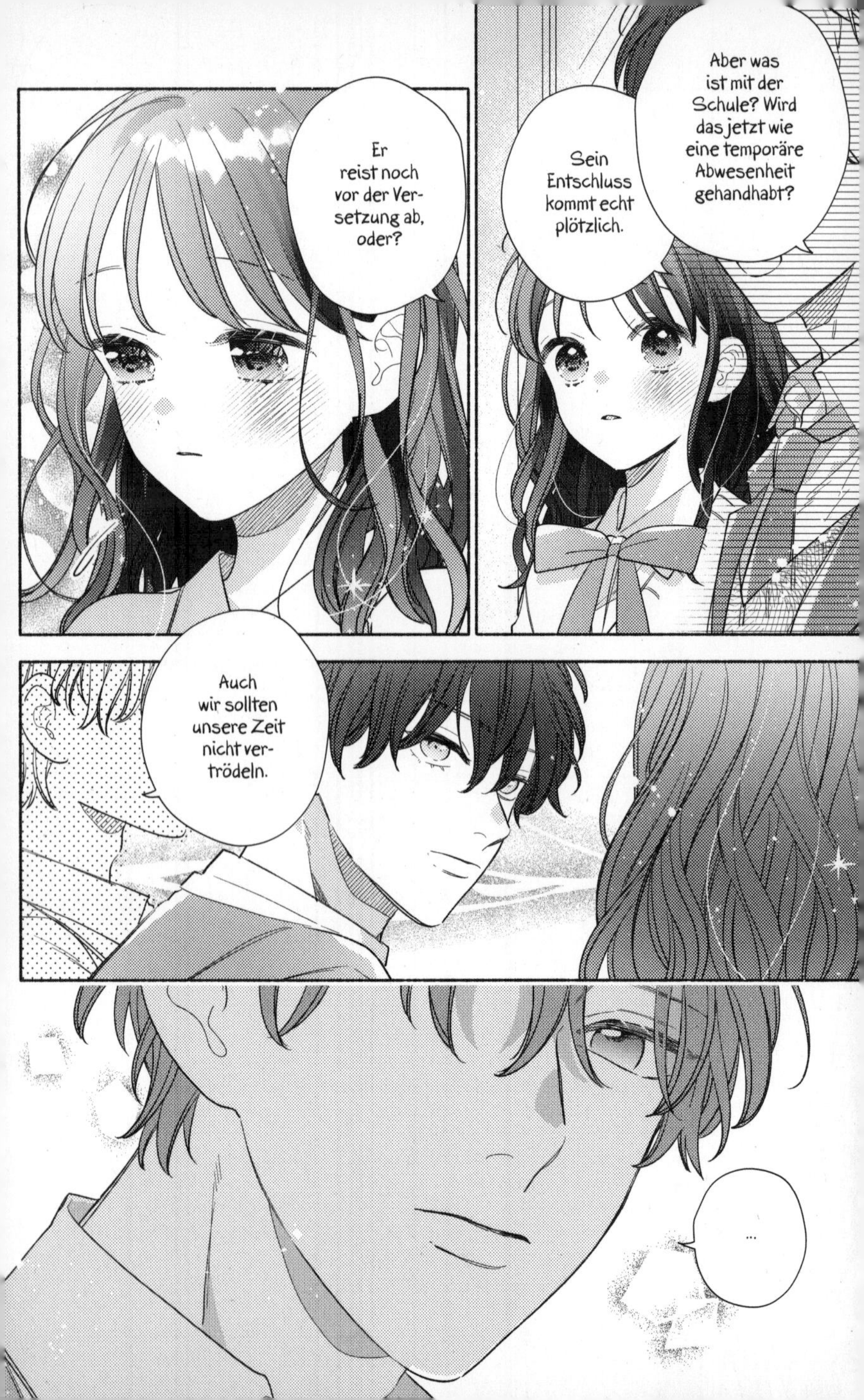
Aber was ist mit der Schule? Wird das jetzt wie eine temporäre Abwesenheit gehandhabt?
Sein Entschluss kommt echt plötzlich.
Er reist noch vor der Versetzung ab, oder?
Auch wir sollten unsere Zeit nicht vertrödeln.
…

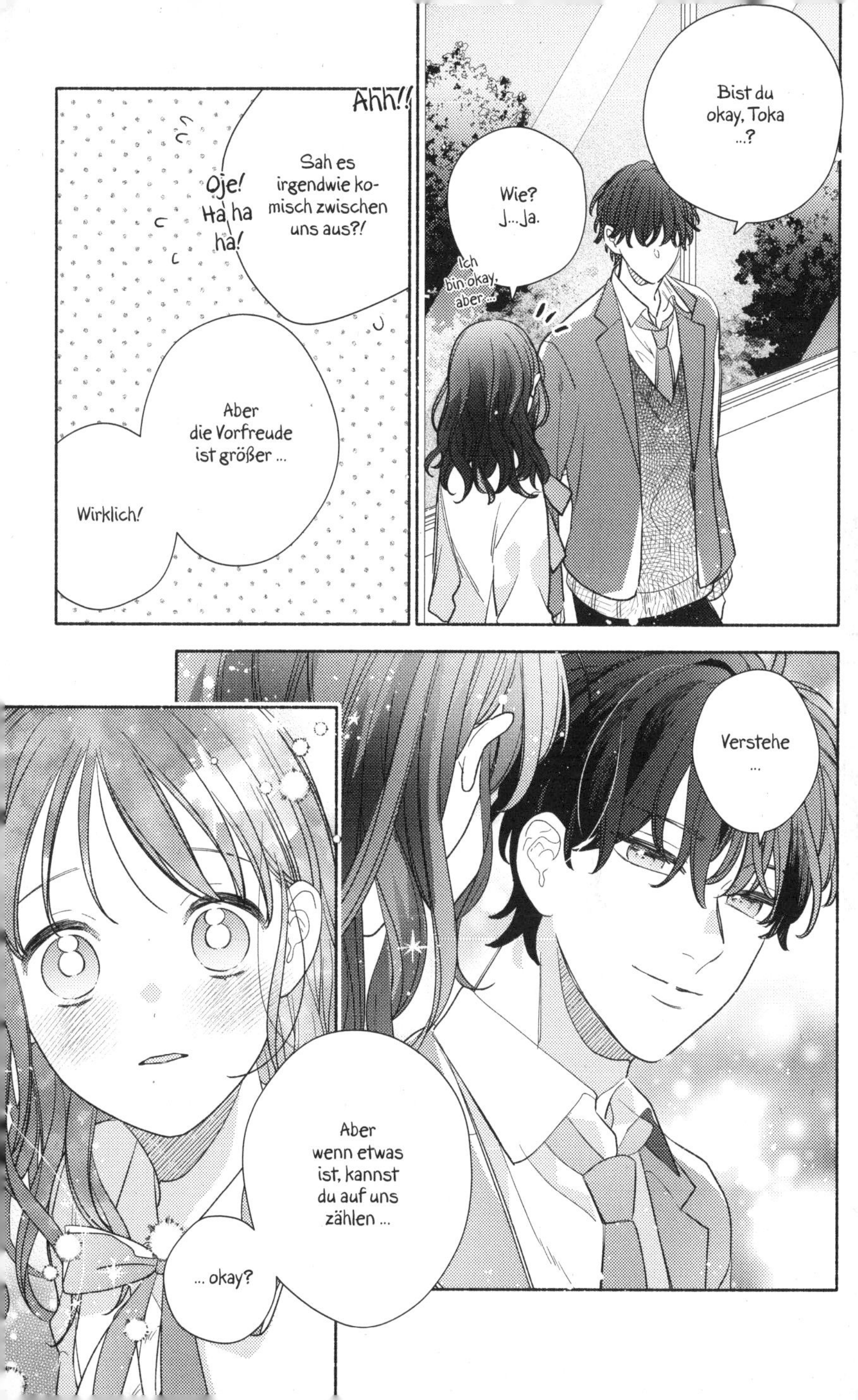

Bist du okay, Toka ...?

Wie? J...Ja.

Ich bin okay, aber ...

Ahh!!

Sah es irgendwie komisch zwischen uns aus?!

Oje! Ha ha ha!

Aber die Vorfreude ist größer ...

Wirklich!

Verstehe ...

Aber wenn etwas ist, kannst du auf uns zählen ...

... okay?

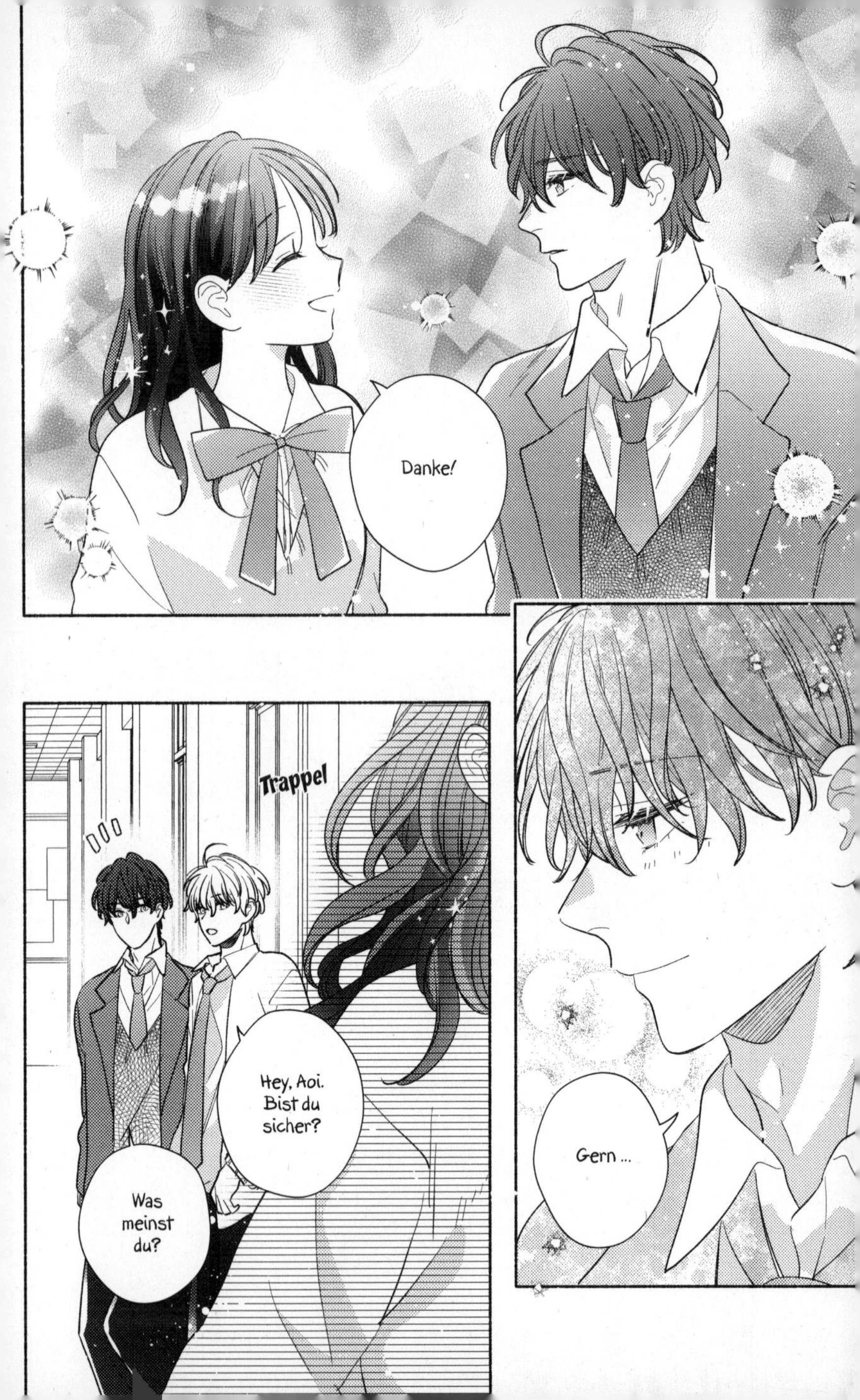
Danke!
Gern …
Trappel
Hey, Aoi. Bist du sicher?
Was meinst du?

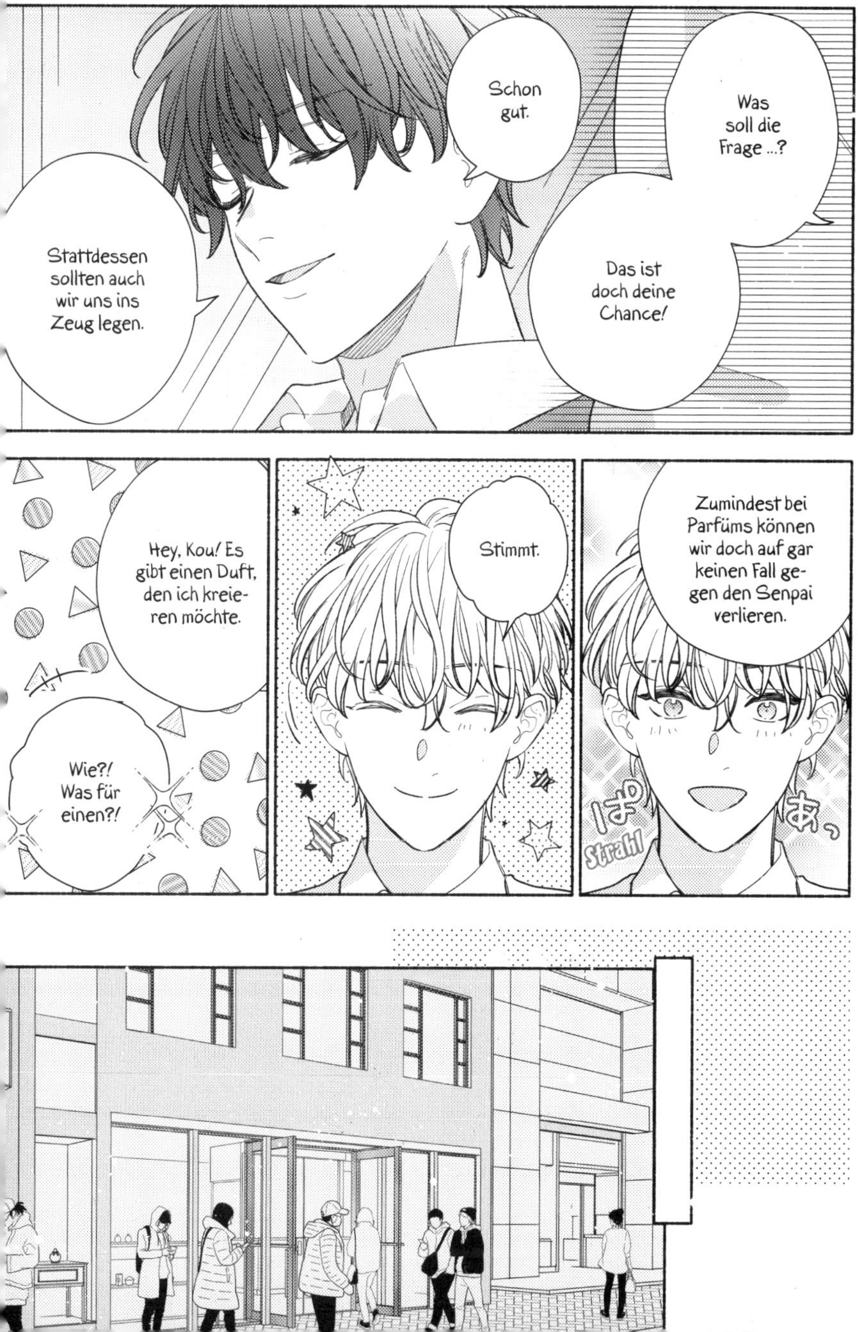

Was soll die Frage ...?

Das ist doch deine Chance!

Schon gut.

Stattdessen sollten auch wir uns ins Zeug legen.

Zumindest bei Parfüms können wir doch auf gar keinen Fall gegen den Senpai verlieren.

ぱあっ

Strahl

Stimmt.

Hey, Kou! Es gibt einen Duft, den ich kreieren möchte.

Wie?! Was für einen?!

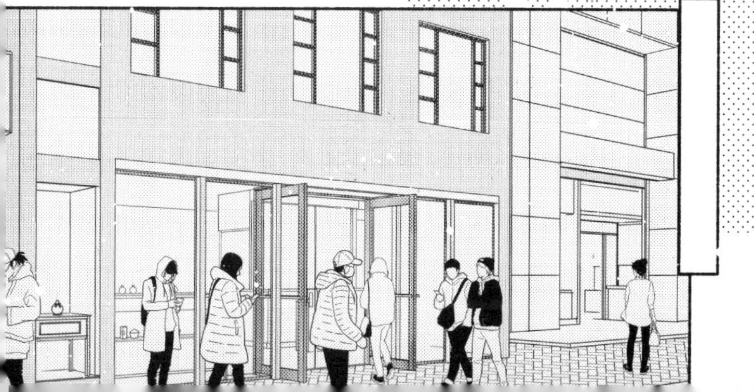

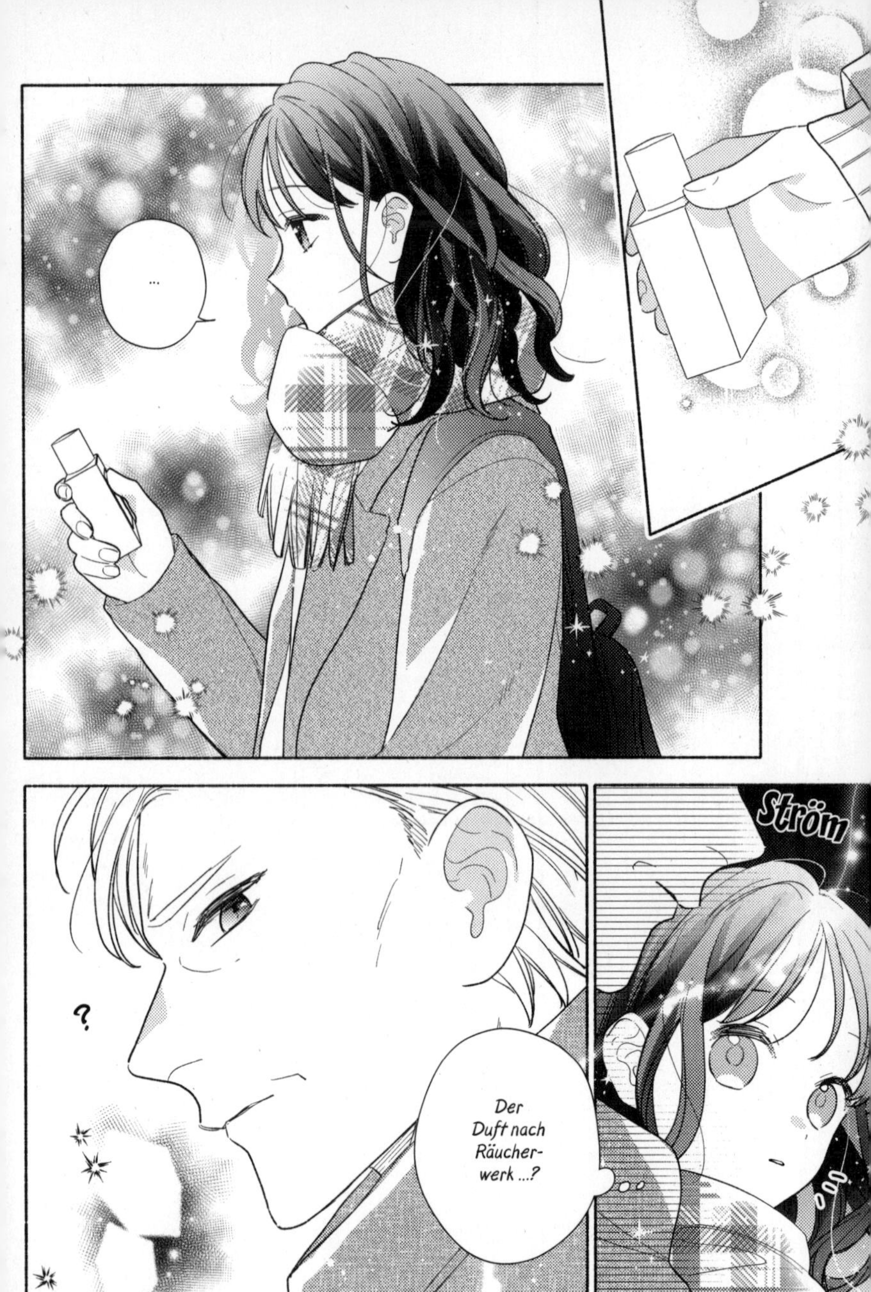
...
Ström
Der Duft nach Räucher-werk ...?
?

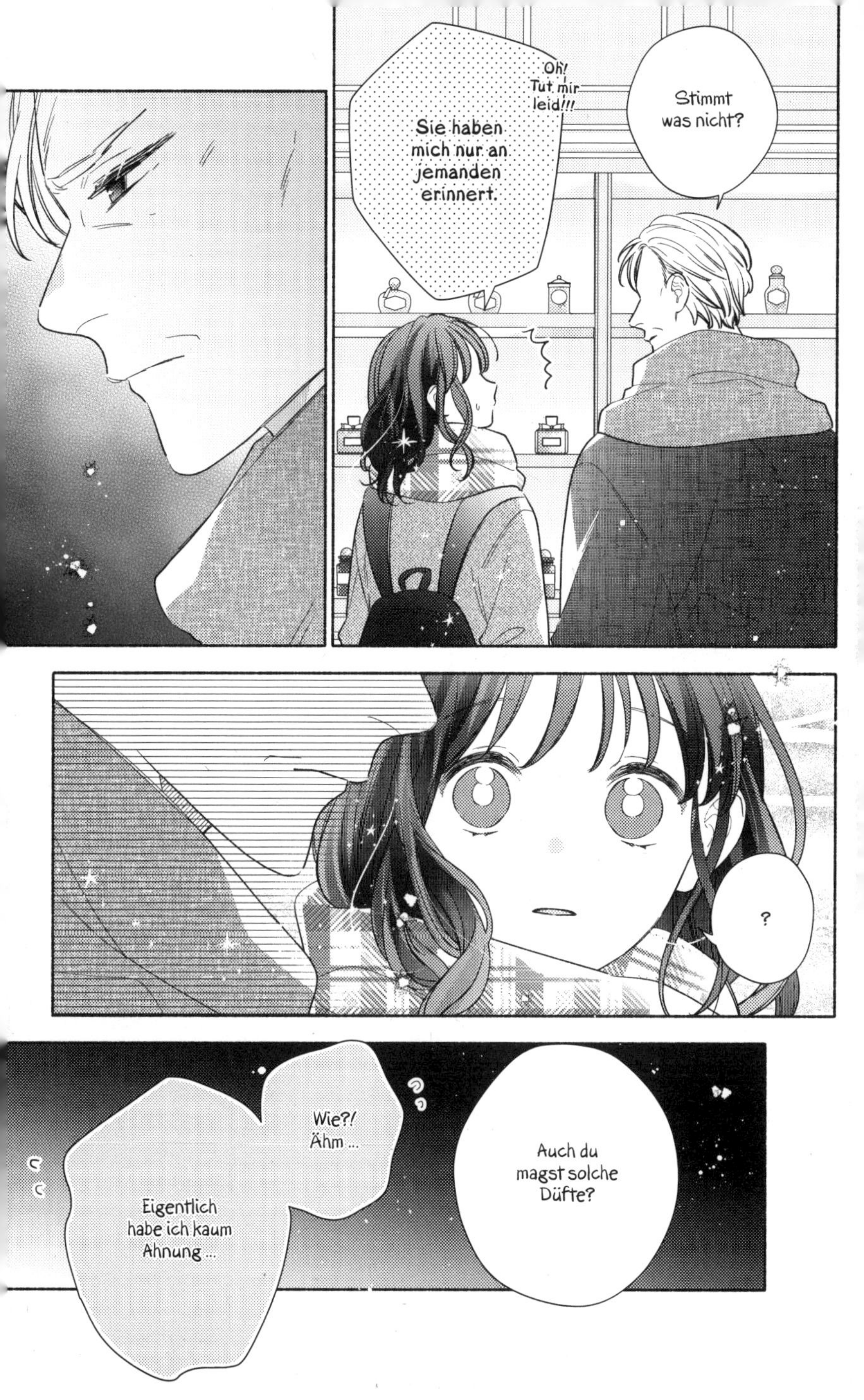

Stimmt was nicht?
Oh! Tut mir leid!!!
Sie haben mich nur an jemanden erinnert.

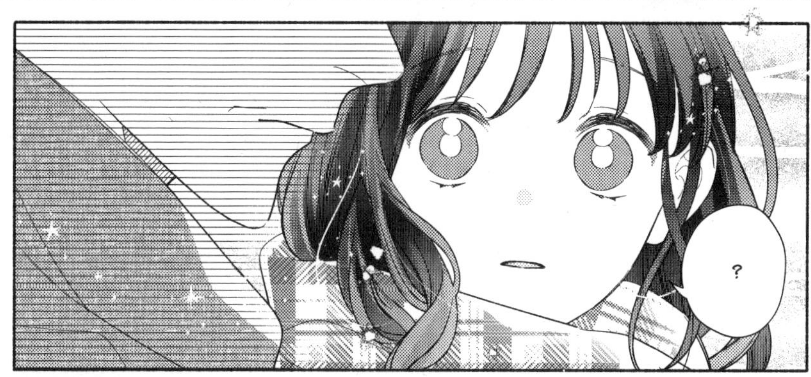

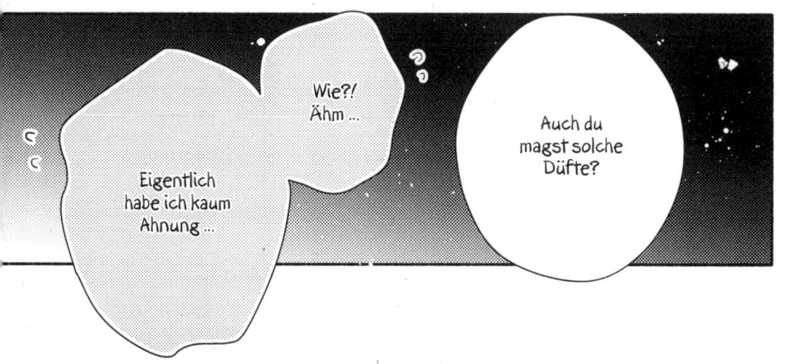

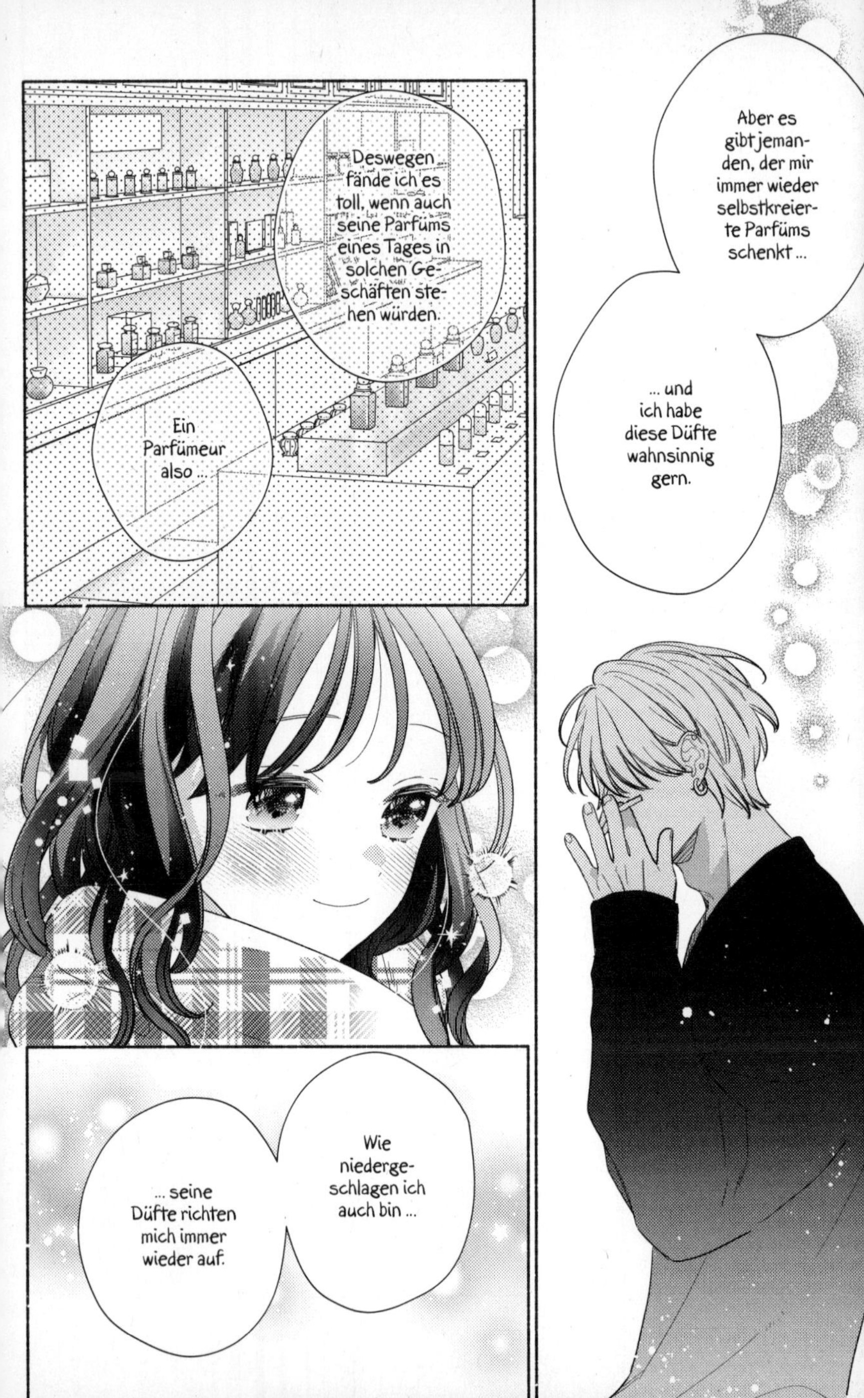
Aber es gibt jemanden, der mir immer wieder selbstkreierte Parfüms schenkt ...
... und ich habe diese Düfte wahnsinnig gern.
Deswegen fände ich es toll, wenn auch seine Parfüms eines Tages in solchen Geschäften stehen würden.
Ein Parfümeur also ...
Wie niedergeschlagen ich auch bin ...
... seine Düfte richten mich immer wieder auf.

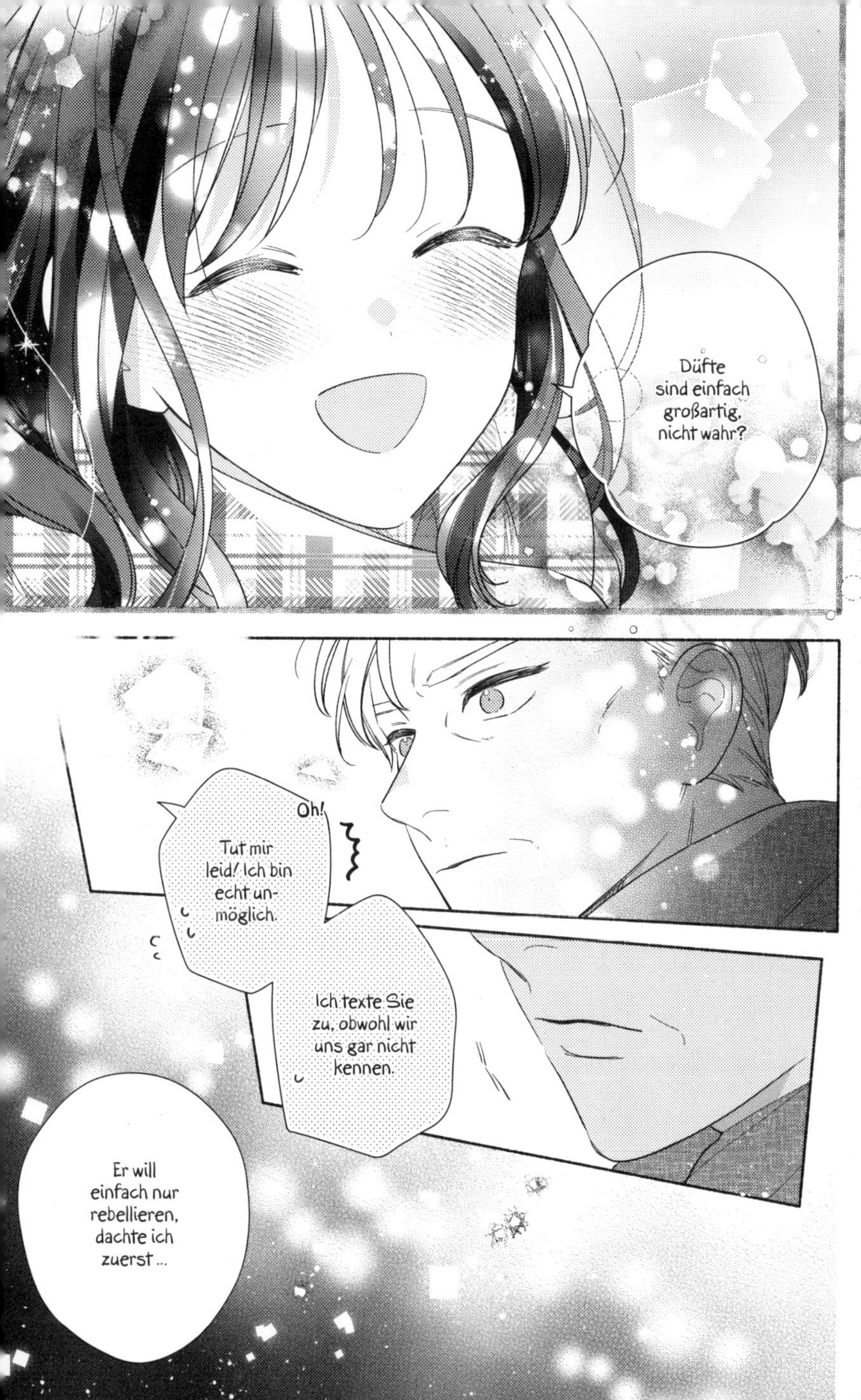

Düfte sind einfach großartig, nicht wahr?
Oh!
Tut mir leid! Ich bin echt un-möglich.
Ich texte Sie zu, obwohl wir uns gar nicht kennen.
Er will einfach nur rebellieren, dachte ich zuerst ...

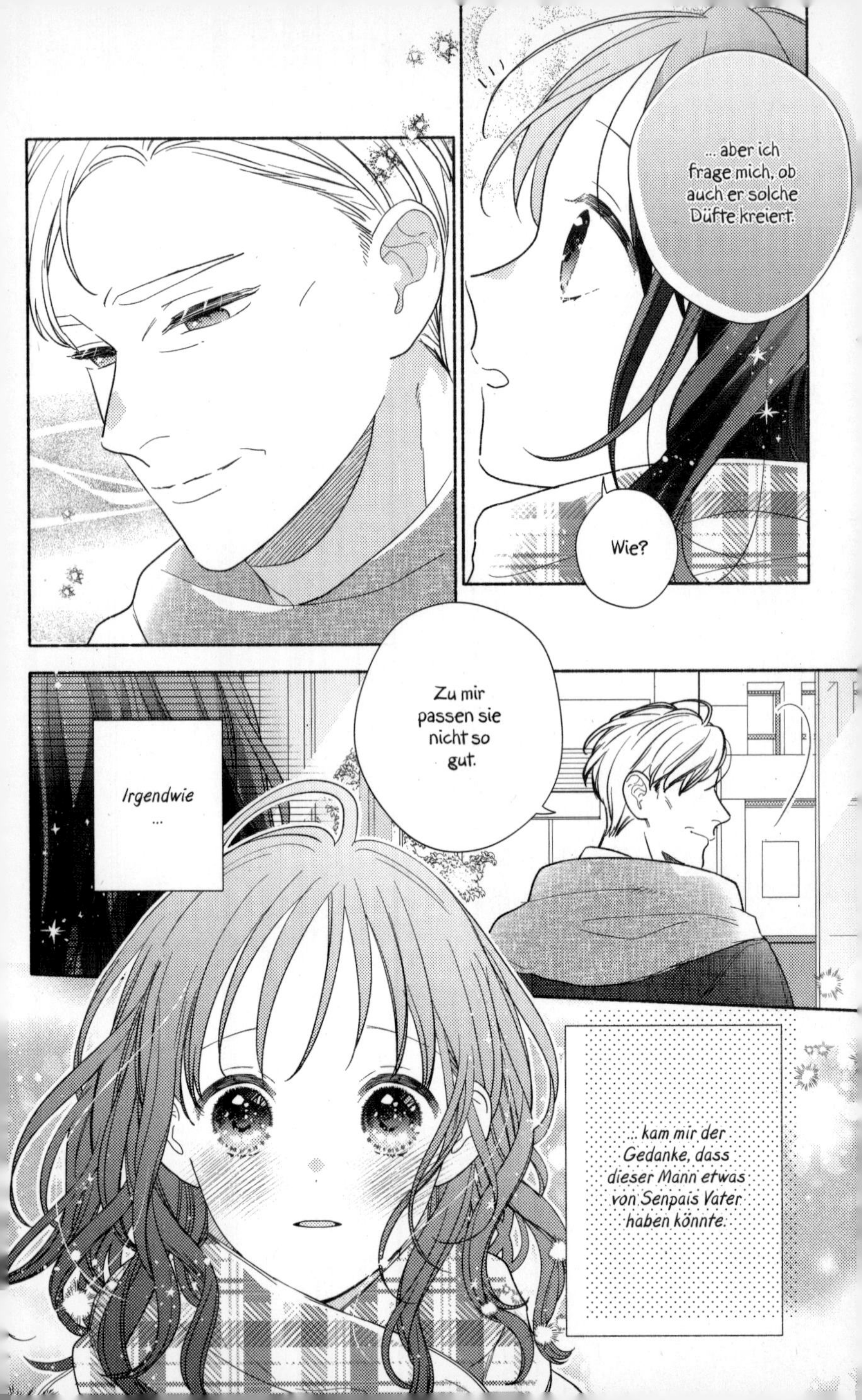
... aber ich frage mich, ob auch er solche Düfte kreiert.
Wie?
Zu mir passen sie nicht so gut.
Irgendwie ...
... kam mir der Gedanke, dass dieser Mann etwas von Senpais Vater haben könnte.

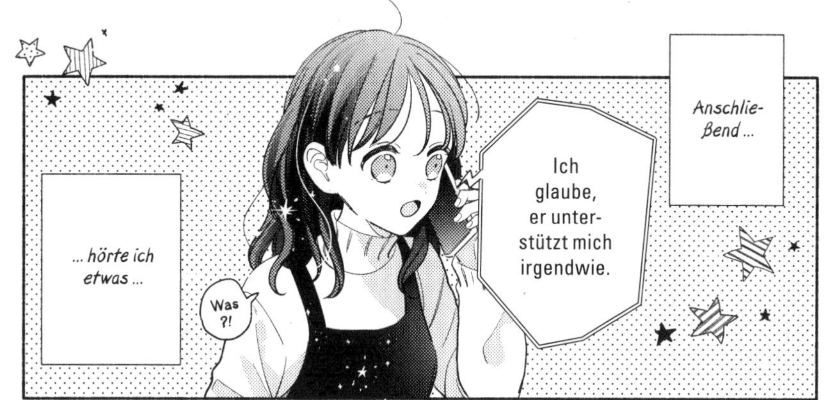
Anschlie-
ßend ...
Ich glaube, er unter-stützt mich irgendwie.
Was ?!
... hörte ich etwas ...

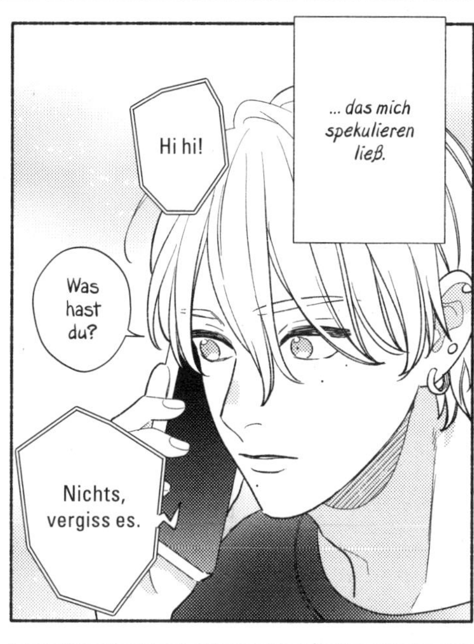
... das mich spekulieren ließ.
Hi hi!
Was hast du?
Nichts, vergiss es.

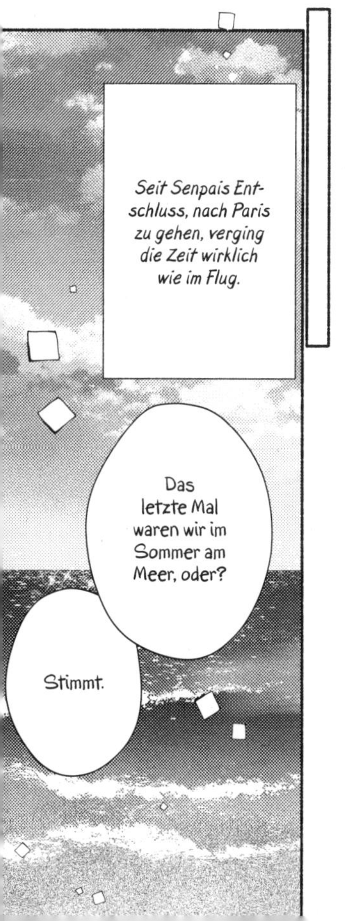
Seit Senpais Ent-schluss, nach Paris zu gehen, verging die Zeit wirklich wie im Flug.
Das letzte Mal waren wir im Sommer am Meer, oder?
Stimmt.

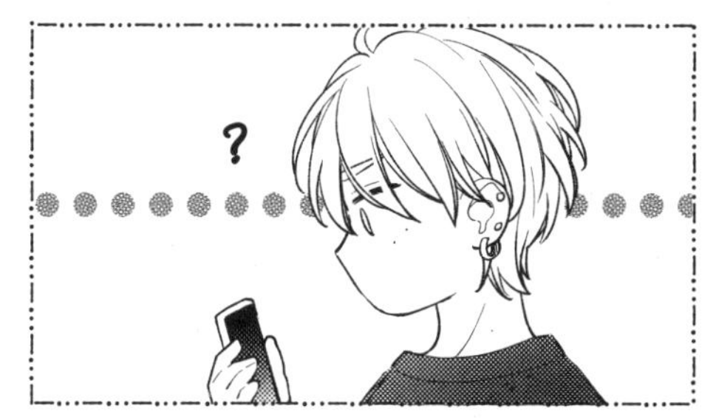
?

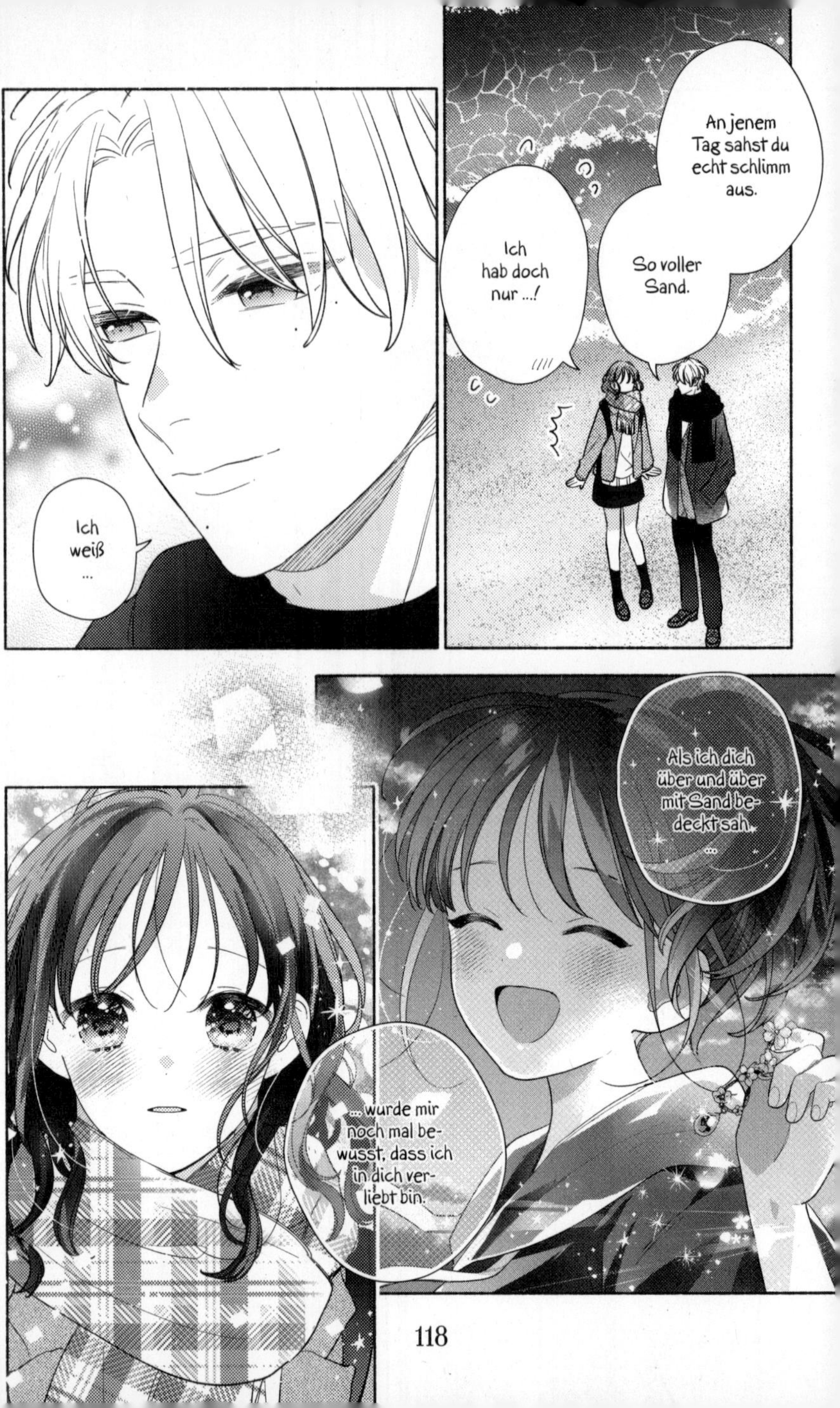

An jenem Tag sahst du echt schlimm aus.

So voller Sand.

Ich hab doch nur ...!

Ich weiß ...

Als ich dich über und über mit Sand bedeckt sah ...

... wurde mir noch mal bewusst, dass ich in dich verliebt bin.

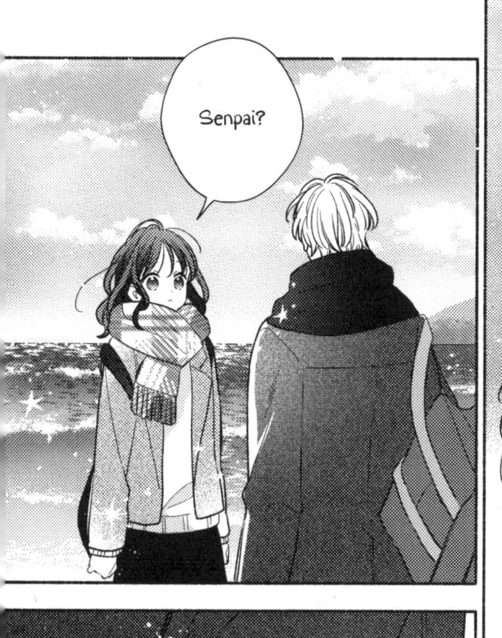

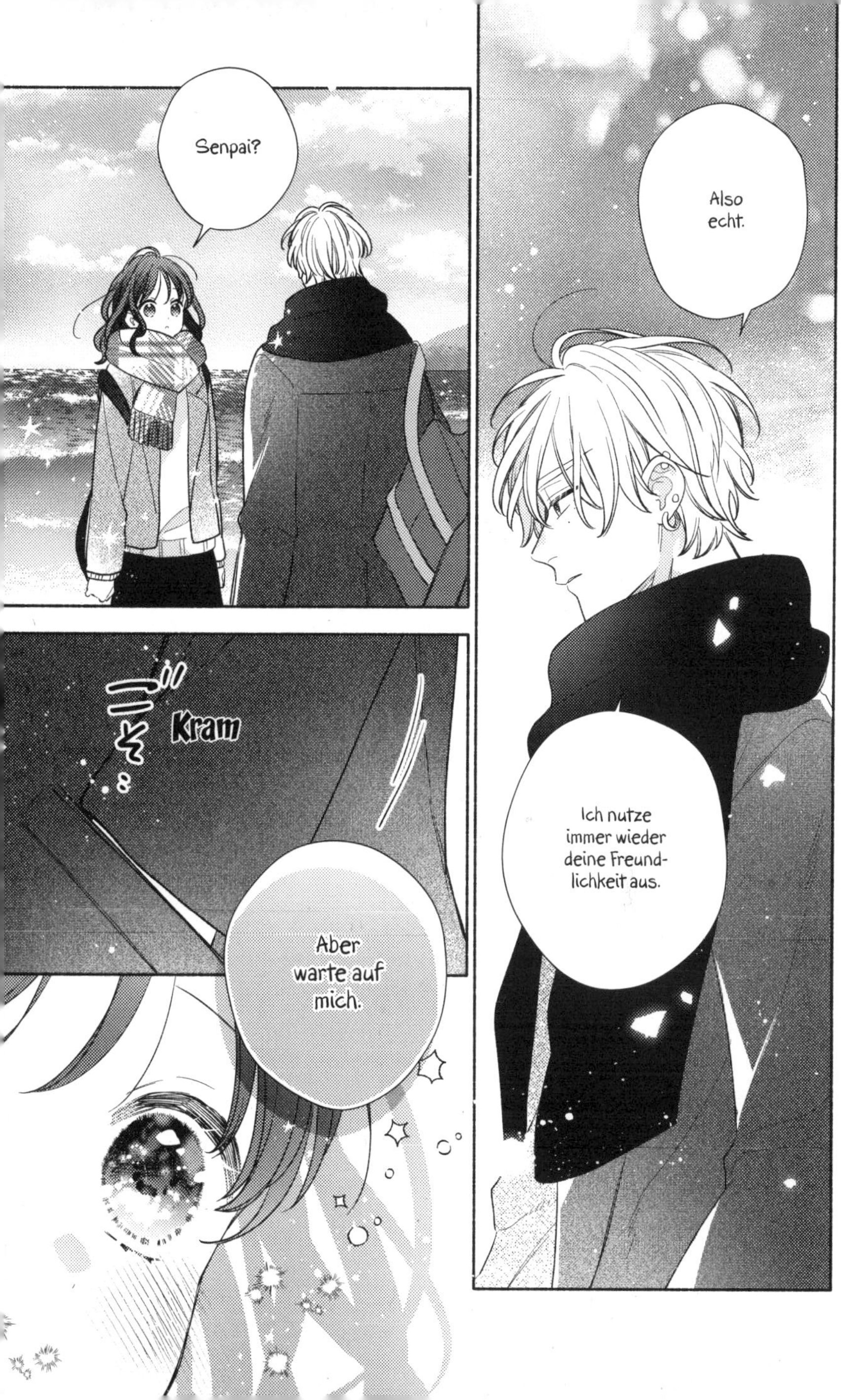

Also echt.

Ich nutze immer wieder deine Freundlichkeit aus.

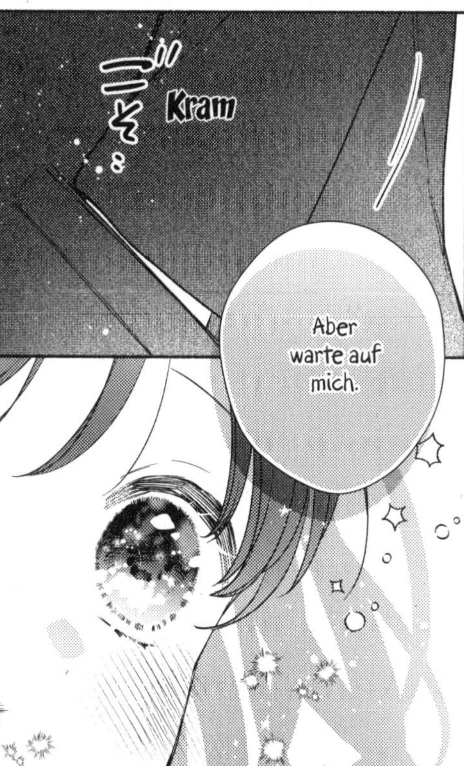

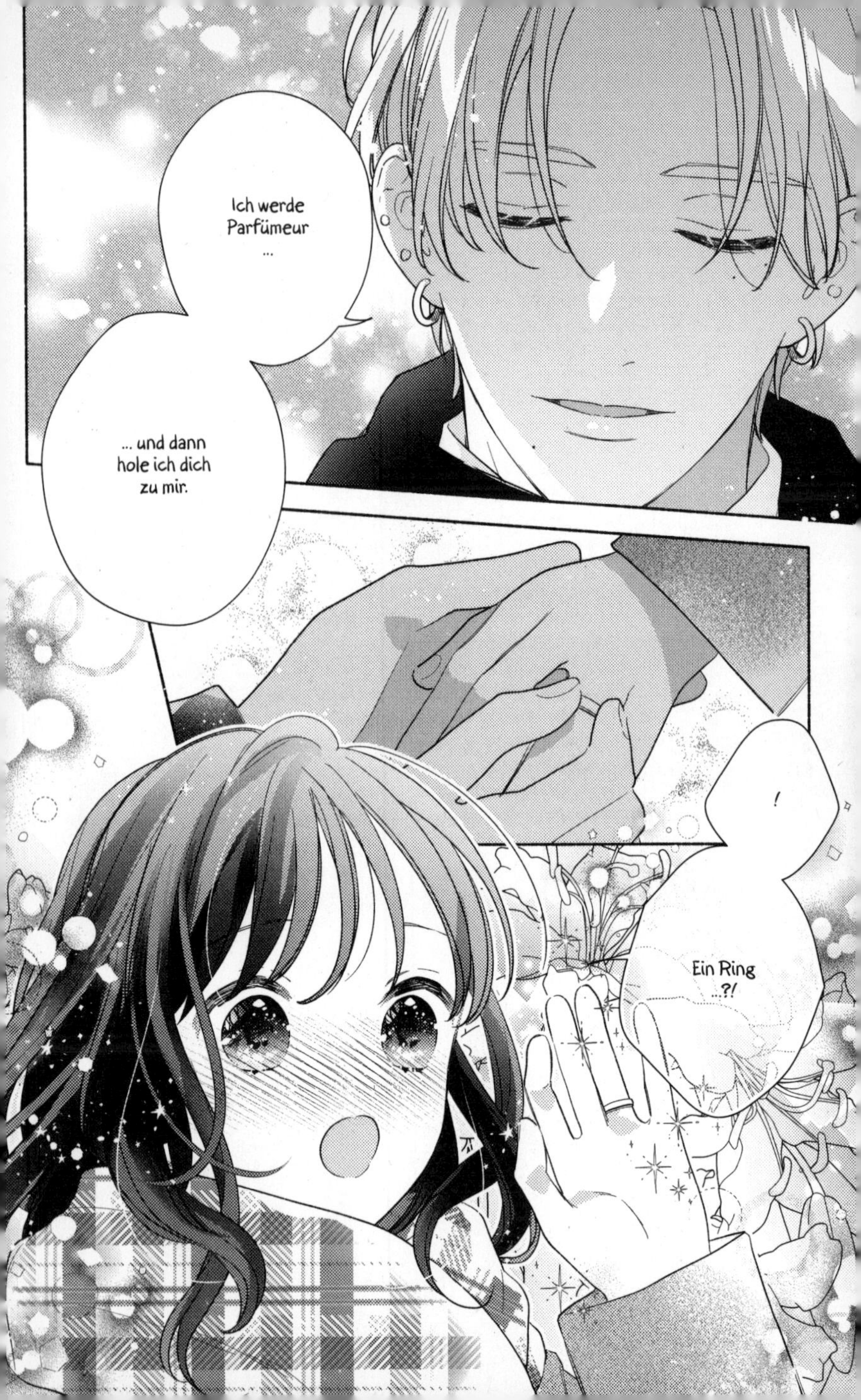
Ich werde Parfümeur ...
... und dann hole ich dich zu mir.
!
Ein Ring ...?!

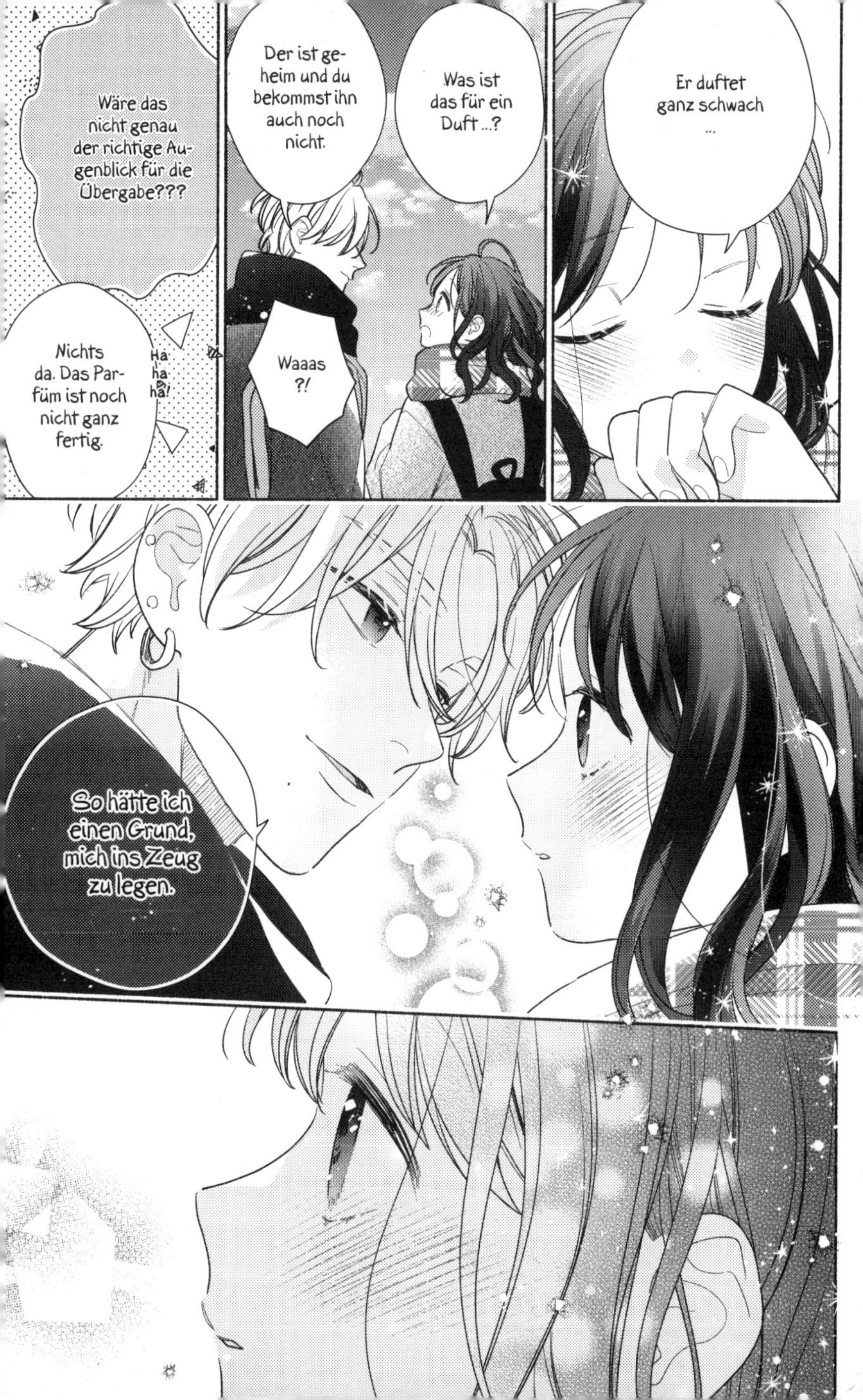
Er duftet ganz schwach …
Was ist das für ein Duft …?
Der ist geheim und du bekommst ihn auch noch nicht.
Waaas ?!
Wäre das nicht genau der richtige Augenblick für die Übergabe???
Nichts da. Das Parfüm ist noch nicht ganz fertig.
Ha ha ha!
So hätte ich einen Grund, mich ins Zeug zu legen.

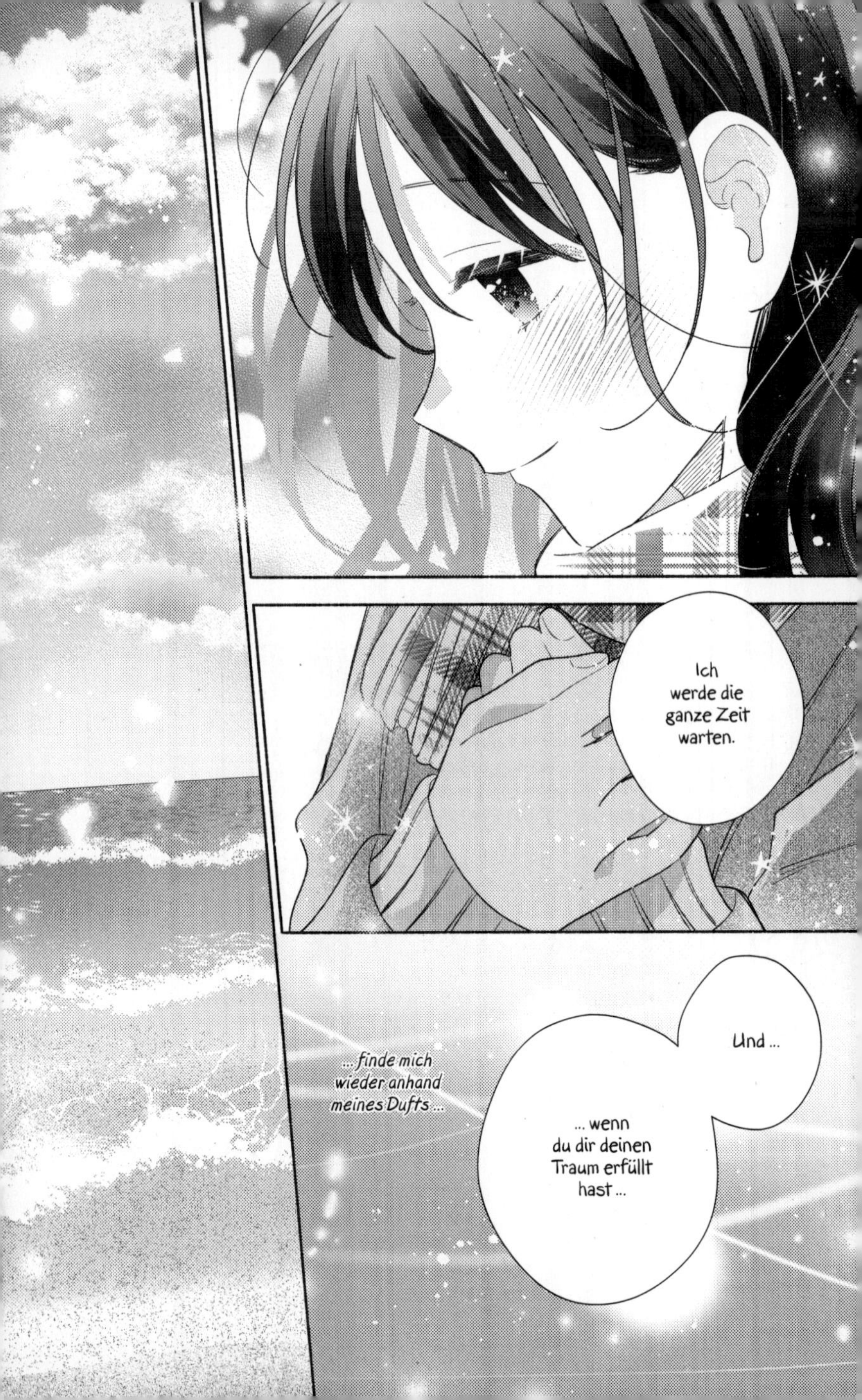
Ich werde die ganze Zeit warten.
Und ...
... wenn du dir deinen Traum erfüllt hast ...
... finde mich wieder anhand meines Dufts ...

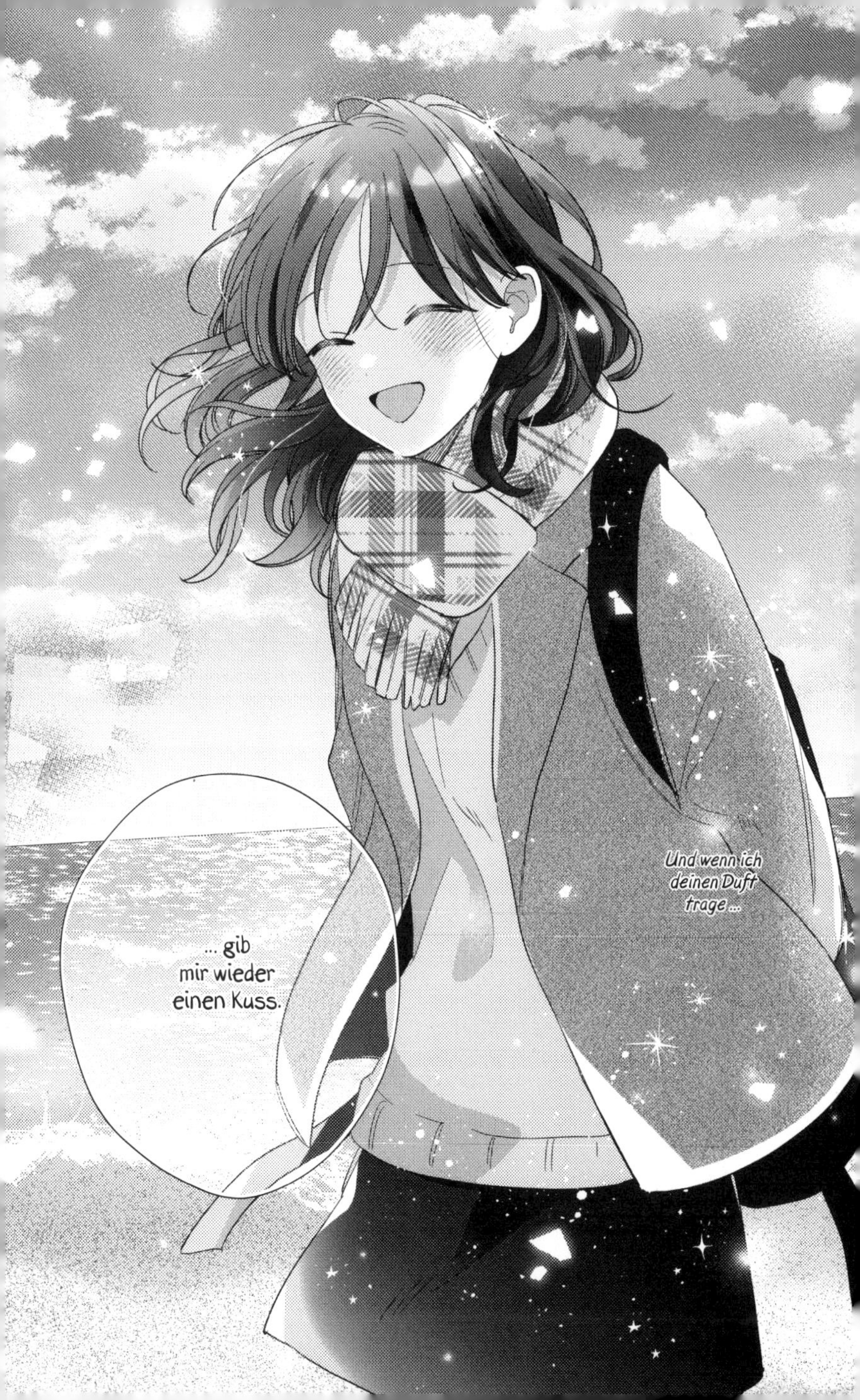
Und wenn ich deinen Duft trage ...
... gib mir wieder einen Kuss.

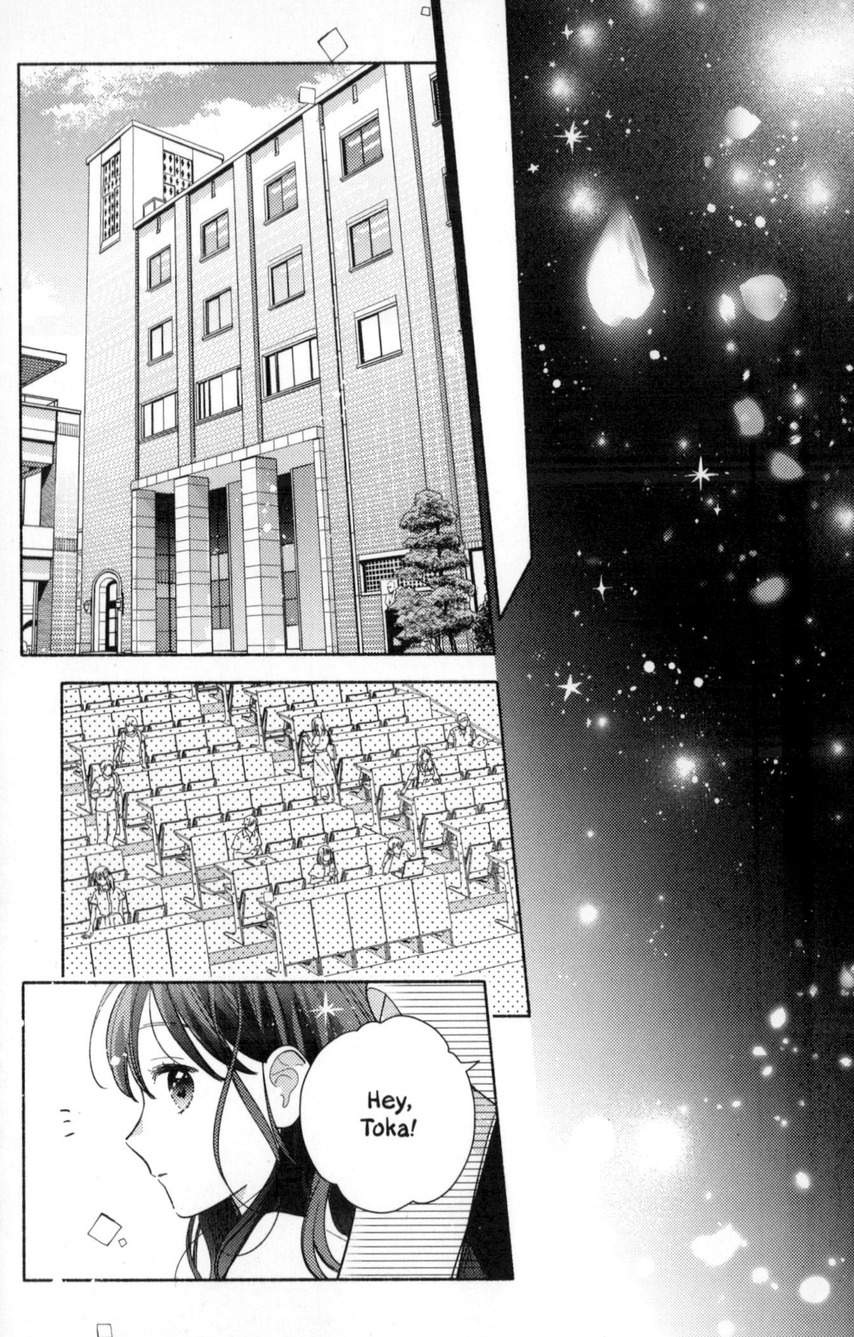
Hey,
Toka!

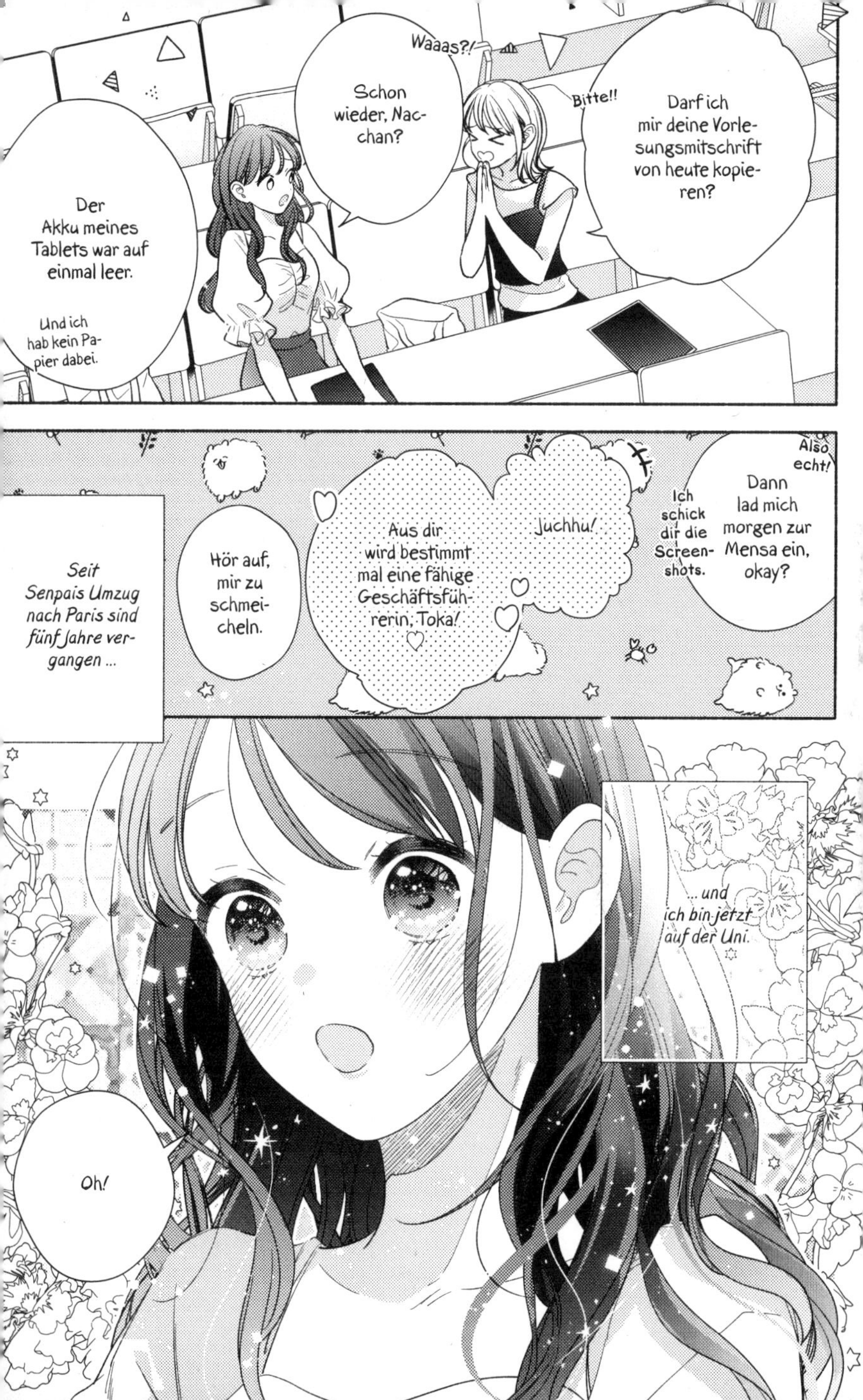
Darf ich mir deine Vorlesungsmitschrift von heute kopieren?
Bitte!!
Waaas?!
Schon wieder, Nac-chan?
Der Akku meines Tablets war auf einmal leer.
Und ich hab kein Papier dabei.
Dann lad mich morgen zur Mensa ein, okay?
Also echt!
Ich schick dir die Screenshots.
Juchhu!
Aus dir wird bestimmt mal eine fähige Geschäftsführerin, Toka!
Hör auf, mir zu schmeicheln.
Seit Senpais Umzug nach Paris sind fünf Jahre vergangen ...
... und ich bin jetzt auf der Uni.
Oh!

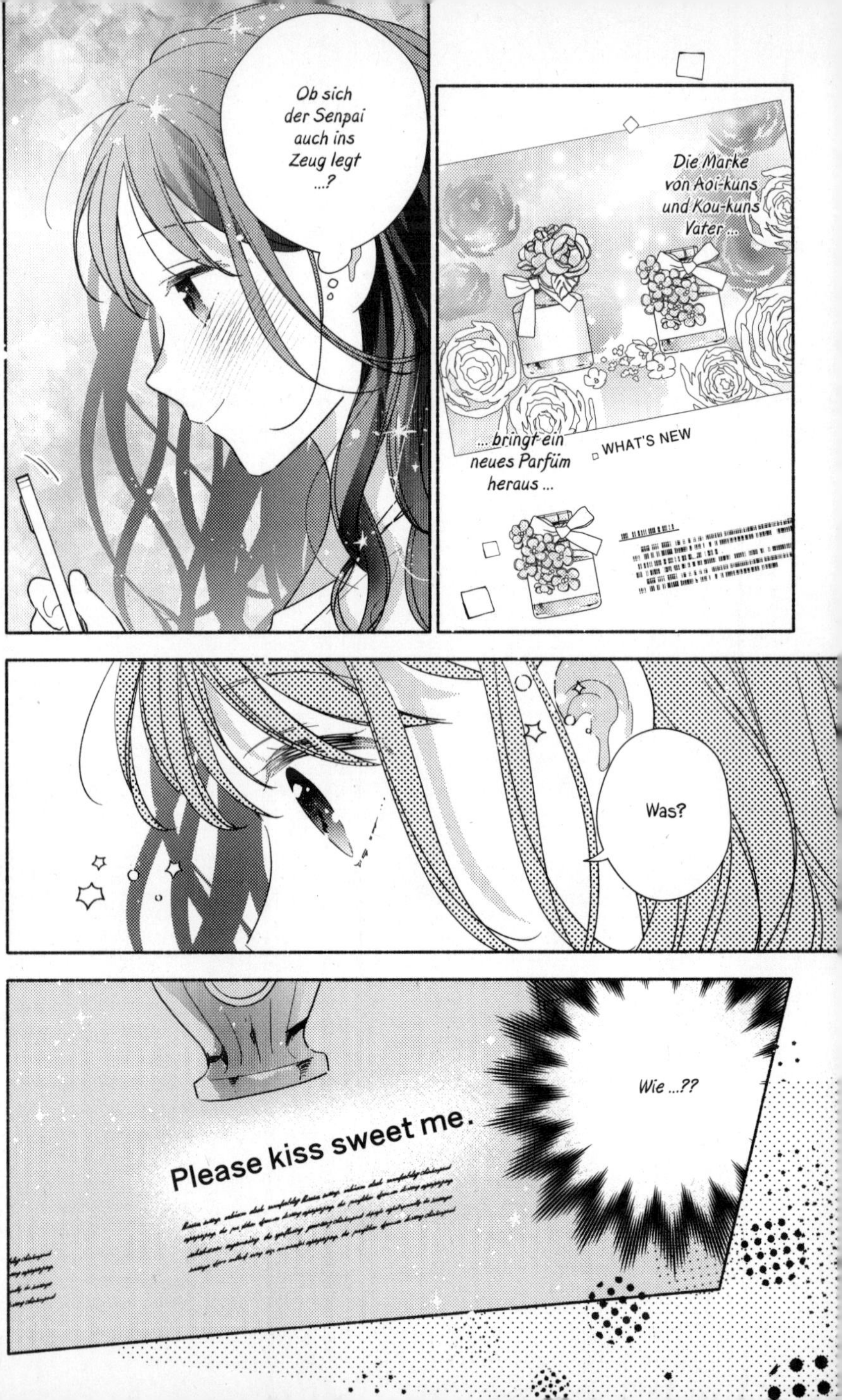

Die Marke von Aoi-kuns und Kou-kuns Vater ...

WHAT'S NEW

... bringt ein neues Parfüm heraus ...

Ob sich der Senpai auch ins Zeug legt ...?

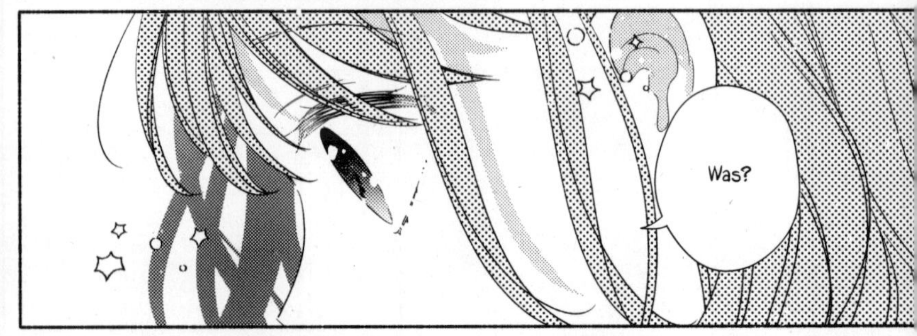

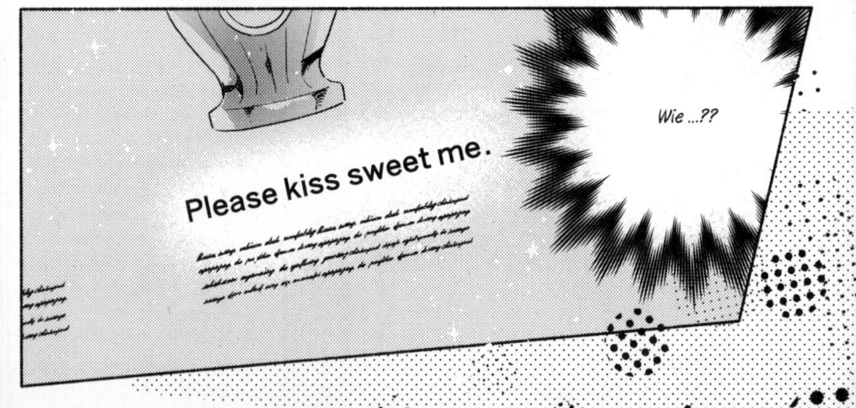

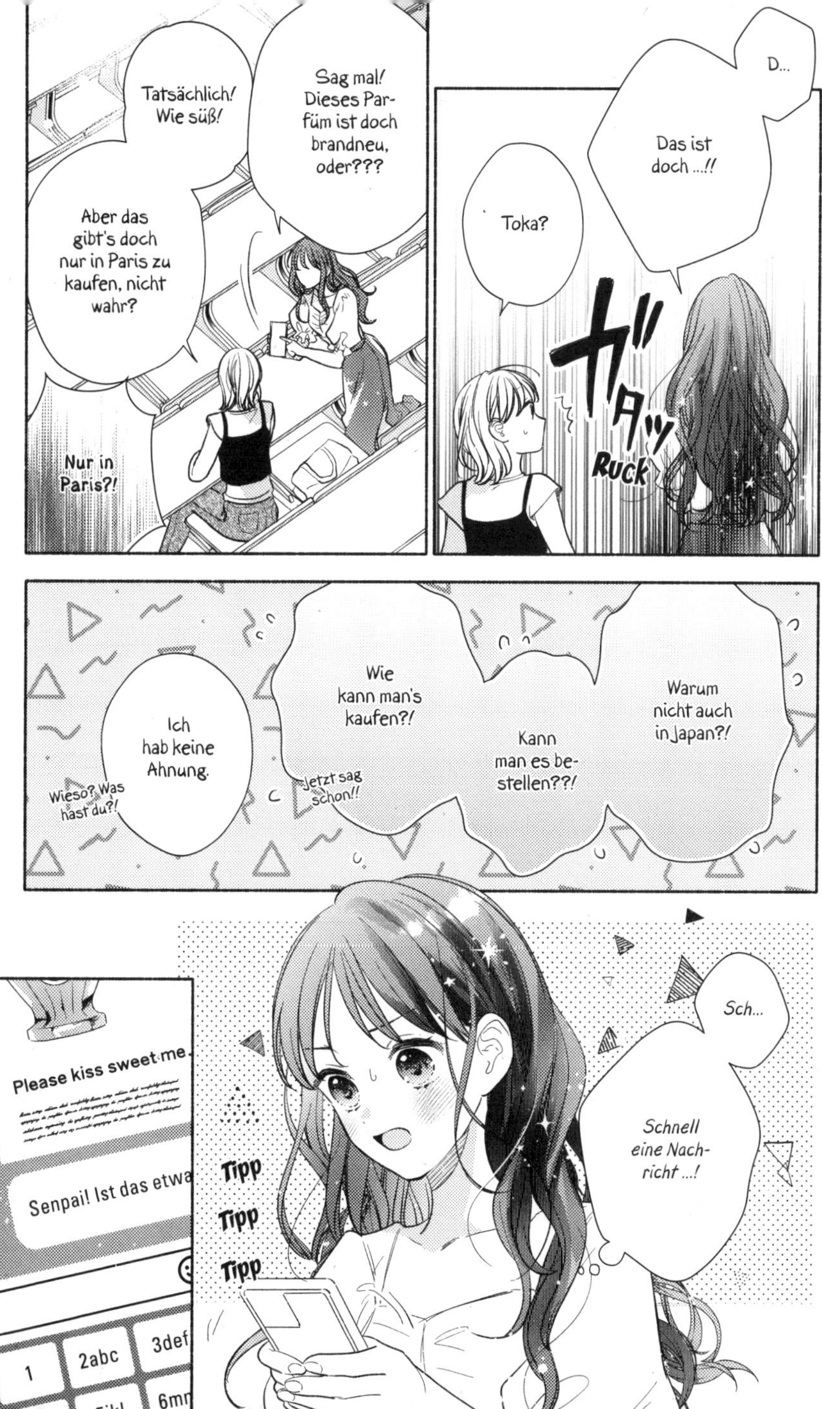
Sag mal! Dieses Parfüm ist doch brandneu, oder???
Tatsächlich! Wie süß!
Aber das gibt's doch nur in Paris zu kaufen, nicht wahr?
Nur in Paris?!
D...
Das ist doch ...!!
Toka?
RUCK
Warum nicht auch in Japan?!
Kann man es bestellen??!
Wie kann man's kaufen?!
Jetzt sag schon!!
Ich hab keine Ahnung.
Wieso? Was hast du?!
Sch...
Schnell eine Nachricht ...!
Tipp
Tipp
Tipp
Please kiss sweet me
Senpai! Ist das etwa
1
2abc
3def

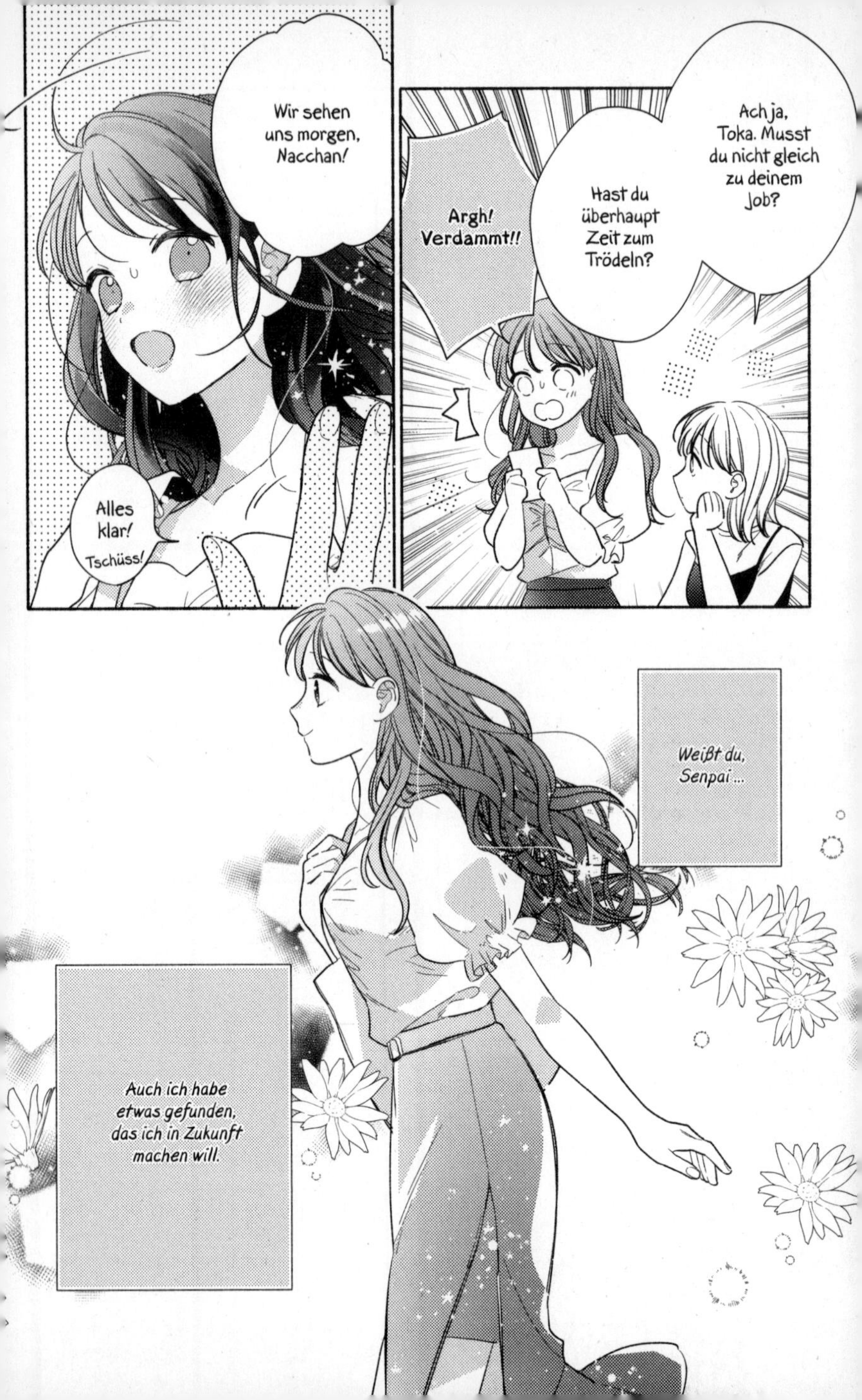
Ach ja, Toka. Musst du nicht gleich zu deinem Job?
Hast du überhaupt Zeit zum Trödeln?
Argh! Verdammt!!
Wir sehen uns morgen, Nacchan!
Alles klar!
Tschüss!
Weißt du, Senpai ...
Auch ich habe etwas gefunden, das ich in Zukunft machen will.

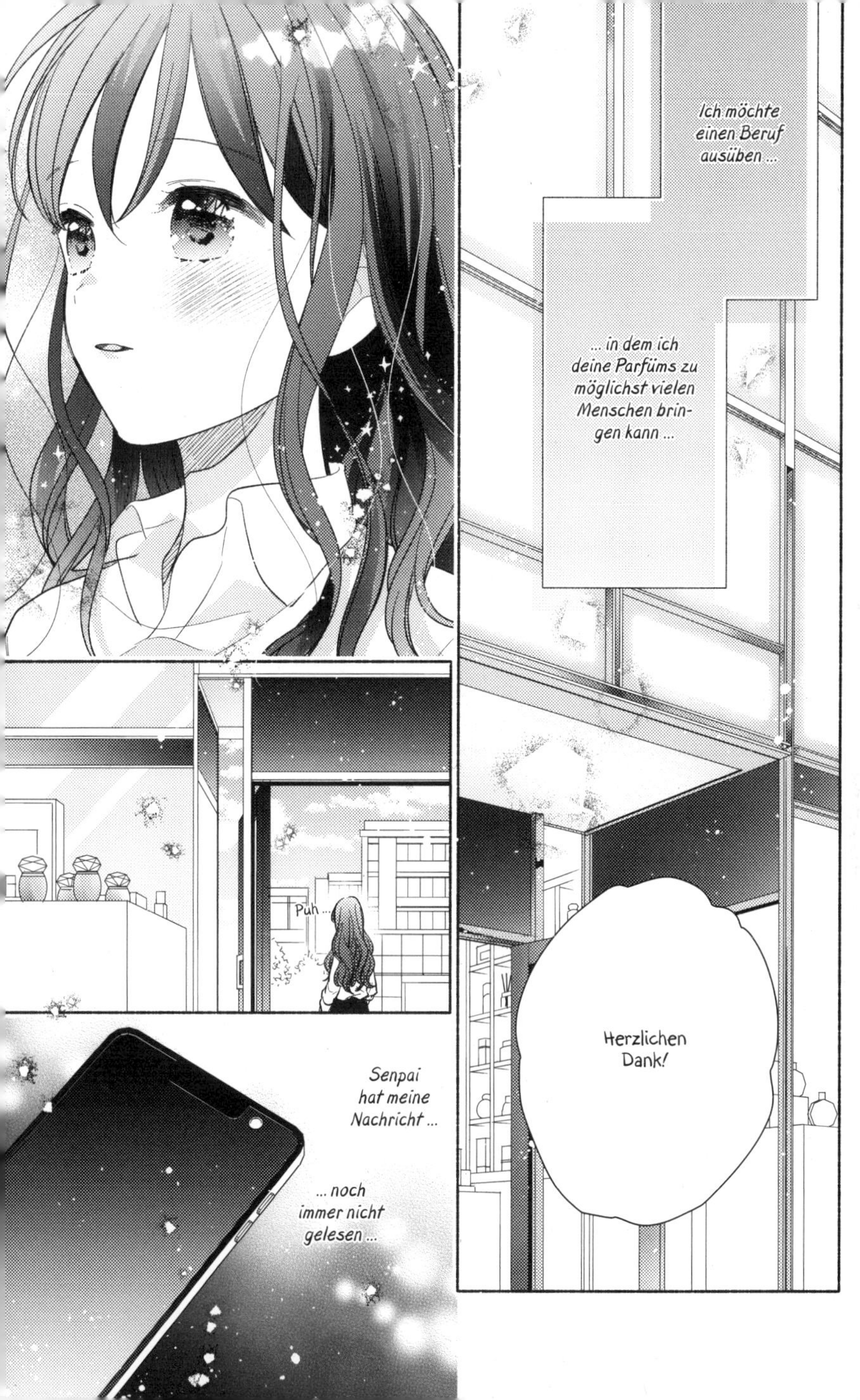
Ich möchte einen Beruf ausüben ...
... in dem ich deine Parfüms zu möglichst vielen Menschen bringen kann ...
Herzlichen Dank!
Puh ...
Senpai hat meine Nachricht ...
... noch immer nicht gelesen ...

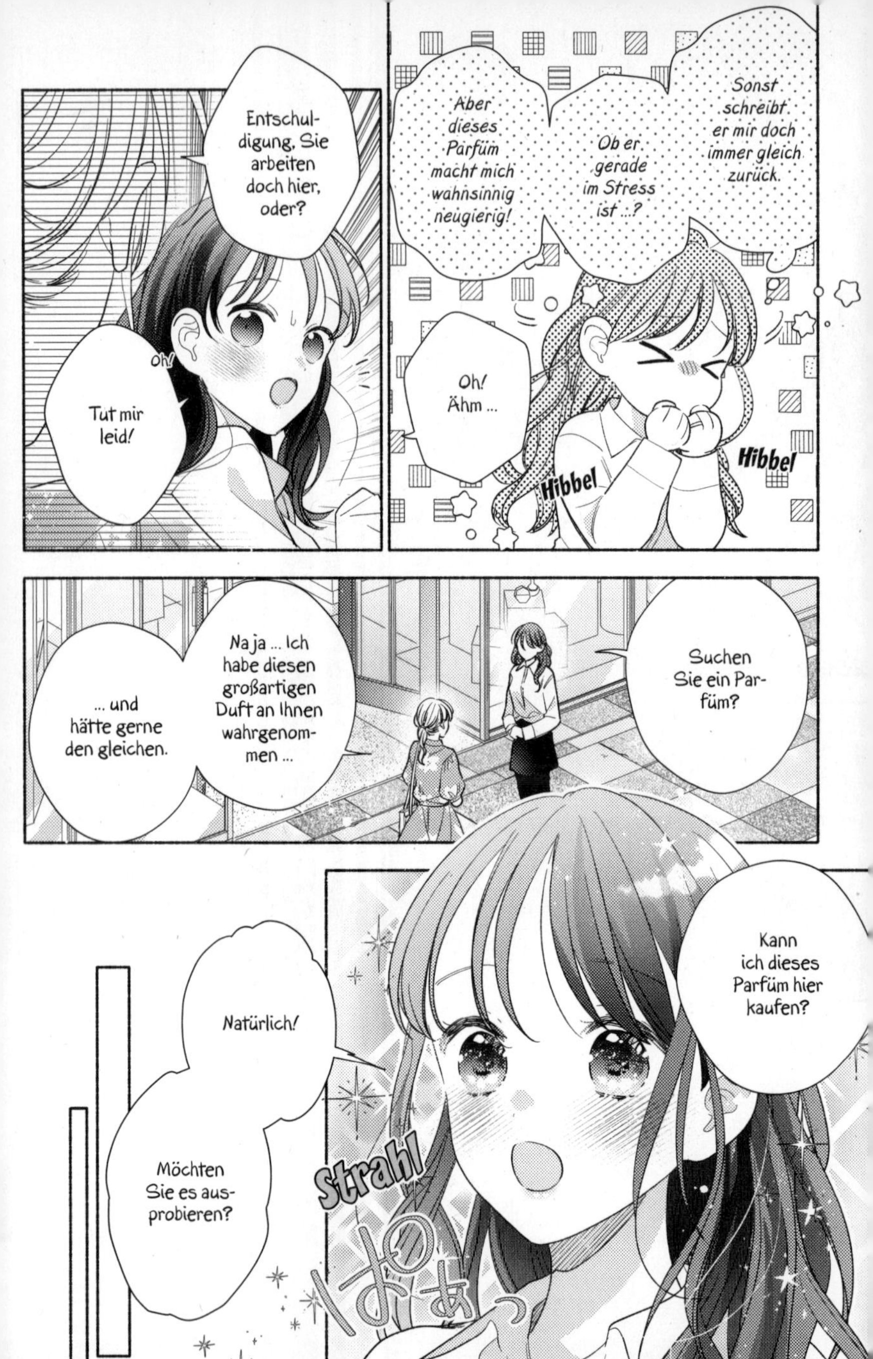

Sonst schreibt er mir doch immer gleich zurück.
Ob er gerade im Stress ist ...?
Aber dieses Parfüm macht mich wahnsinnig neugierig!
Hibbel
Hibbel
Oh! Ähm ...
Entschuldigung, Sie arbeiten doch hier, oder?
Oh!
Tut mir leid!
Suchen Sie ein Parfüm?
Na ja ... Ich habe diesen großartigen Duft an Ihnen wahrgenommen ...
... und hätte gerne den gleichen.
Kann ich dieses Parfüm hier kaufen?
Strahl
Natürlich!
Möchten Sie es ausprobieren?

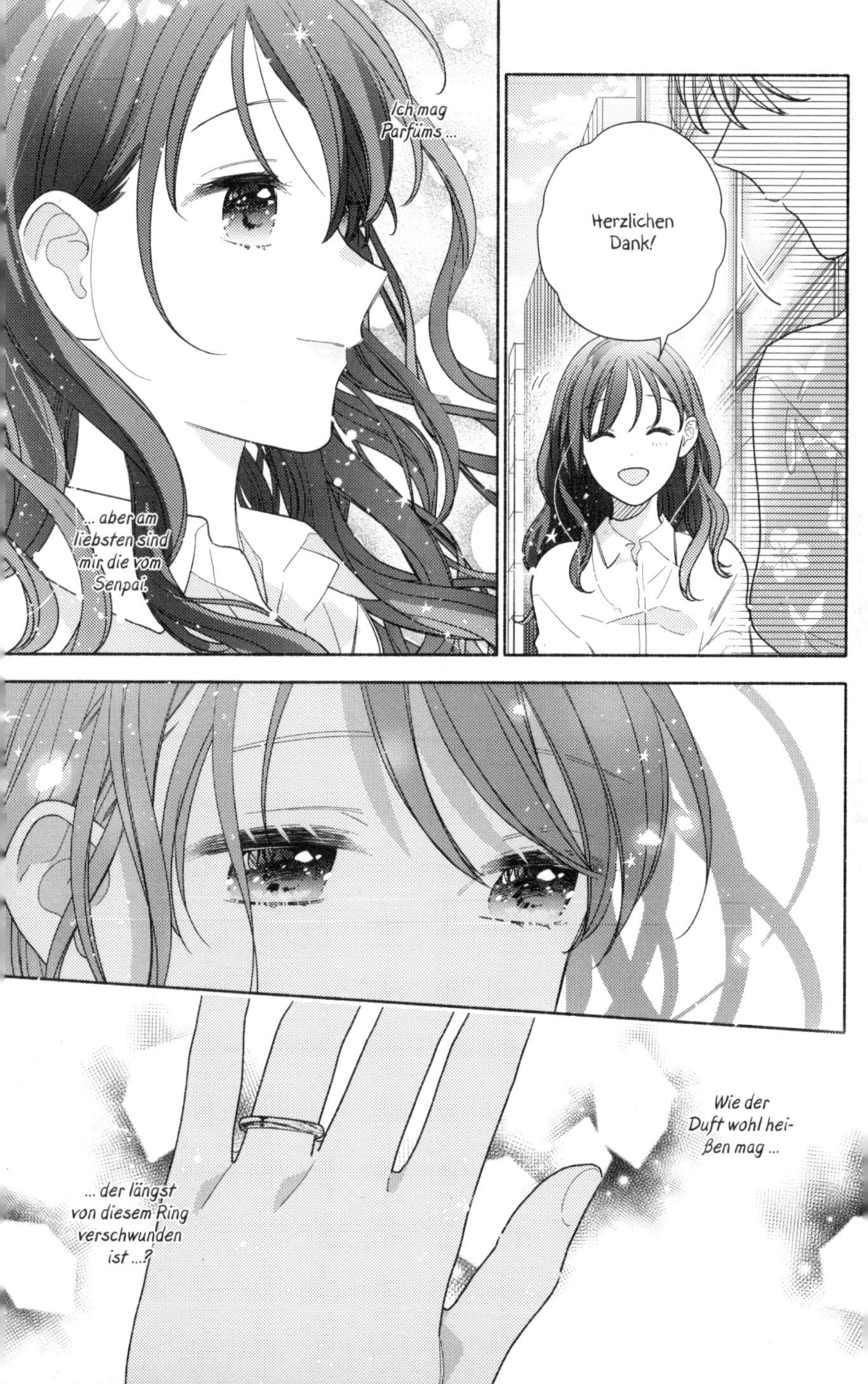
Herzlichen Dank!
Ich mag Parfüms ...
... aber am liebsten sind mir die vom Senpai.
Wie der Duft wohl heißen mag ...
... der längst von diesem Ring verschwunden ist ...?

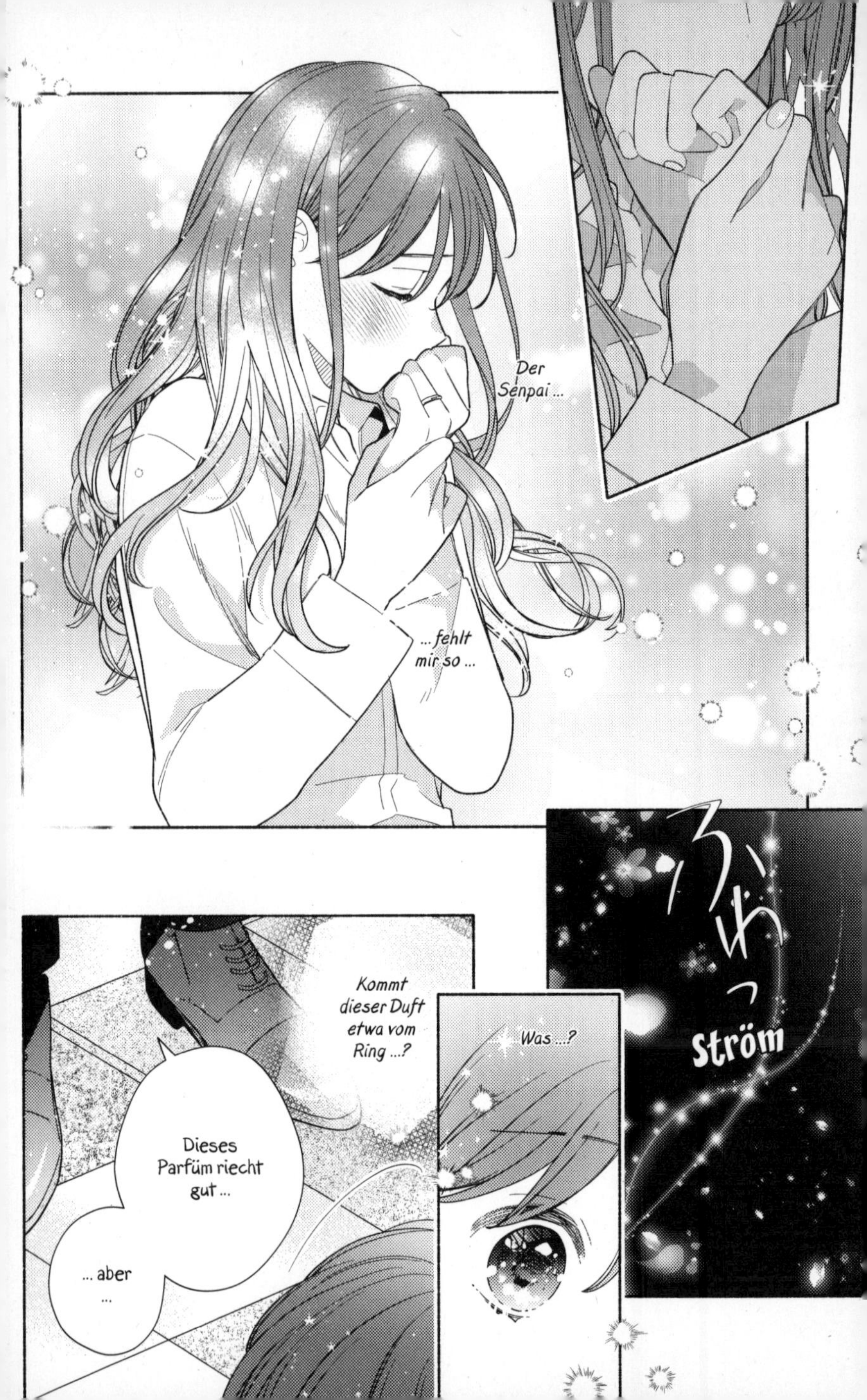
Der Senpai ...
... fehlt mir so ...
ふわっ
Ström
Was ...?
Kommt dieser Duft etwa vom Ring ...?
Dieses Parfüm riecht gut ...
... aber ...

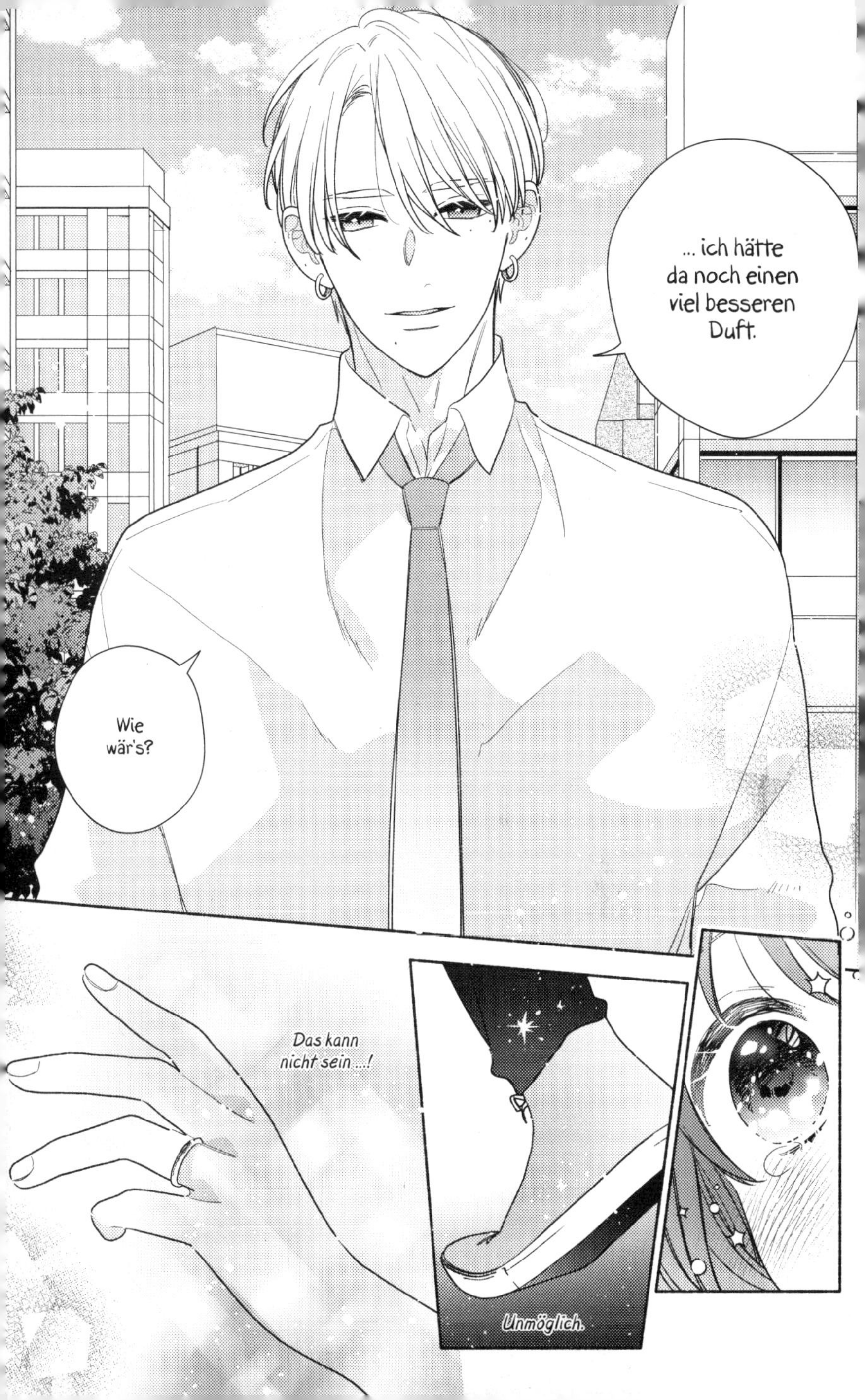
... ich hätte da noch einen viel besseren Duft.
Wie wär's?
Das kann nicht sein ...!
Unmöglich.

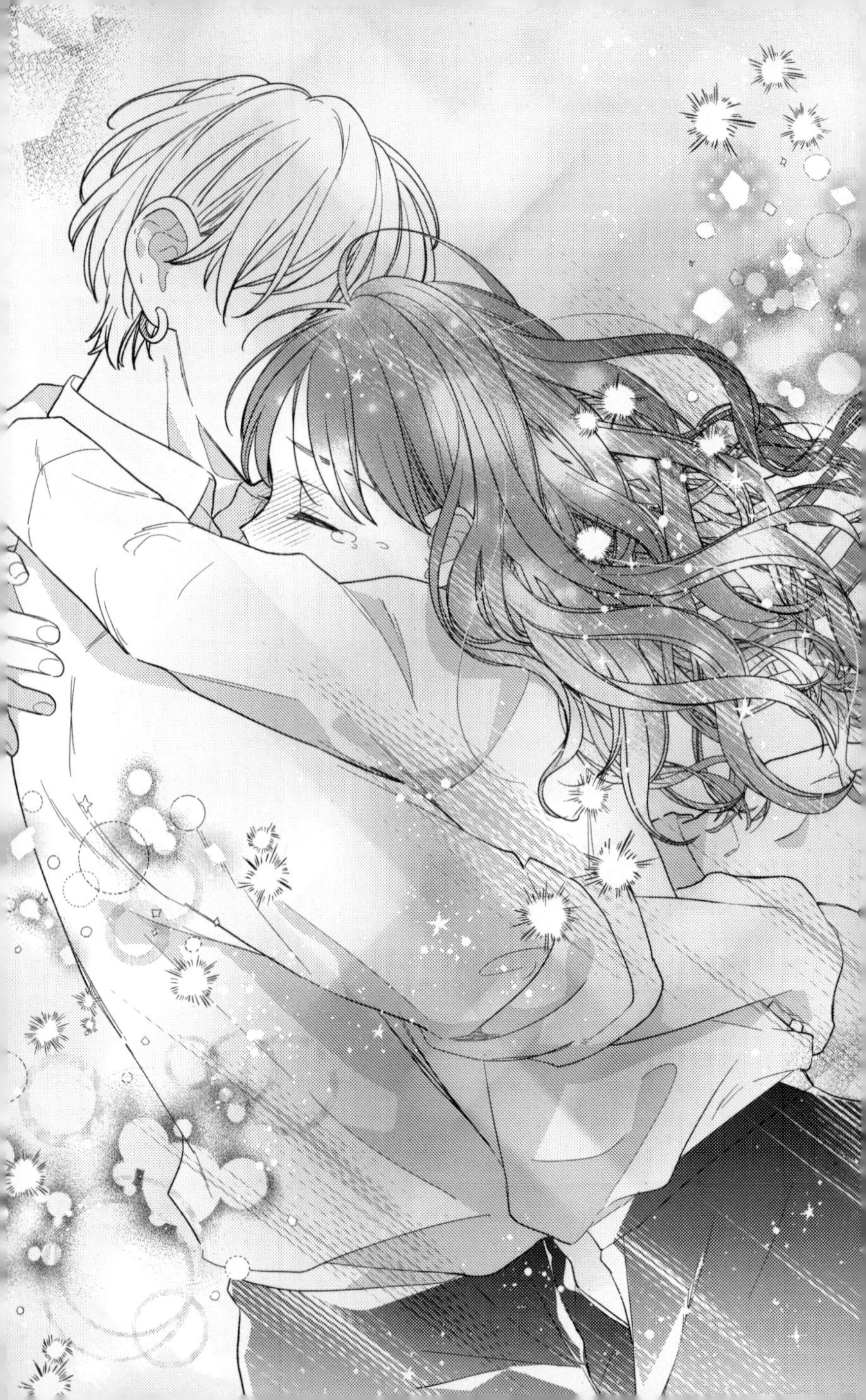

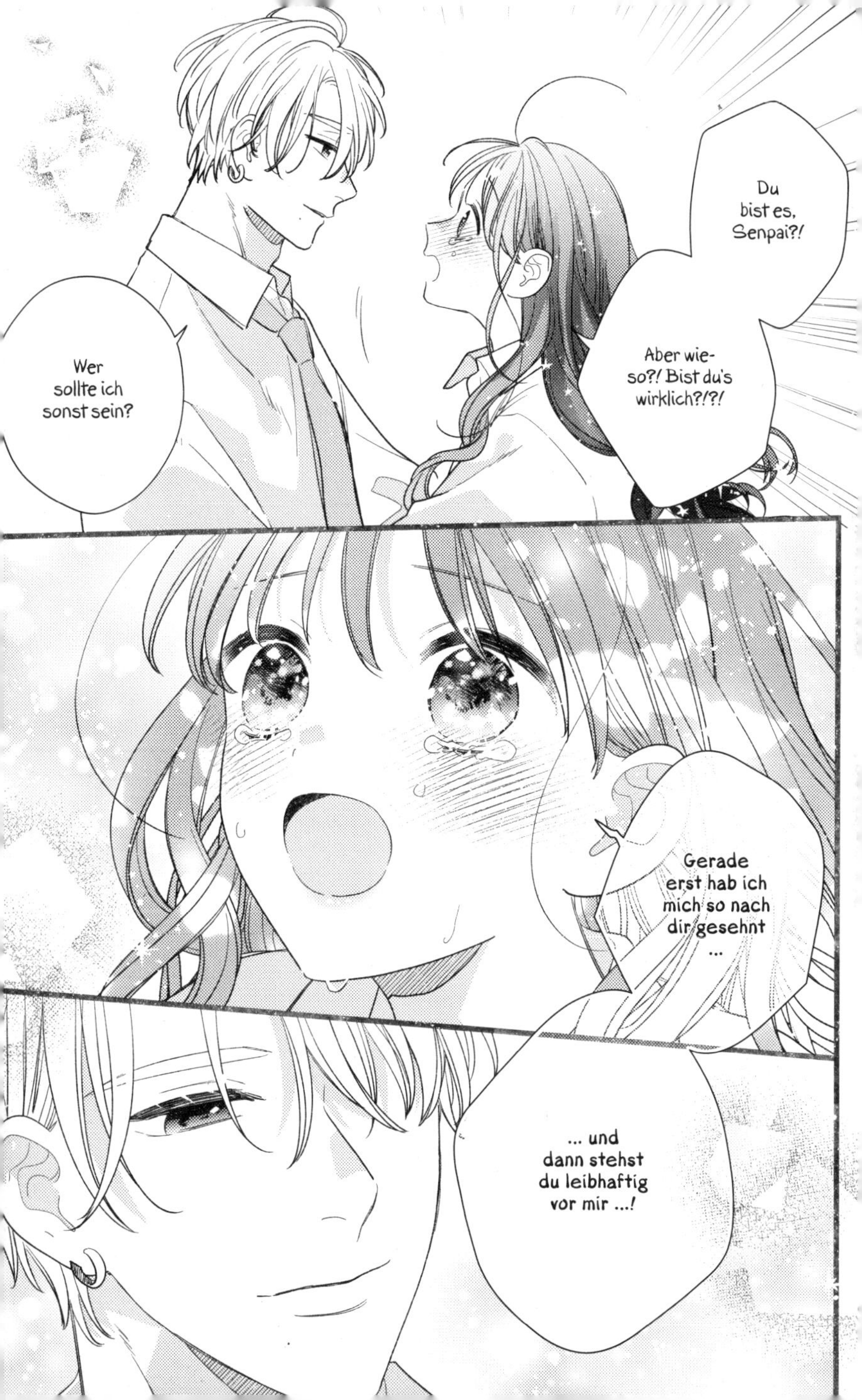
Du bist es, Senpai?!
Aber wieso?! Bist du's wirklich?!?!
Wer sollte ich sonst sein?
Gerade erst hab ich mich so nach dir gesehnt ...
... und dann stehst du leibhaftig vor mir ...!

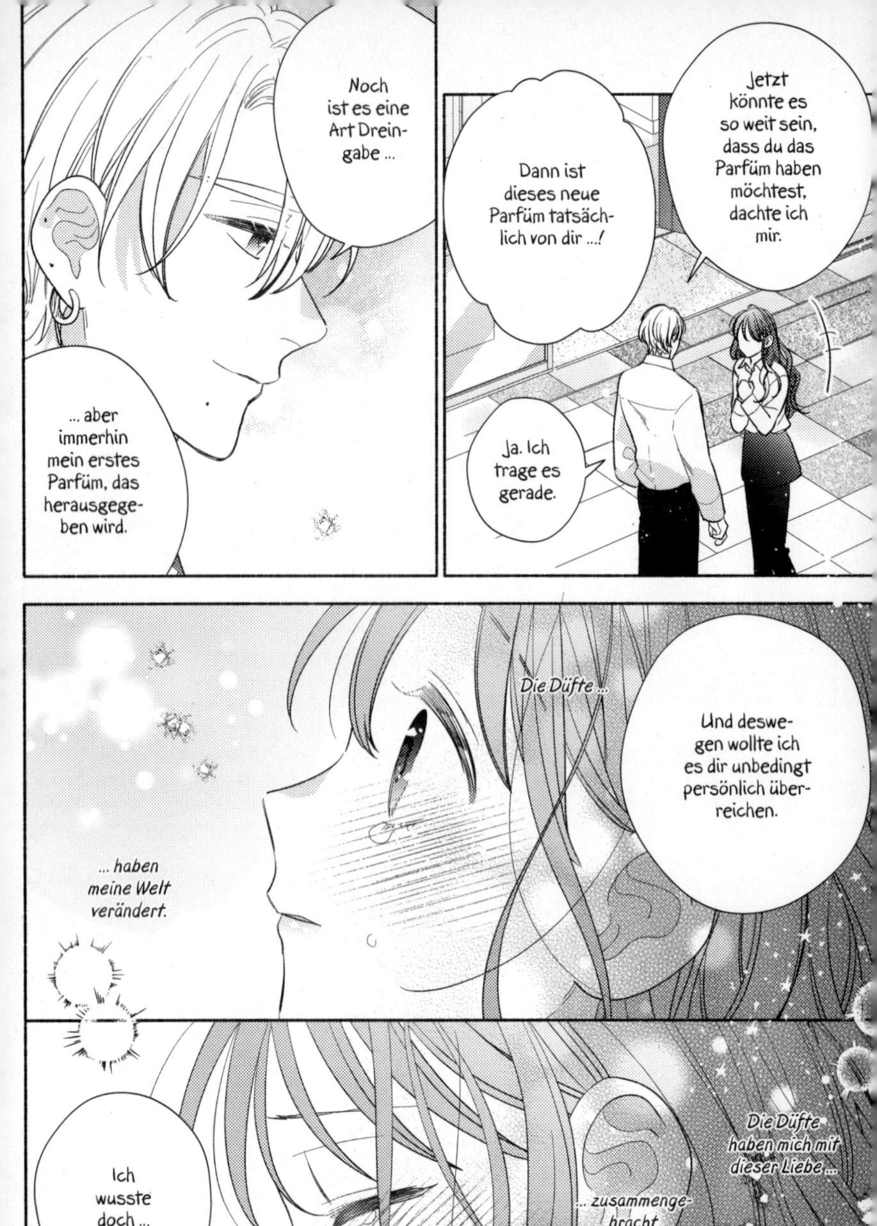

Jetzt könnte es so weit sein, dass du das Parfüm haben möchtest, dachte ich mir.
Dann ist dieses neue Parfüm tatsächlich von dir ...!
Ja. Ich trage es gerade.
Noch ist es eine Art Dreingabe ...
... aber immerhin mein erstes Parfüm, das herausgegeben wird.
Und deswegen wollte ich es dir unbedingt persönlich überreichen.
Die Düfte ...
... haben meine Welt verändert.
Die Düfte haben mich mit dieser Liebe ...
... zusammengebracht.
Ich wusste doch ...

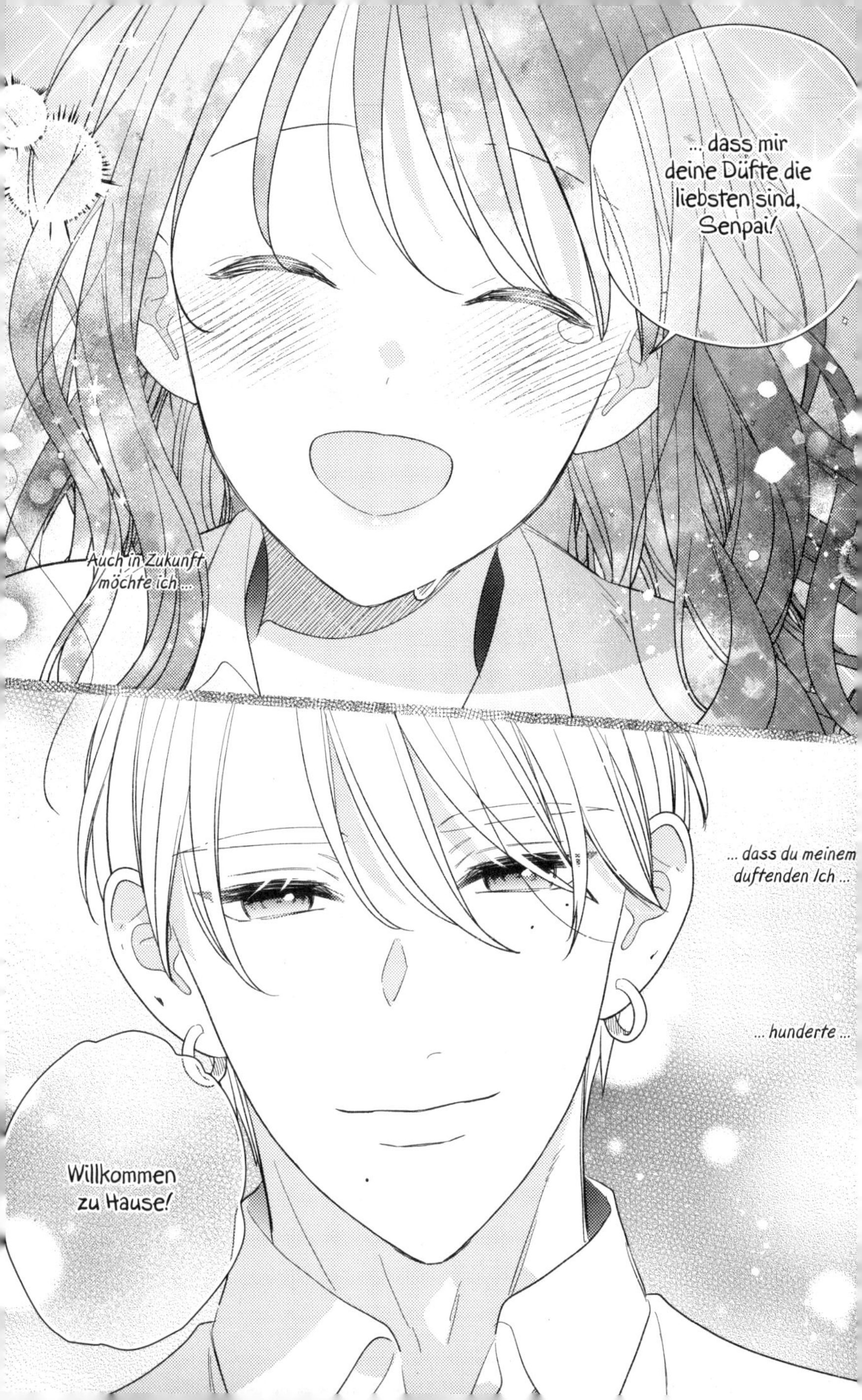
Auch in Zukunft möchte ich ...
... dass mir deine Düfte die liebsten sind, Senpai!
... dass du meinem duftenden Ich ...
... hunderte ...
Willkommen zu Hause!

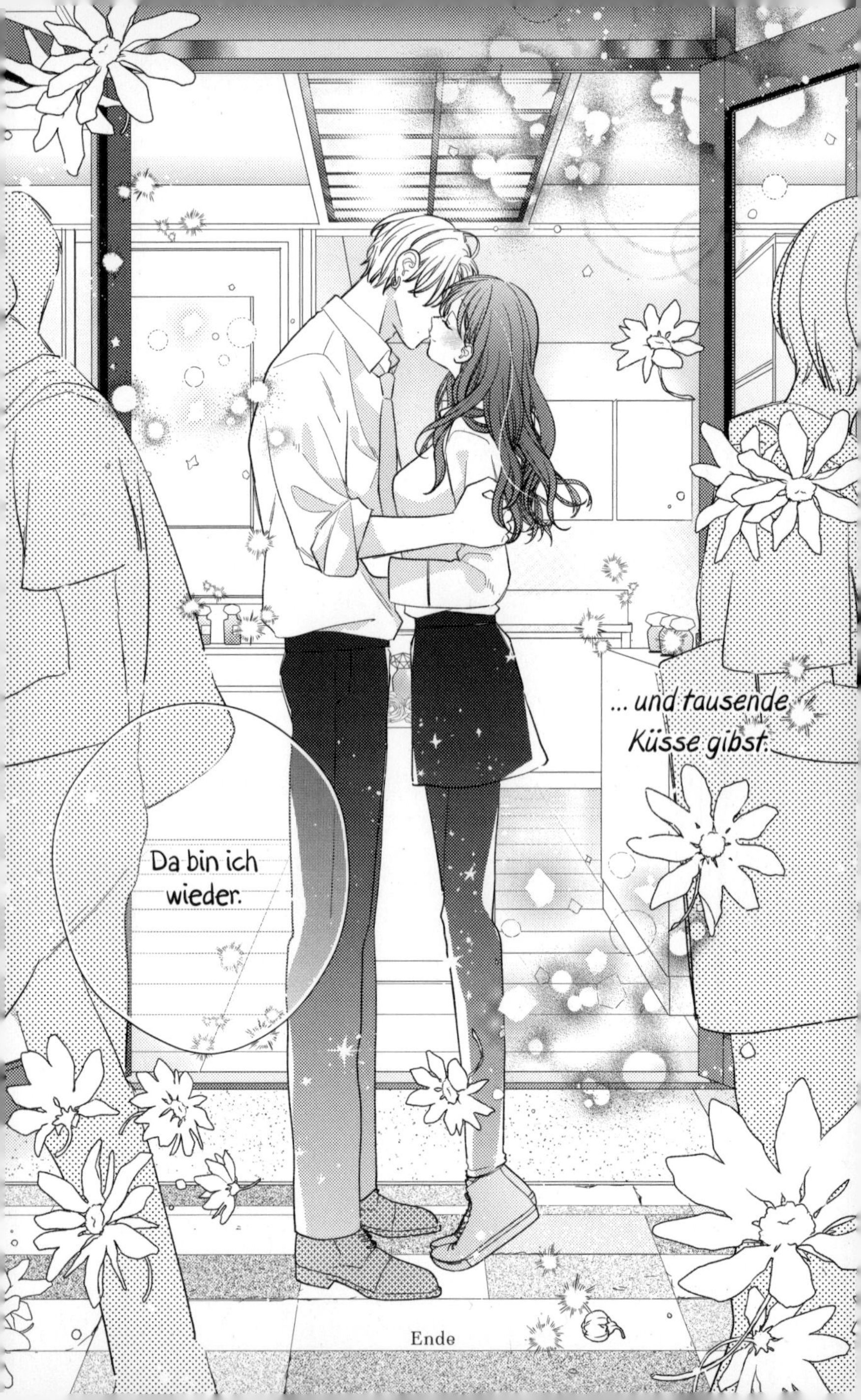
... und tausende Küsse gibst.
Da bin ich wieder.
Ende

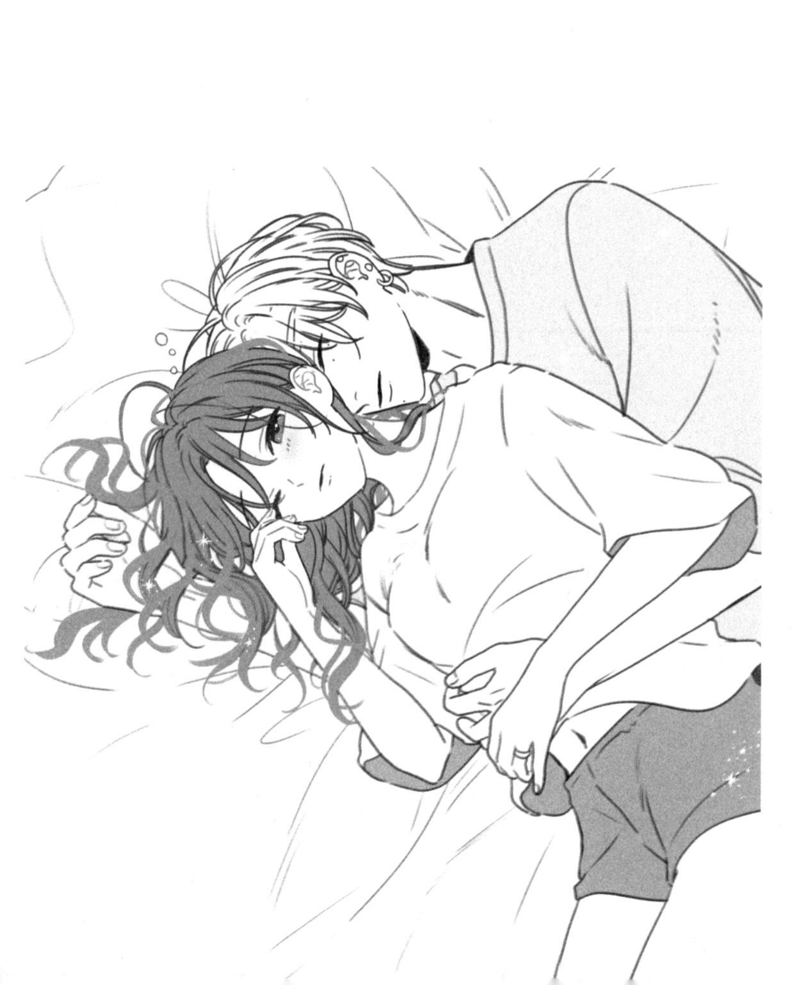

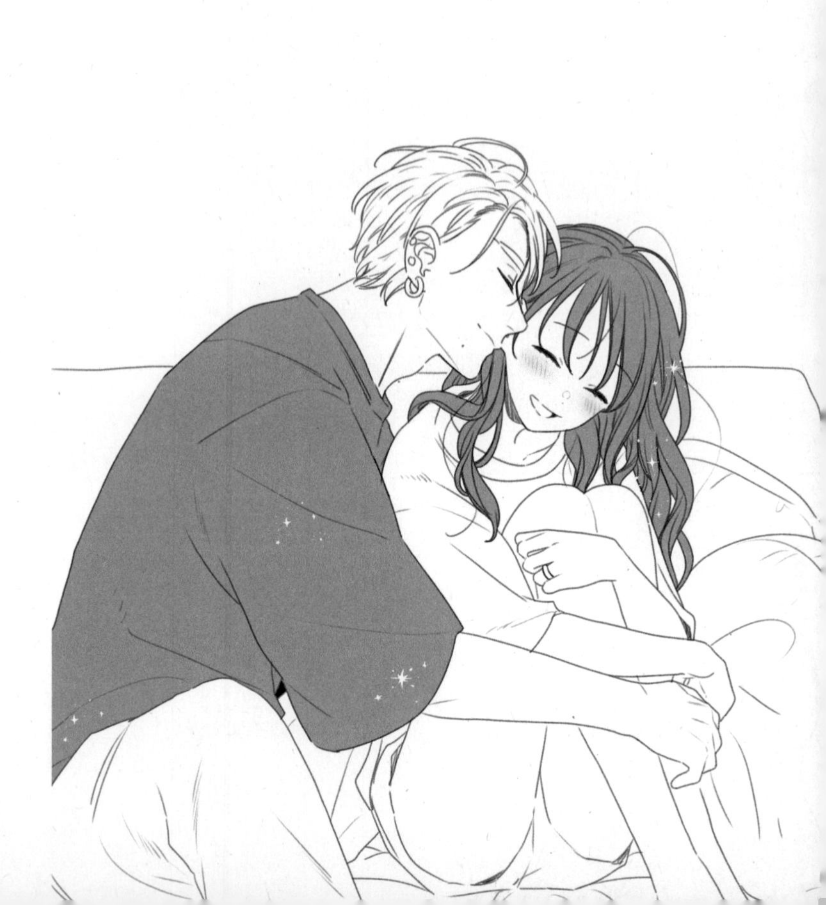

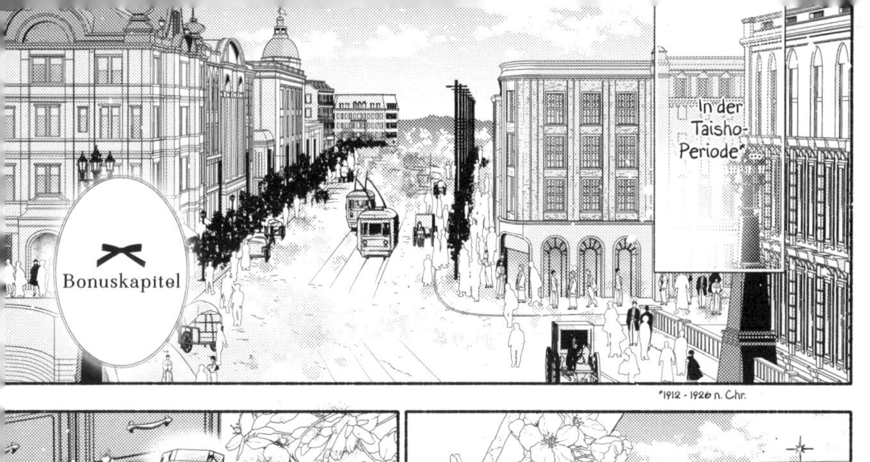

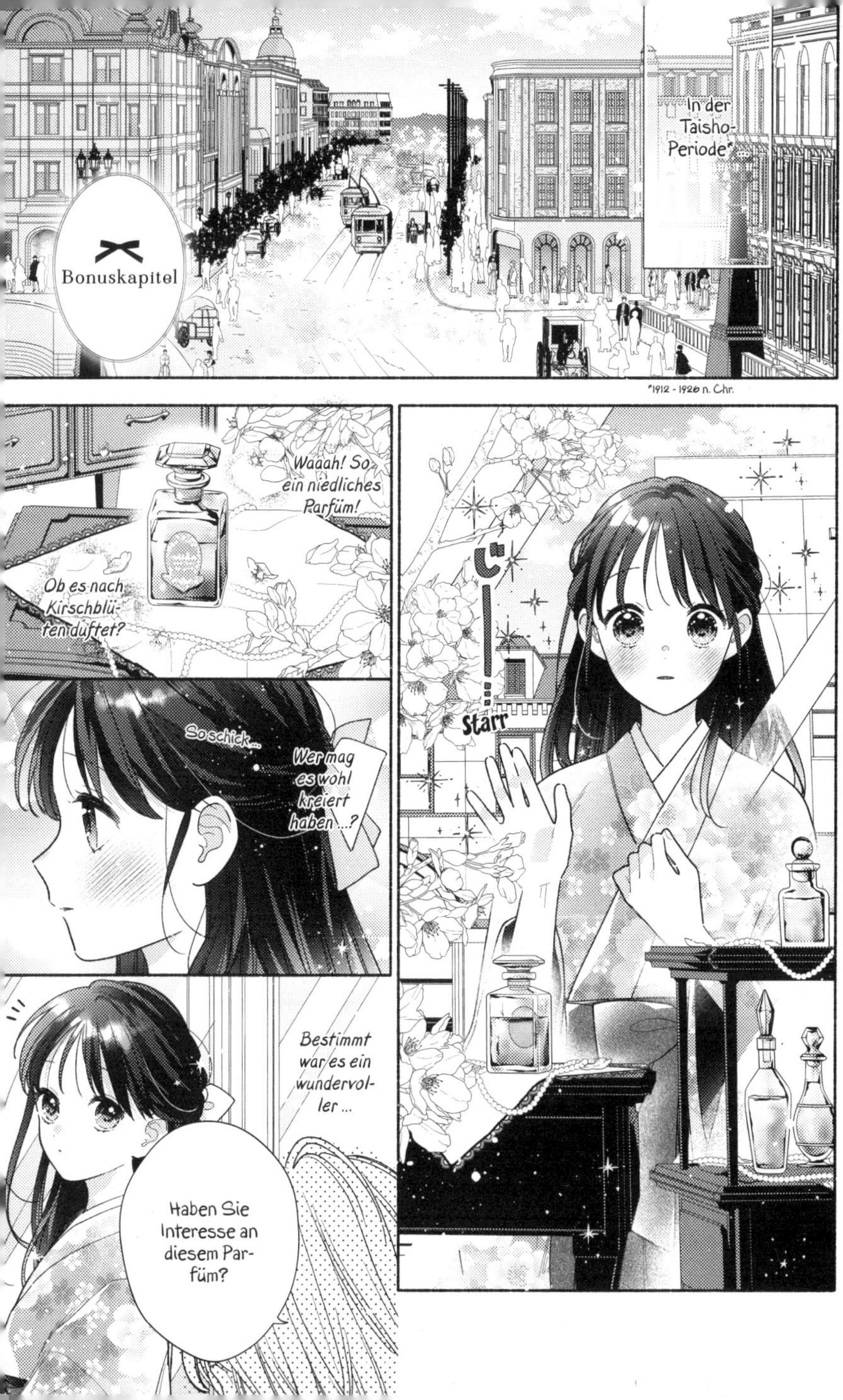

*1912 - 1926 n. Chr.

Starr

Waaah! So ein niedliches Parfüm!

Ob es nach Kirschblüten duftet?

So schick ...

Wer mag es wohl kreiert haben ...?

Bestimmt war es ein wundervoller ...

Haben Sie Interesse an diesem Parfüm?

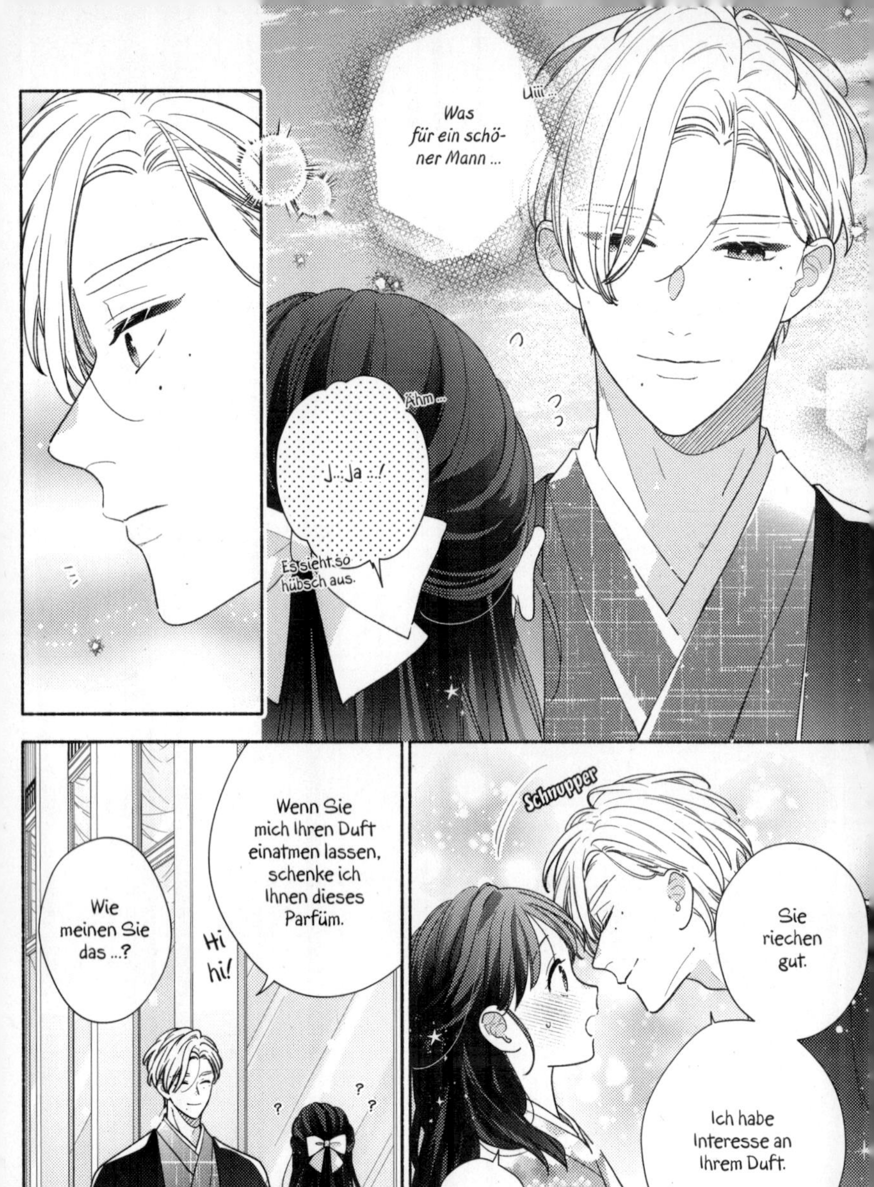
Uiii ...
Was für ein schöner Mann ...
Ähm ...
J... Ja ...!
Es sieht so hübsch aus.
...
Schnupper
Sie riechen gut.
Ich habe Interesse an Ihrem Duft.
Was?!
Wenn Sie mich Ihren Duft einatmen lassen, schenke ich Ihnen dieses Parfüm.
Hi hi!
Wie meinen Sie das ...?

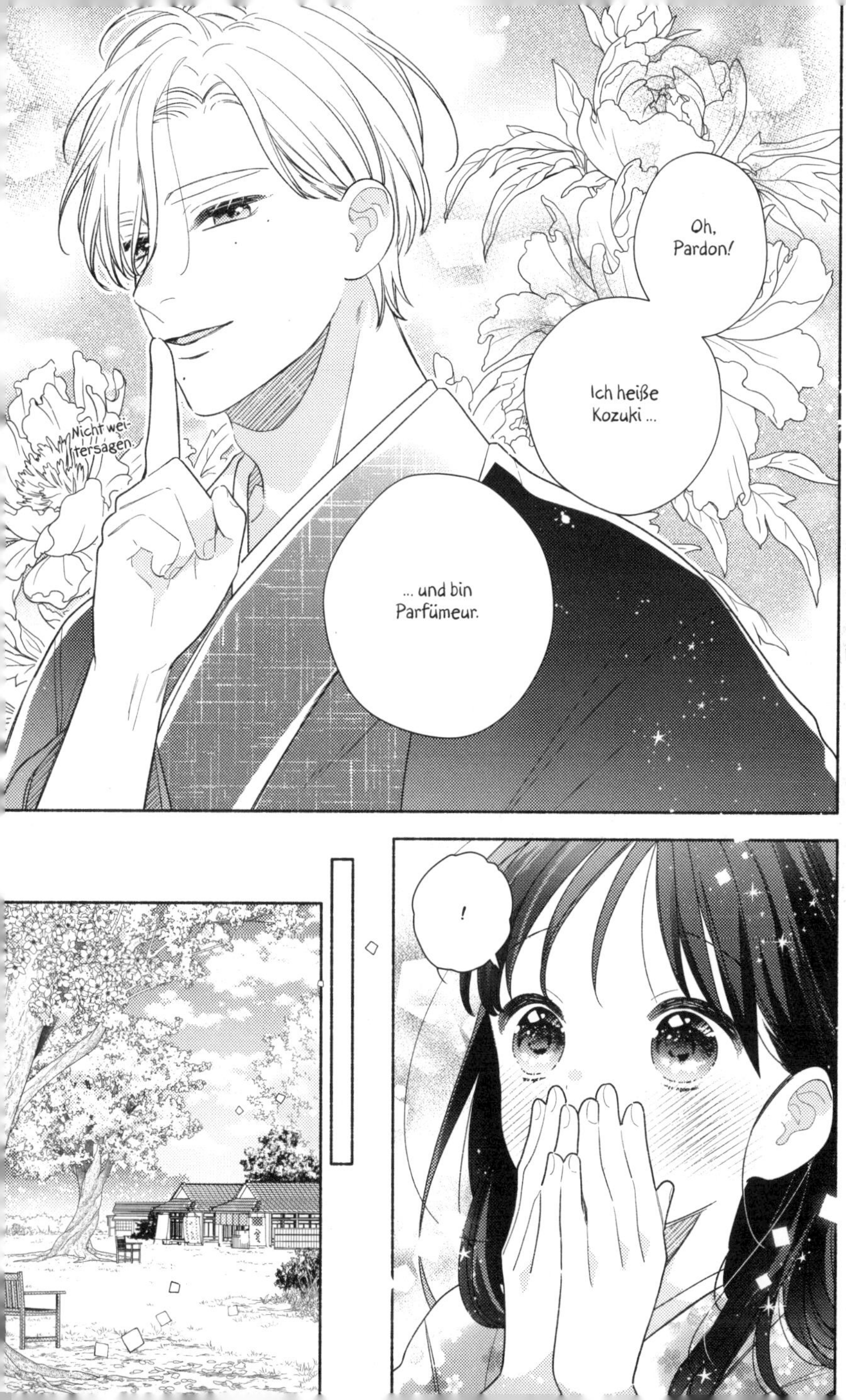

Oh, Pardon!

Ich heiße Kozuki ...

... und bin Parfümeur.

Nicht weitersagen.

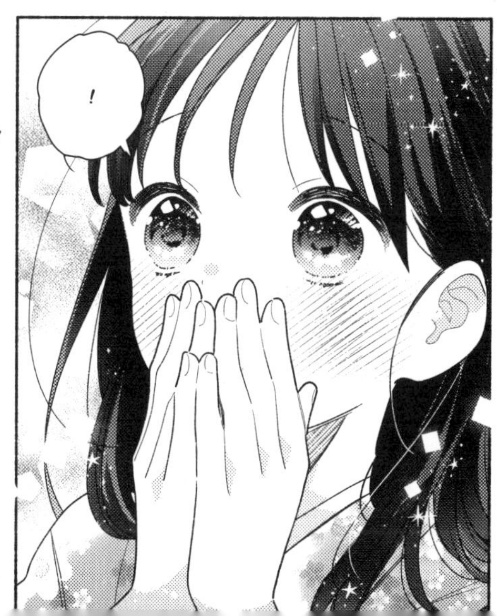

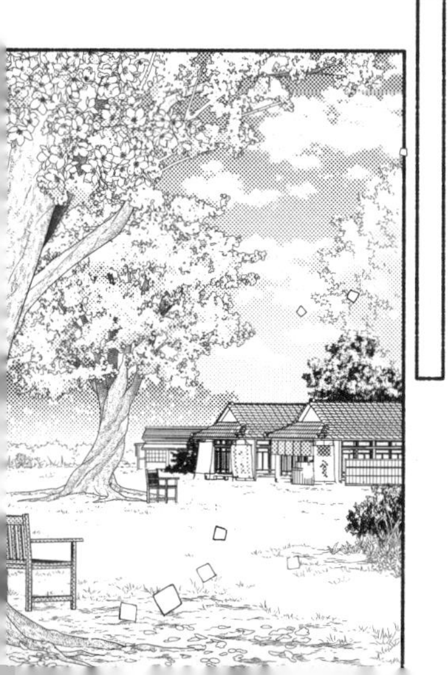

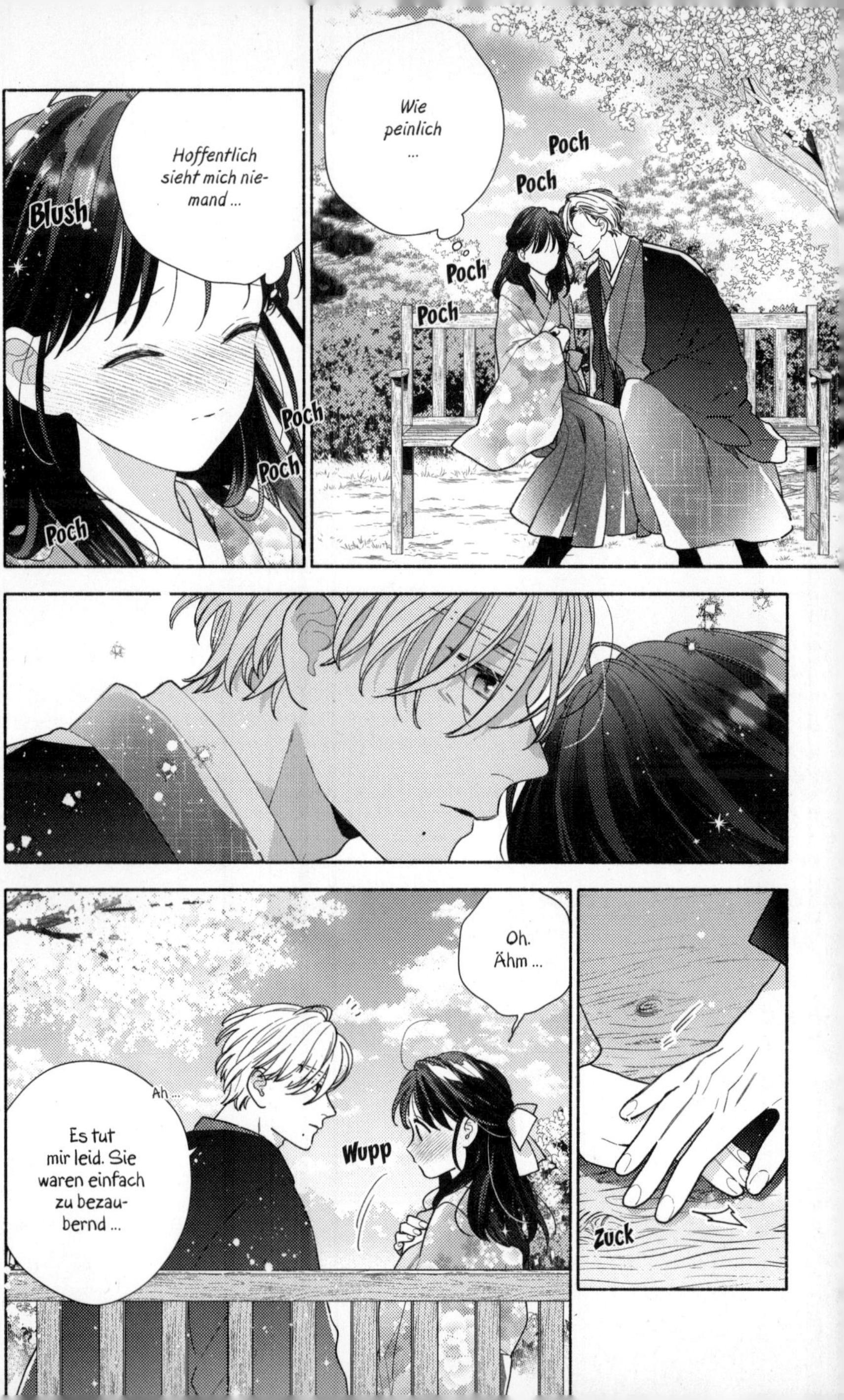

Wie peinlich ...
Poch
Poch
Poch
Poch
Hoffentlich sieht mich niemand ...
Blush
Poch
Poch
Poch

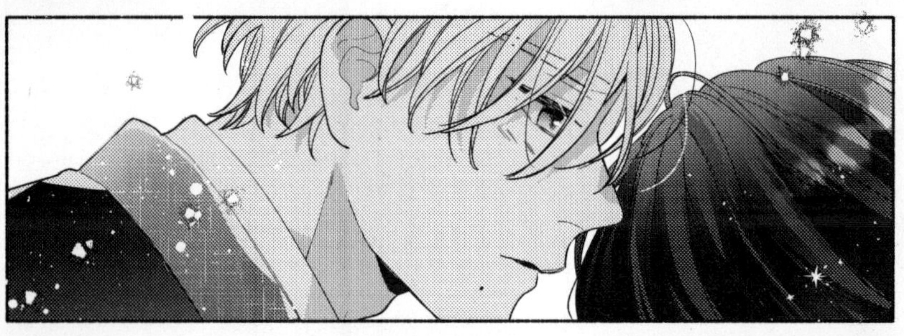

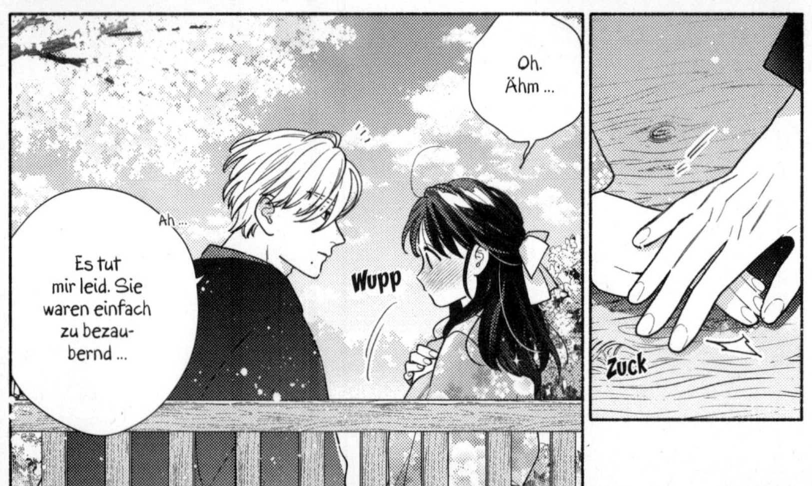

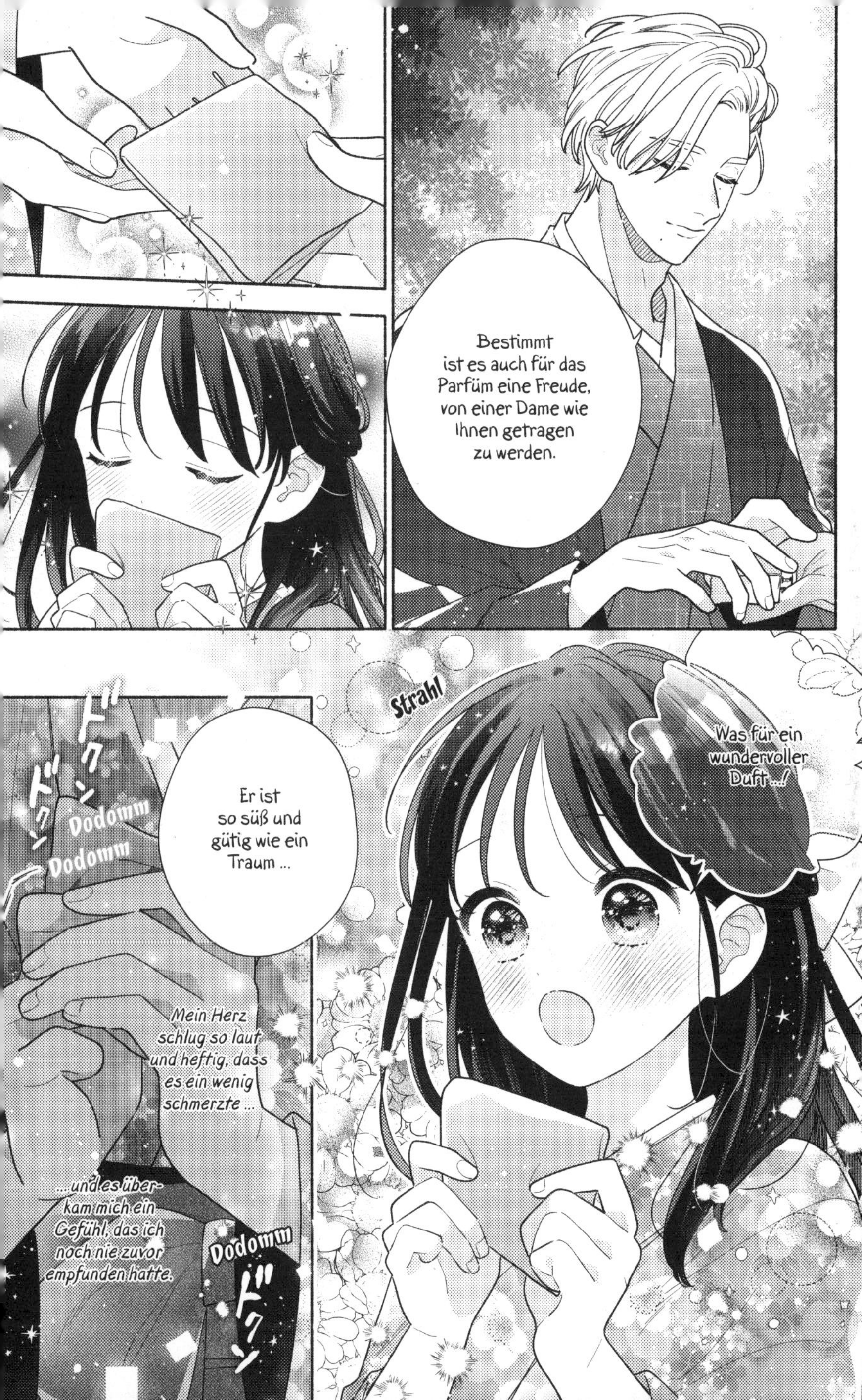
Bestimmt ist es auch für das Parfüm eine Freude, von einer Dame wie Ihnen getragen zu werden.
Strahl
Was für ein wundervoller Duft ...!
Er ist so süß und gütig wie ein Traum ...
ドクン ドクン
Dodomm
Dodomm
Mein Herz schlug so laut und heftig, dass es ein wenig schmerzte ...
... und es überkam mich ein Gefühl, das ich noch nie zuvor empfunden hatte.
Dodomm
ドクン

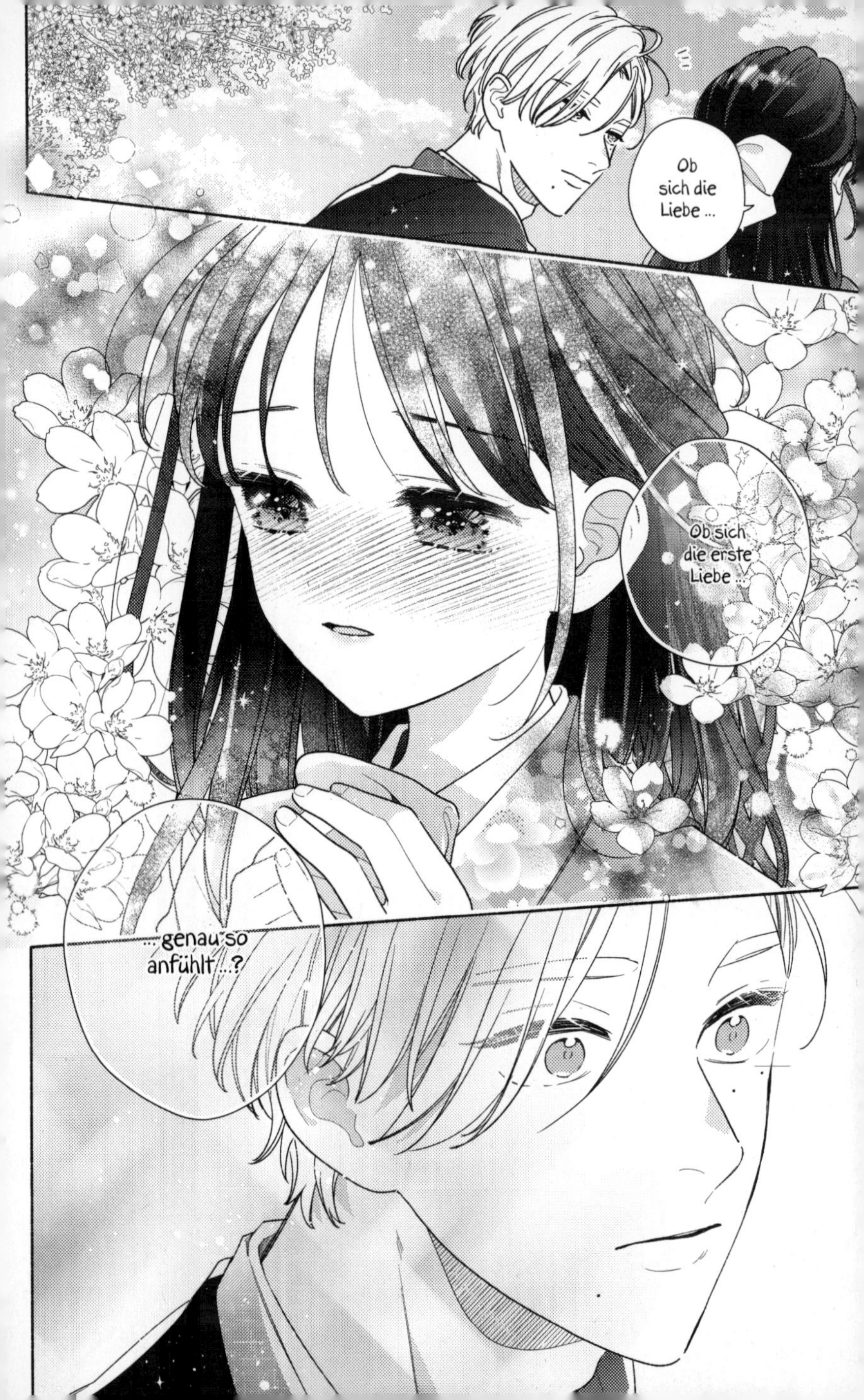
Ob
sich die
Liebe ...
Ob sich
die erste
Liebe ...
... genau so
anfühlt ...?

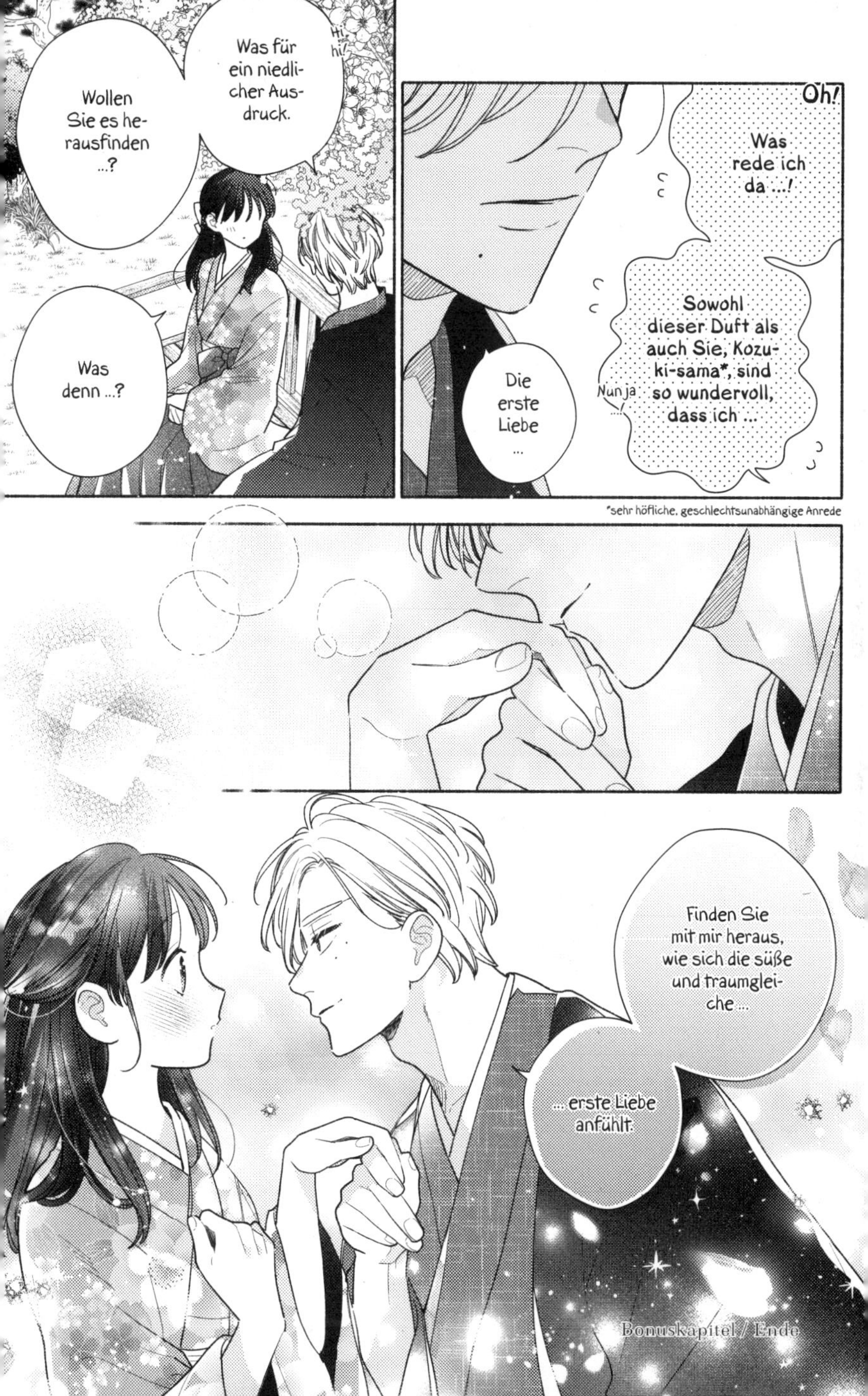

*sehr höfliche, geschlechtsunabhängige Anrede

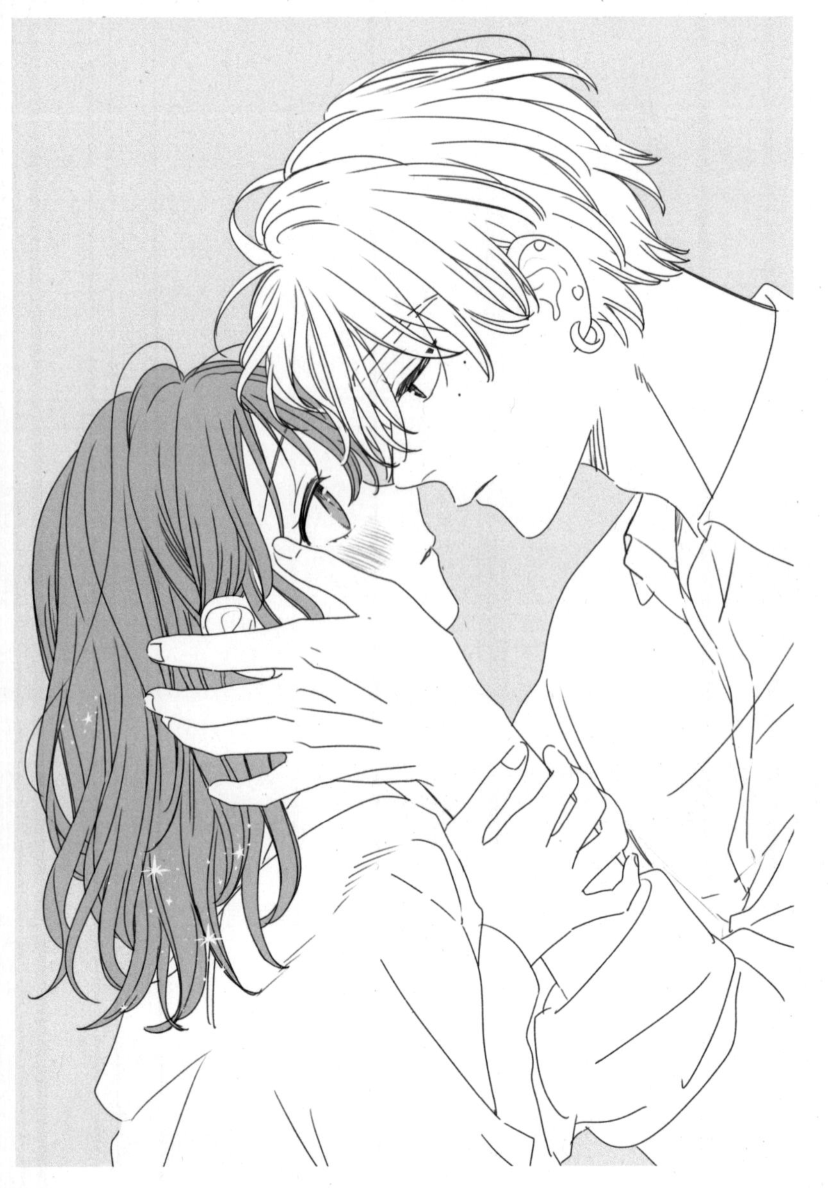

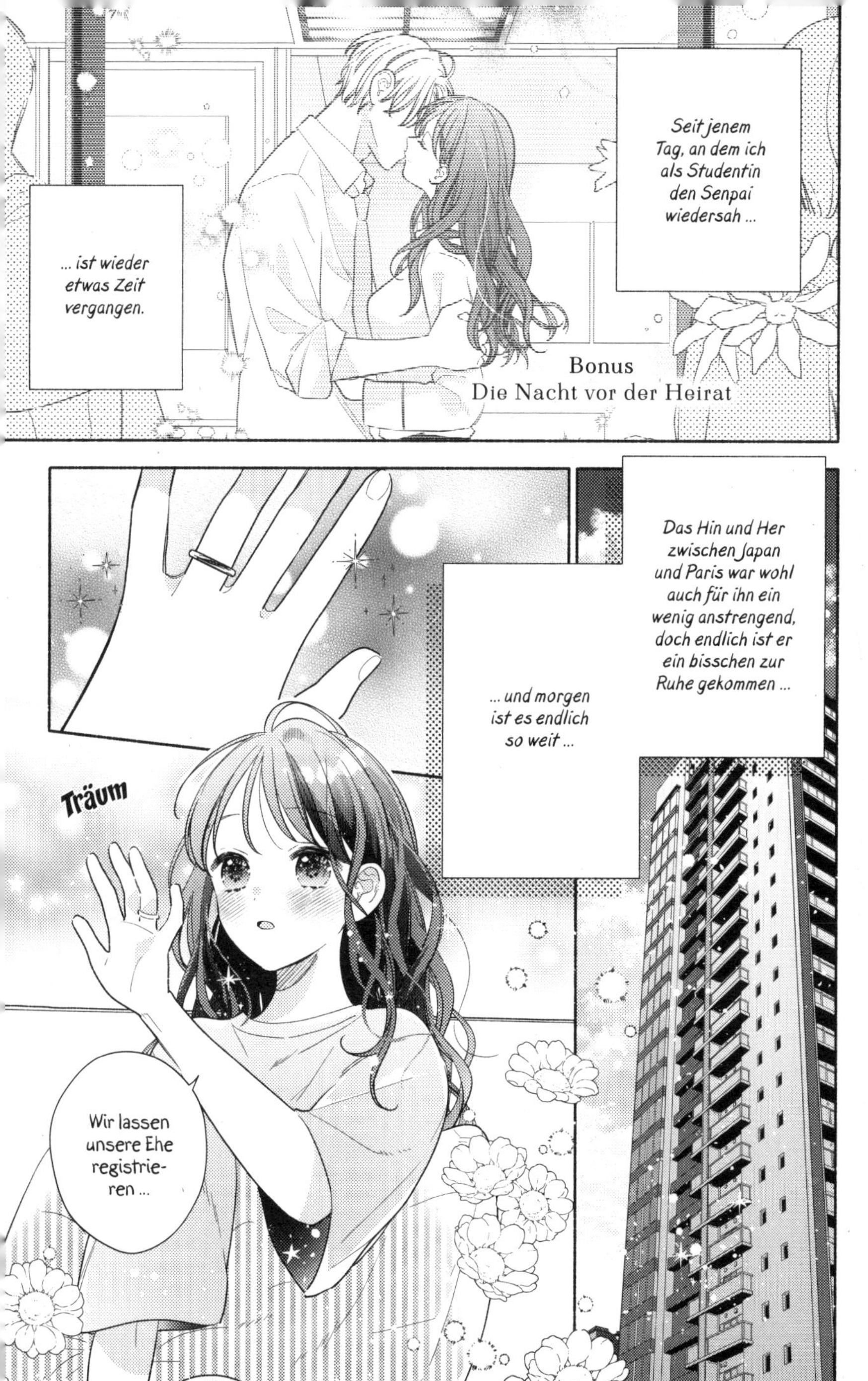
Seit jenem Tag, an dem ich als Studentin den Senpai wiedersah ...
... ist wieder etwas Zeit vergangen.
Bonus
Die Nacht vor der Heirat
Das Hin und Her zwischen Japan und Paris war wohl auch für ihn ein wenig anstrengend, doch endlich ist er ein bisschen zur Ruhe gekommen ...
... und morgen ist es endlich so weit ...
Träum
Wir lassen unsere Ehe registrieren ...

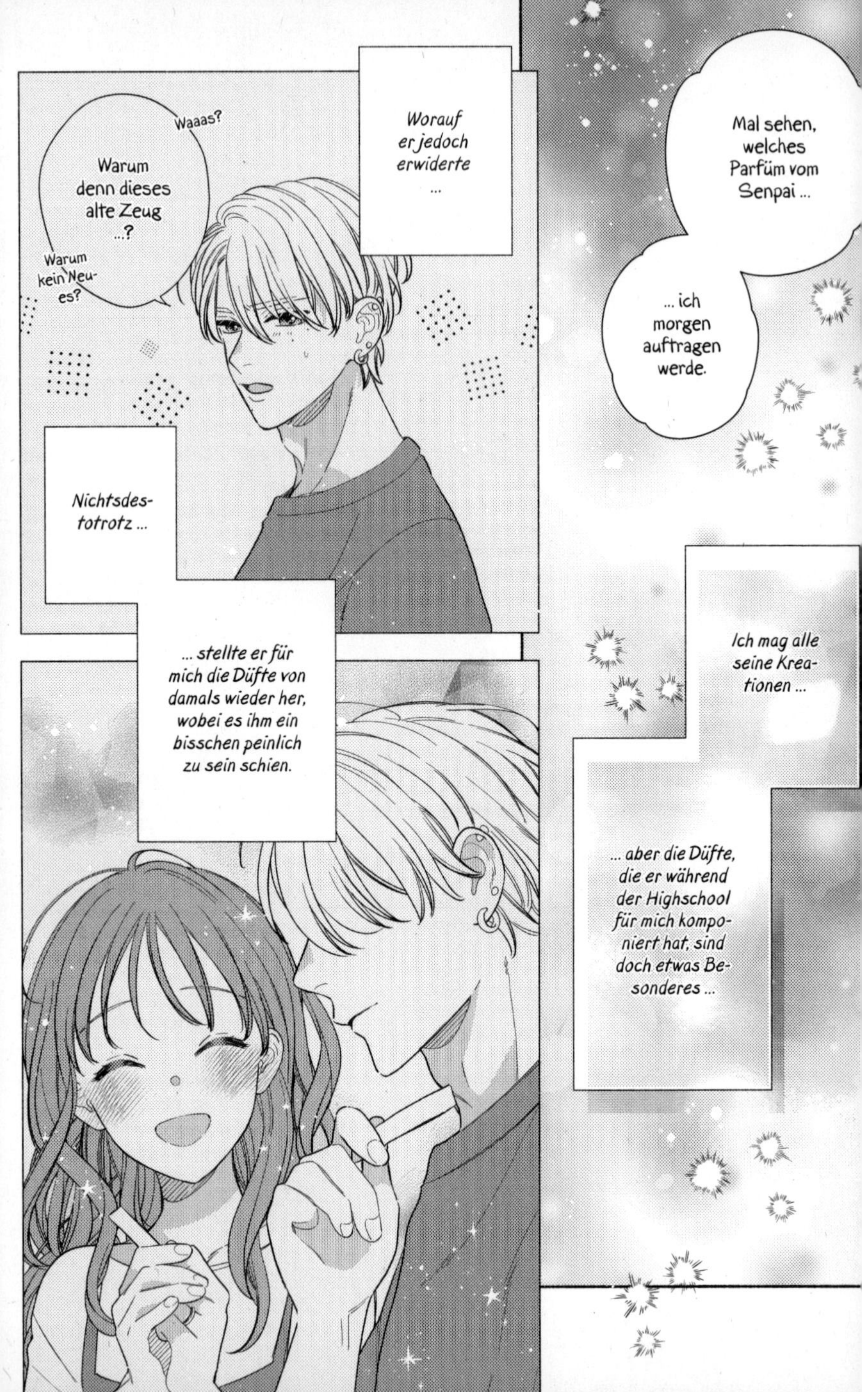

Worauf er jedoch erwiderte ...
Waaas?
Warum denn dieses alte Zeug ...?
Warum kein Neues?
Nichtsdestotrotz ...
... stellte er für mich die Düfte von damals wieder her, wobei es ihm ein bisschen peinlich zu sein schien.
Ich mag alle seine Kreationen ...
... aber die Düfte, die er während der Highschool für mich komponiert hat, sind doch etwas Besonderes ...
Mal sehen, welches Parfüm vom Senpai ...
... ich morgen auftragen werde.

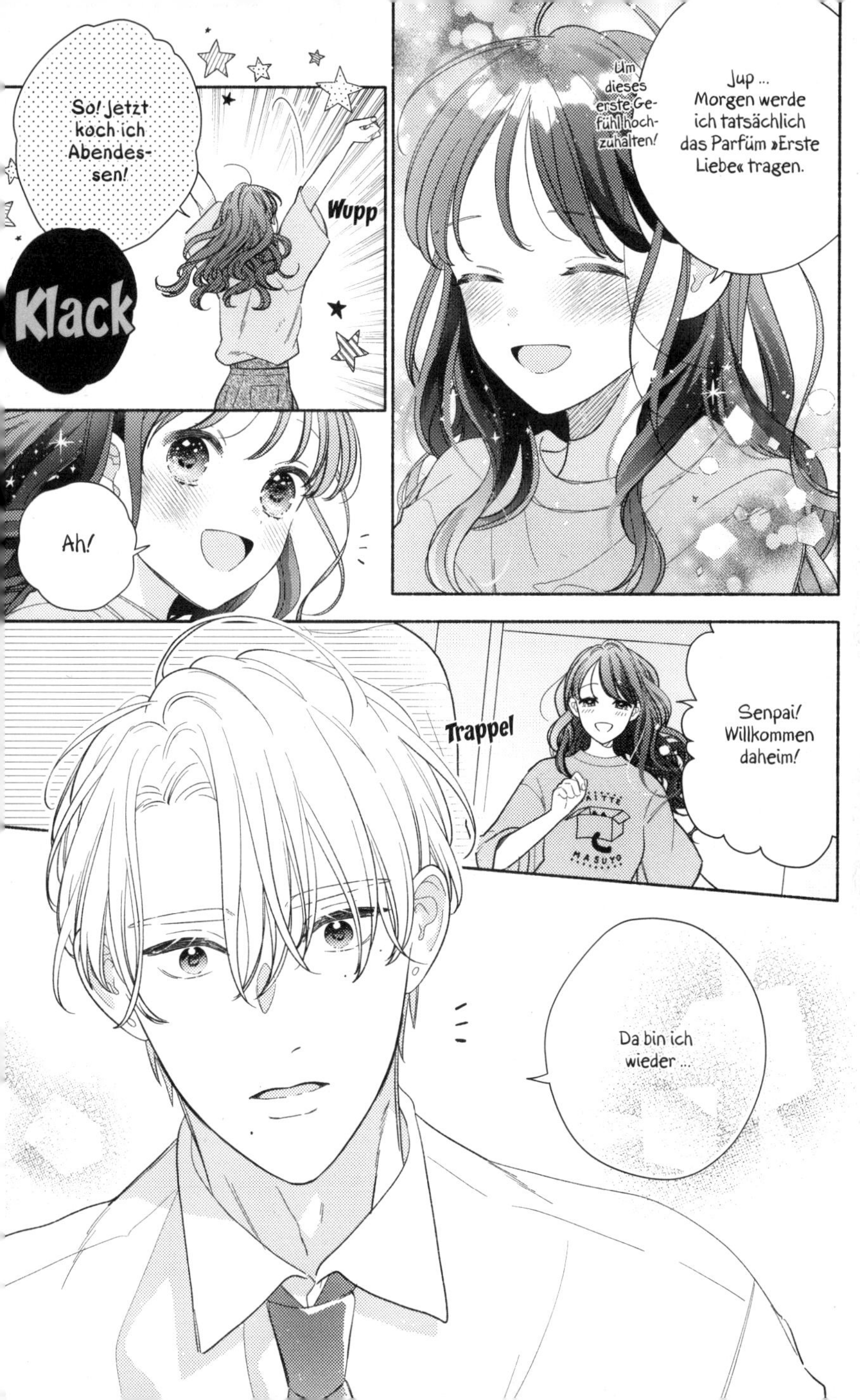

Jup ... Morgen werde ich tatsächlich das Parfüm »Erste Liebe« tragen.
Um dieses erste Gefühl hochzuhalten!
So! Jetzt koch ich Abendessen!
Wupp
Klack
Ah!
Senpai! Willkommen daheim!
Trappel
Da bin ich wieder ...

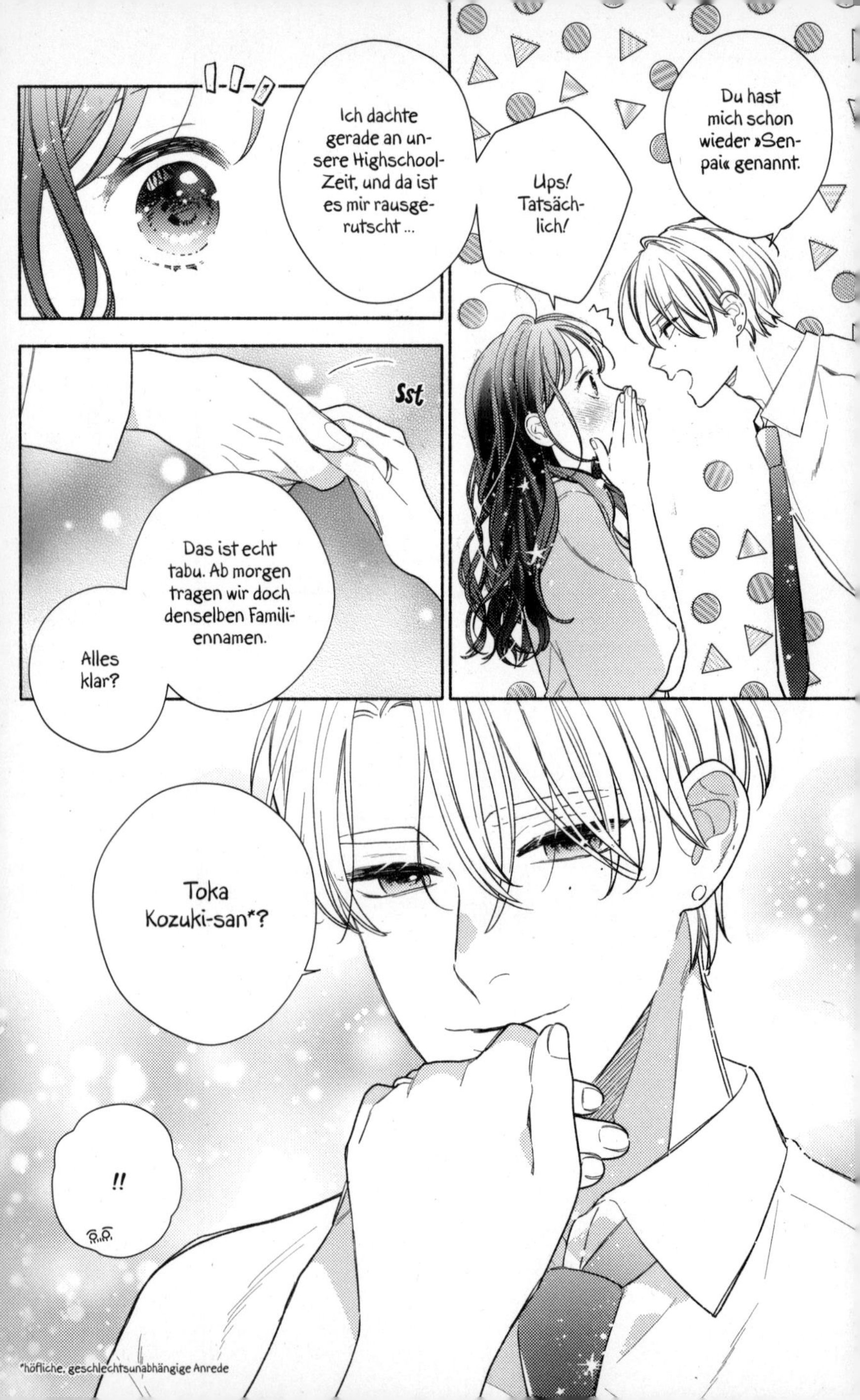

*höfliche, geschlechtsunabhängige Anrede

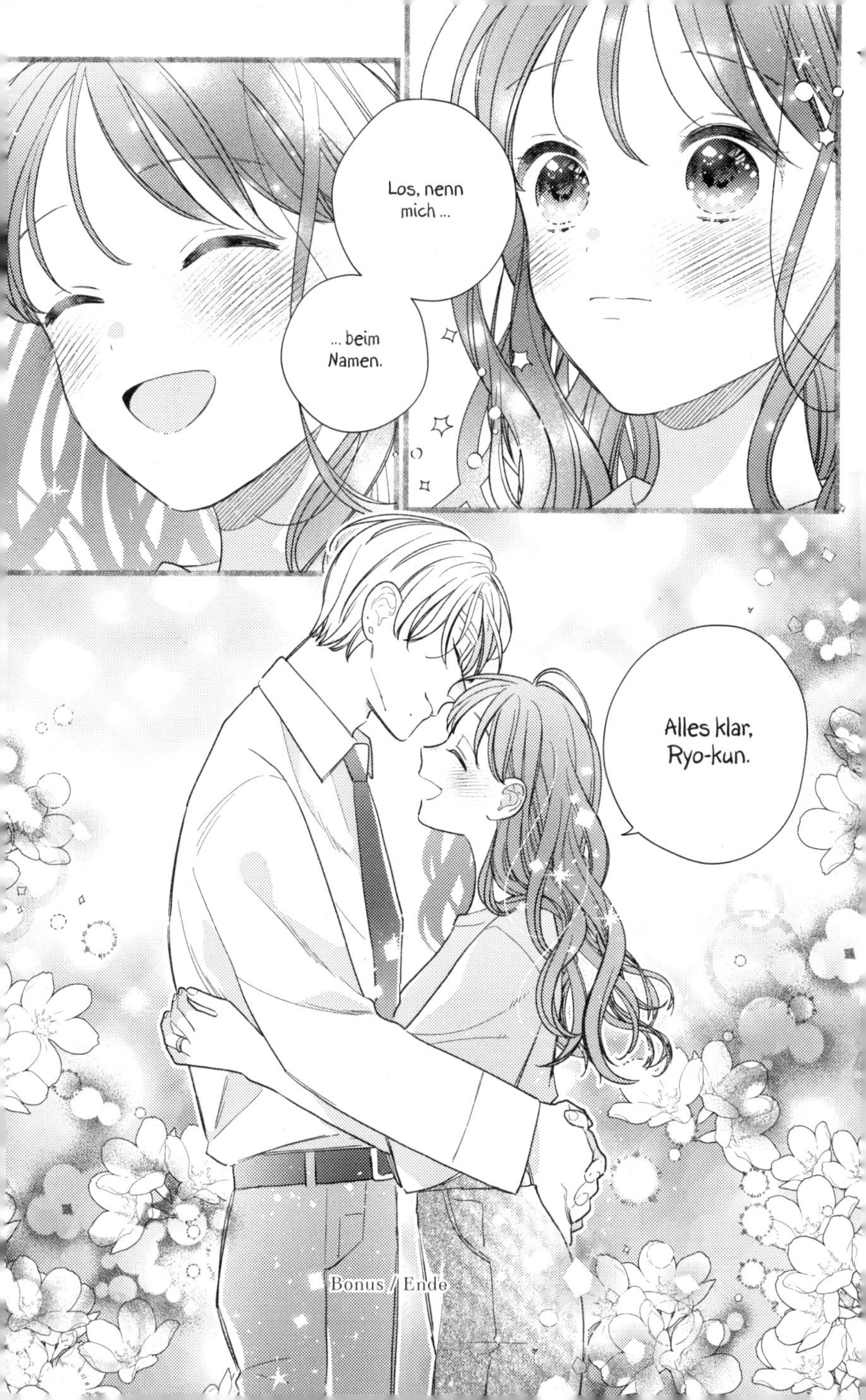
Los, nenn mich ...
... beim Namen.
Alles klar, Ryo-kun.
Bonus / Ende

Vielen herzlichen Dank, dass ihr *Your Sweet Scent* bis hierhin unterstützt habt!

Eure Briefe und Nachrichten sind für mich ein unvergleichlicher Ansporn, sodass es mir gelungen ist, die Reihe fertig zu zeichnen.
Ich hoffe, wir sehen uns wieder …♡

Kotoko Ichi

♡X (Twitter) @ichicoko

♡Insta ichicoko_

♡✉ T 107-8652
Tokyo Akasaka
Post Office
PO BOX 91
Nakayoshi
Editorial Department
To: Kotoko Ichi

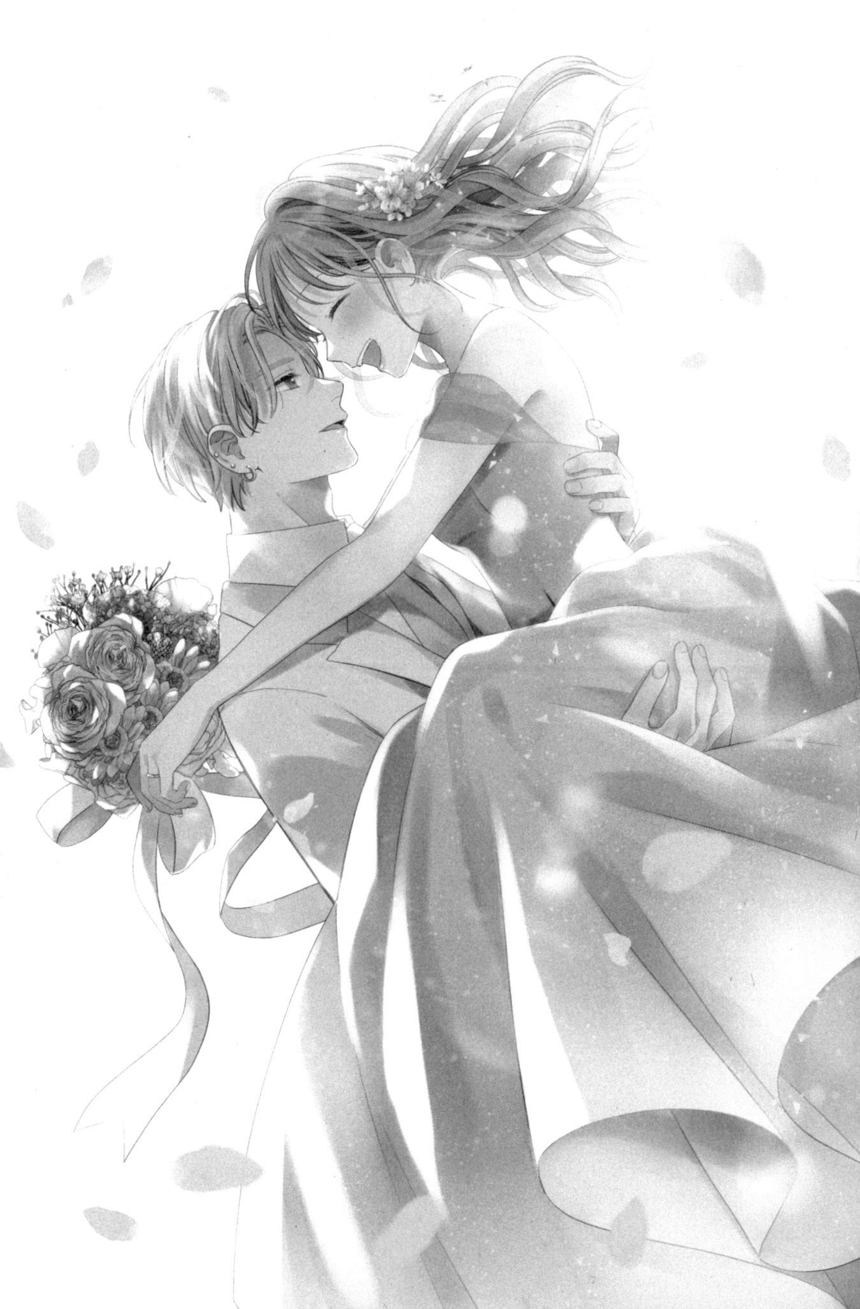

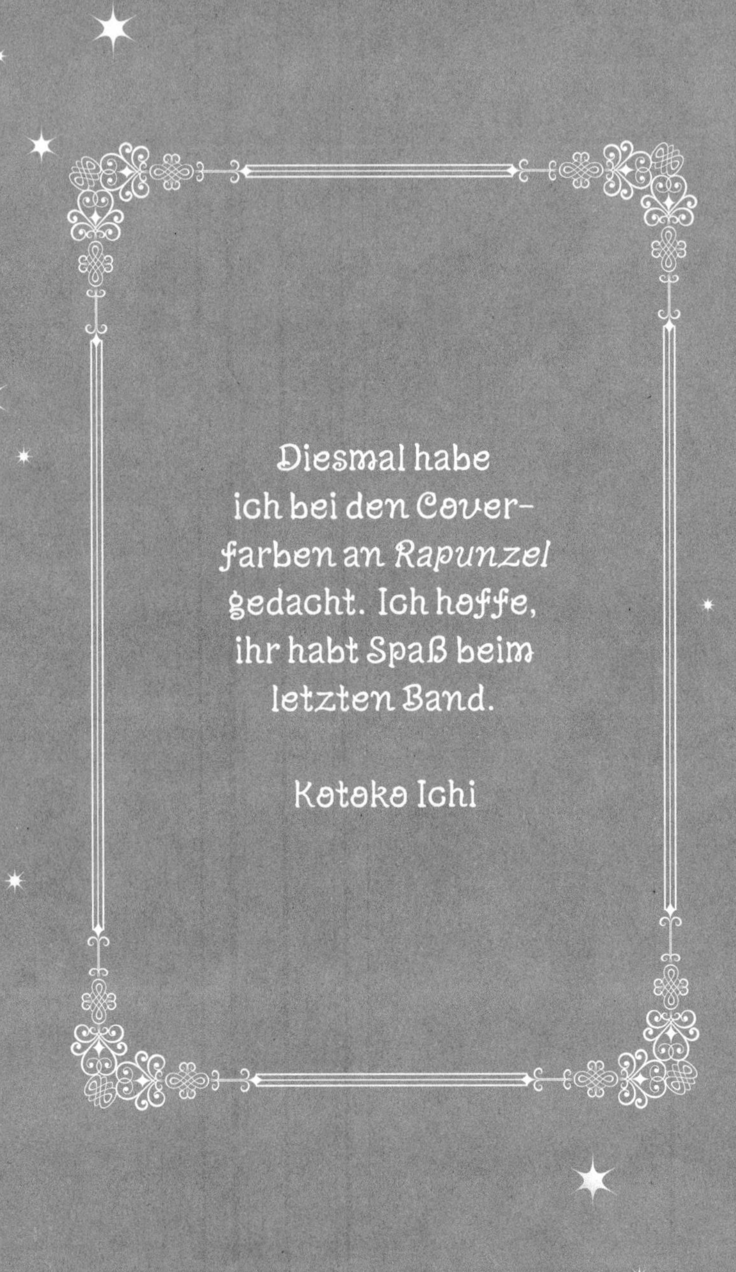

Diesmal habe ich bei den Coverfarben an *Rapunzel* gedacht. Ich hoffe, ihr habt Spaß beim letzten Band.

Kotoko Ichi

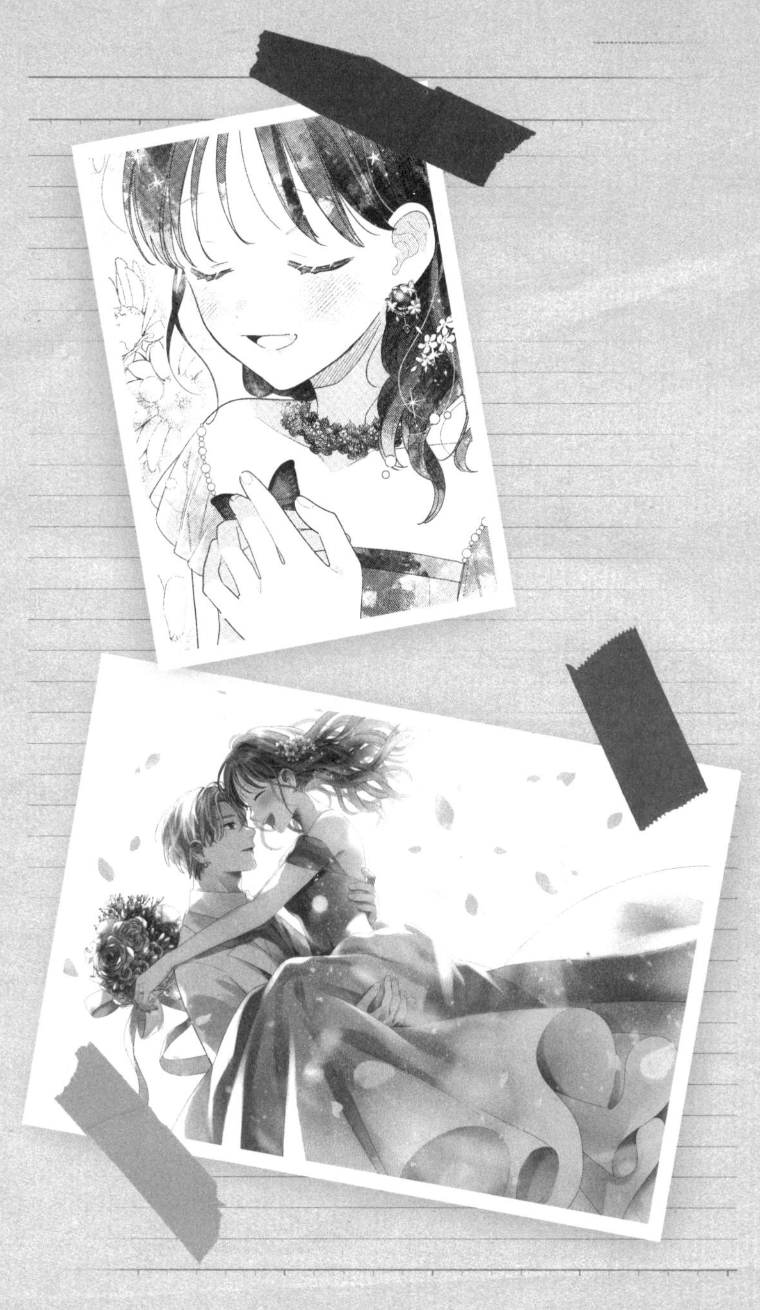

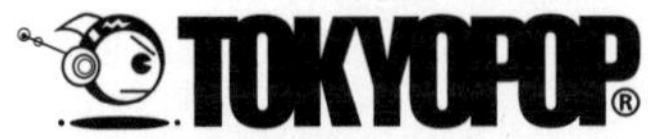

TOKYOPOP GmbH
Hamburg

TOKYOPOP
1. Auflage, 2024
Deutsche Ausgabe/German Edition

Aus dem Japanischen von Sakura Ilgert

First published in Japan in 2023 by Kodansha Ltd., Tokyo
Publication rights for this German edition arranged
through Kodansha Ltd.

Redaktion: Caroline Skrabs
Lettering: Vibrant Publishing Studio
Herstellung: Rita Geers, Nils Bornemann
Druck und buchbinderische Verarbeitung:
CPI-Clausen & Bosse GmbH, Leck
Printed in Germany

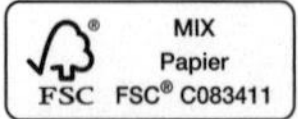

Wir achten auf die Umwelt.
Dieses Produkt besteht aus FSC®-zertifizierten und anderen kontrollierten Materialien.

ISBN 978-3-7593-0212-0

www.tokyopop.de

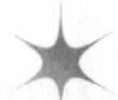

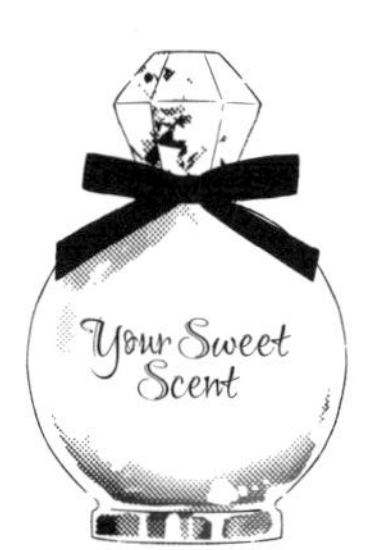
Your Sweet
Scent

STOPP!

Dies ist die letzte Seite des Buches!
Du willst dir doch nicht den Spaß verderben
und das Ende zuerst lesen, oder?

Um die Geschichte unverfälscht und originalgetreu mitverfolgen zu können, musst du es wie die Japaner machen und von rechts nach links lesen. Deshalb schnell das Buch umdrehen und loslegen!

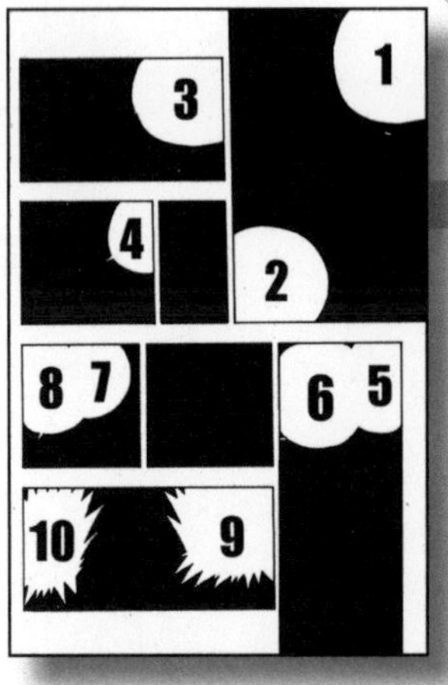

So geht's:

Wenn dies das erste Mal sein sollte, dass du einen Manga in den Händen hältst, kann dir die Grafik helfen, dich zurechtzufinden: Fang einfach oben rechts an zu lesen und arbeite dich nach unten links vor. Viel Spaß dabei wünscht dir TOKYOPOP®!